Meine Zen-Reise nach Innen und darüber hinaus

Bibliografische Information der Deutschen Nationalbibliothek:
Die Deutsche Nationalbibliothek verzeichnet diese Publikation
in der Deutschen Nationalbibliografie; detaillierte bibliografi-
sche Daten sind im Internet über http://dnb.dnb.de abrufbar.

Titel-Illustration: Christoph Rei Ho Hatlapa
Fotos: Dietrich Heiseke

Herstellung und Verlag: BoD – Books on Demand, Norderstedt

ISBN: 978-3-7448-0191-1

Bärbel Tewes-Heiseke

Meine Zen-Reise nach Innen und darüber hinaus

Inhaltsverzeichnis

VORWORT

Mit diesem Buch möchte ich alle ansprechen, die sich
fragen: «Wer bin ich, was ist meine Aufgabe im Leben und
wie kann ich mir ein erfülltes Leben gestalten?»

Ich fange bei mir an: Ich bin Zen-Lehrerin und Dharma-
Nachfolgerin von Christoph Rei Ho Hatlapa Roshi, dem
84. Nachfolger nach Buddha in der Hokoji-Rinzai-Zenli-
nie. Unser Mutterkloster ist in Japan, es heißt Hokoji.
Mein buddhistischer Name ist Ho Shin, das bedeutet
ungefähr: der Gipfel, das Gesetz des Herzgeistes. Ich habe
mich bewusst für die Laien-Ordination entschieden, denn
ich wollte nicht als Nonne in einem Kloster leben. Das war
und ist mir wichtig, weil ich den Bezug zum täglichen
Leben suchte. Ich könnte sonst kein Buch wie dieses schreiben. Es wäre ein theoretisches Buch, dem der Bezug zum
Alltag fehlte. Nehmt mich somit als Beispiel für einen
Menschen wie jeden anderen auch.

Unser aller Leben beginnt als Säugetier und endet,
ohne bemerkenswerte körperliche Spuren zu hinterlassen,
mit dem Tod. Wir nennen im Zen das Sterben: «Gehen in
die große Verwandlung». Auch anerkannt erwachte Menschen wie der Buddha und seine Nachfolger sind und bleiben normale Menschen!

Was ist dann das Besondere an einem erwachten Menschen? Im täglichen Leben nichts, wäre da nicht das große Erkennen des wahren Seins. Das Erkennen ist sozusagen das Siegel und gilt für alle erwachten Menschen, ganz gleich welchen Glaubens, welcher Kultur oder welchen Alters sie sind und zu welcher Zeit sie leben: sie haben die Gnade erfahren, erwacht zu sein. Sie haben aus eigener Erfahrung erlebt, dass es für unser Bewusstsein keinerlei Grenzen gibt. Sie haben sich auf einen Weg des Übens gemacht, der ihnen dieses tiefe Wissen ermöglicht. Schließlich nach langer Übung haben sie auch erkannt, dass sie mit allem verbunden sind, ein Teil des Ganzen und kein bisschen mehr oder weniger. Das Eingebundensein in das Ganze entsteht und vergeht in jeder Sekunde, so auch am Ende des Lebens. Erwachte Menschen verstehen alle Wesen, respektieren sie, glauben an einen Schöpfergeist und begreifen die wunderbare Einmaligkeit in ihrem eigenen Leben.

Für mich als Dharma-Lehrerin war mein Zen-Weg ein großes Geschenk, welches ich als Zen-Übende erhalten habe. Dieses Geschenk möchte ich weitergeben an diejenigen, die auch den Zen-Weg gehen möchten oder die sich mit Hilfe meiner persönlichen Erfahrungen über den Weg informieren wollen.

Ich bin mir bewusst, dass das Leben selbst, mit allen Problemen, die ich hatte, ebenso meine Lehrmeisterin war, wie meine spirituelle Schulung durch Buddha (den

Lehrer), Dharma (Buddhas Lehre) und Sangha (die Gemeinschaft der Übenden).

Zen und auch Tai Chi sind meine Achtsamkeitsübungen und haben mein enges und verschlossenes Bewusstsein sanft geöffnet und ihm die Gelegenheit gegeben, sich darüber hinaus grenzen- und zeitlos zu öffnen.

Körperliche Verletzungen, Krankheiten und Unzulänglichkeiten sind weiterhin meine Prüfungen. Geistige Verwirrungen können mich weiterhin zutiefst verletzen. Seelische Probleme machen mich traurig und müde: so ist es und so bleibt es und nimmt natürlich auch für einen erwachten Menschen nicht ab. Alles Leiden im Leben bleibt bis auf eine Kleinigkeit bestehen. Ich erkenne es nun und bin dennoch innerlich und äußerlich eine freie, unabhängige und glückliche Frau.

Dank an alle, die mir dabei geholfen haben!

In diesem Buch versuche ich nun, den Prozess des Erwachens, die Zen-Übungen, sowie die Tai Chi-Übungen zu schildern. Ich möchte erzählen, nicht aufklären, nicht theoretisieren, nicht missionieren. Das Erzählte kann angehört werden, problematisiert werden, vergessen werden oder auch – bei einem Wort, einer Geschichte, einem persönlichen Beispiel – etwas im Herzen der Leser-Innen wachsen lassen.

Deshalb ist mir wichtig, dass ich die Zen-Sprache erkläre. Jedes Wort, jeder Begriff ist nämlich ein Fach-

Begriff und kann somit ein Fremdwort für andere sein. Jedes Wort kann im alltäglichen Leben etwas ganz anderes bedeuten. Wenn wir etwas anders verstehen, dann wird unser Verhalten dementsprechend anders aussehen. Eine Fachsprache, die nicht verstanden wird, kann viel Freude und Glück verhindern und viel leidvolles Handeln erzeugen. Von ihr eingeengt unterdrücken wir unsere Kreativität und Intuition und verengen den Umgang mit anderen, die unsere Fachsprache nicht verstehen.

Es geht also darum, die Vieldeutigkeit von Sprache zu erkennen und sich zu trauen daraufhin auch anders als gewohnt zu handeln. Ein Wort ist nicht DAS Wort, es ist EIN Wort.

Ich wünsche uns grenzenloses Vertrauen zu grenzenlosem Handeln und ständiger Bereitschaft, Veränderungen im Leben auszuhalten und erfolgreich in unserem und aller Wesen Sinne zu akzeptieren.

Im erwachten Geist, Verstand, Körper und Herzen sollte uns nichts mehr fremd sein. Alles ist dann wahr, gut und auch schön.

Möge es mir gelingen, dieses am Beispiel meines gelebten Lebens deutlich werden zu lassen.

I. ZEN

Was ist ein Meditier?[1]

Der Frosch, der ist ein Meditier
Er sitzt und sitzt am Teiche hier
Wie einst der Buddha unter'm Baum
Er meditiert, man glaubt es kaum.

So sitzt der Frosch auf Blatteskissen
Die schöne Fliege sollt' es wissen
Zu stör'n den Frosch in sein'm Bestreben
Das kostet dem Insekt das Leben.

Der Frosch, der ist ein Meditier
Ganz friedlich, grünlich sitzt er hier
Als könnt kein Wässerchen er trüben
Er ist ganz einfach nur am Üben.

Wie man so sitzt und gar nichts denkt.
Von keiner Fliege abgelenkt
Einfach nur sitzen hier am Tümpel
Vergisst sein seelisches Gerümpel

Der Frosch, der ist ein Meditier
Sitzt auf dem Lotusblättchen hier
Versunken wie ein Zen-Buddhist
Ein Meditier ist's ... was er ist.

---

[1] Achim Grindler. Von Fröschen und Menschen, Gedichte aus dem ZENtrum des
Lebens

WAS IST ZEN?

«Zen ist das im Menschen verwirklichte volle Bewusst-werden des Seins – selbst, die Verwirklichung der «heilen Welt» in uns selbst.

Der Weg dazu ist die Übung des Zazen, durch die unsere Existenz erweckt, «erleuchtet» wird. Das innere Gleichgewicht wird dabei verlagert. Aus dem ich-bezogenen Menschen, der in der Illusion lebt, wird ein anderer. Dem Nehmen wird absolutes Geben gegenübergesetzt, der zentripetalen Bewegung eine zentrifugale.»
Kosho Uchiyama

Das Wort Zen (Sammlung des Geistes) kannte ich bis zum 50. Lebensjahr gar nicht, obwohl ich 1990 bereits ein halbes Jahrhundert gelebt hatte. Nun sind schon wieder 23 Jahre meines Lebens verstrichen und erstaunlicherweise bin ich seit einigen Jahren Zen-Lehrerin. Wenn ich mir das so genau vergegenwärtige, frage ich mich: «Wie ist das möglich?»

Natürlich hatte ich früher eine vage Vorstellung von asiatischen Kulturen und Religionen, aber Zen gab es einfach nicht in meiner Umgebung.

Ich komme aus einem Elternhaus, in dem christlicher Glaube weder praktiziert wurde noch, außer an Weihnachten, eine Rolle spielte. Da kamen dann der Nikolaus am 6. Dezember und das Christkind am Heiligabend zu uns Kindern.

Meine Mutter war Münchnerin und mein Vater kam aus Kölleda in Thüringen. Wahrscheinlich konnten sie sich über Glaubensfragen nicht einigen und beschlossen, dass es Wichtigeres als ein religiöses oder spirituelles Leben gäbe. In der Diktatur des nationalsozialistischen Wahnsinns war dafür ohnehin kein Platz.

Wir drei Kinder, inzwischen war der 2. Weltkrieg gerade zu Ende, lebten mit meiner Mutter, ihrer verheirateten Schwester und deren vier Kindern und einem Hund in einem großen alten Bauernhaus. Mit uns zusammen lebten auch die Großmütter, meine Oma Fida (katholisch), kam aus München, und Oma Guste (evangelisch), die Mutter meines Onkels, entstammte einer niedersächsischen Bauernfamilie. Oma Guste machte köstliche Bratkartoffeln und störte uns Kinder nur, wenn wir in den Gärten Erdbeeren oder Erbsen stibitzten. Ihren Augen entging nichts, weil ihre Wohnung oben im Haus war und leider Fensterausblicke in alle Richtungen hatte.

In unserer frühen Kinderzeit wurde nicht darüber geredet, ob wir getauft werden wollten oder sollten, ob wir in die Kirche gehen oder am Religionsunterricht teilnehmen sollten. Wir beteten auch nicht morgens oder abends.

Über Politik, den Krieg, Religion und kulturelle Ereignisse wurde mit uns ebenfalls nicht geredet. Die Erwachsenen aßen im Esszimmer, wir Kinder mit dem Kindermädchen und der Köchin in der Küche. Wir lebten in einem kleinen Kinderuniversum mit wenig Pflichten und viel Freizeit, die wir draußen in Feld, Garten und Wald oder verbotenerweise im Ziegelwerk unseres Onkels verbrachten.

In dem Straßendorf, es heißt Wellie, gab es am Ende des Dorfes eine kleine evangelische Kapelle, die ich nie von innen gesehen habe, obwohl ich dort 20 Jahre lebte. Sie wurde meinem Wissen nach auch nur zum Erntedankfest aufgeschlossen. Wir wohnten 2 km entfernt am anderen Ende des Dorfes. Die einklassige Dorfschule lag in der Mitte. Nach der Grundschulzeit wurden wir Kinder auf Internate verteilt, weil die weiterführenden Schulen zu weit entfernt waren. Unsere jüngeren Geschwister gingen aber später in der Kreisstadt in die Oberschule und in die Realschule.

Religionsunterricht gab es auch nicht so richtig. Wenigstens nahmen wir nur teilweise daran teil, weil wir ja, aus mir nicht bekannten Gründen, entweder katholisch oder evangelisch oder gar nicht getauft wurden. Eine Entscheidung wurde dann aber doch irgendwie gefunden, die beide Omas zufrieden stellte.

Unsere Eltern waren an einer Auseinandersetzung über den Glauben nicht interessiert.

Im Nationalsozialismus bekannte sich ja in unserer Gegend kaum jemand als eifriger Kirchgänger. Da mein Vater noch vor dem Krieg im Nachbardorf Liebenau, in dem er Landarzt war, die Ortsgruppe der nationalsozialistischen Partei mitgegründet hatte, war das Thema Religion für ihn sowieso kein Thema. (Ich erzähle darüber mehr in

Kapitel 10). Wir drei Kinder wurden in Liebenau auch geboren. Nach dem Krieg ließen sich meine Eltern scheiden, und so zog meine Mutter mit uns drei Kindern zu ihrer Schwester in den Nachbarort Wellie und dort lebten wir bis zu meinem 20. Lebensjahr als Großfamilie in einem Bauernhaus zusammen.

Ich kann mich aber daran erinnern, dass es eines Tages hieß: «Vreni, meine ältere Schwester, Bärbel, das war ich, und Lilo, das war meine jüngere Cousine, werden am Sonntag katholisch getauft und feiern Kommunion.» Wir hatten feierliche Kleider an, das fand ich toll. Irgendwie haben wir auch so etwas wie einige Stunden Vorbereitungsunterricht gehabt, aber alles ist absolut spurlos an mir vorbeigegangen. Ich glaube, ich war ungefähr neun Jahre alt.

Da unsere Eltern schon lange nicht mehr leben, habe ich leider keine Gelegenheit gehabt, um noch mehr über ihre Gründe zu erfahren. Ich war zu jung und merkte außerdem, dass die Erwachsenen in ihrer eigenen Welt lebten. Fragen zu stellen, die «uns nichts angingen», wurden nicht beantwortet. Das galt auch für die Religion.

Trotzdem beschloss ich mit zwölf Jahren, dass ich in ein Nonnenkloster gehen wollte, und war überzeugt davon, dass ein Leben in Ruhe und Einfachheit das Richtige für mich sei. Das glaubte ich als Nonne zu finden.

Und das kam so: Mit elf Jahren kam ich mit meiner Schwester in das Internat Schloss Elzhof in Berg am Starnberger See. Dort fand ich es schrecklich, weil da reiche und berühmte Leute ihre Kinder ‹abgegeben› hatten. Außerdem waren wir ‹Preußen› und nicht ganz so reich wie die anderen, also irgendwie Außenseiter. Im Internat war sonst eigentlich alles in Ordnung, aber mir fehlte etwas, von dem ich nicht wusste, was es war.

In der Schule war ich abgelenkt und nur am Sport interessiert. Die Mädchen- und Jungen-Spiele fand ich widerlich und schminken wollte ich mich auch nicht. Eigentlich fühlte sich alles falsch an. Natürlich bekam ich Ärger mit der Schulleitung.

Meine Mutter war meine Rettung. Sie begriff, dass ich unglücklich war, und fragte mich: «In welche Schule möchtest du?» Ich höre mich heute noch sagen: «Ich brauche Ruhe. Ich möchte ins Kloster und will Nonne werden.» Den letzten Teil meines Wunsches wollte sie mit mir nicht diskutieren. Meine Mutter war eine emanzipierte, tatkräftige, pragmatische und intelligente Frau mit dem Herzen auf dem rechten Fleck. Und so organisierte sie zum Erstaunen aller erwachsenen Familienmitglieder einen Platz für mich im Ursulinenkloster St. Angela in Osnabrück-Haste.

Natürlich war das Kloster auch eine Internatsschule. Wir Schülerinnen bekamen vom Leben der Nonnen, die ja in Klausur lebten, nichts mit. Das Klosterleben der Nonnen war aber genau das, was mich interessierte. Klar, ich lernte zu beten, wir hatten geregelte Gottesdienste, natürlich Religionsunterricht und sahen nur Nonnen. Klar, das Kloster war alt, ruhig, schön und umgeben von einem alten herrlichen Park. Es gab sogar ein kleines Schwimmbad. Da wir aber als Sportkleidung Pluderhosen mit Röckchen darüber anziehen mussten, regte mich das schon wieder auf, weil es unbequem war.

Wir internen Schülerinnen schliefen in riesigen Schlafsälen. Es gab auch externe Schülerinnen, die wohnten in der Umgebung. Viele von uns beneideten sie heftig. Wir hatten eine kleine Zelle in einem riesigen weiß gestrichenen Schlafsaal, die auch «Zelle» hieß. Die Zellen bestanden aus drei weißen Holzwänden, die 2 Meter hoch und so lang wie ein Bett waren, das an einer der Holzwände stand. Und so breit wie eine kleine Kommode, die an einer anderen Wand stand. Unser Kleiderschrank war am Ende des Saales in einer riesigen Schrankwand. Eine weiße Gardine schloss unsere Zelle vom Flurgang her blickdicht ab.

Wehe wir schauten auf dem Bett stehend zu den Nachbarinnen und schwätzten mit ihnen. Das wusste unsere Mater Thadäa zu verhindern.

Sie war für uns als Gruppenschwester zuständig, war alt, äußerst streng und sichtlich überfordert mit mehr als 30 jungen 12- bis 13-jährigen Mädchen. In anderen Gruppen ging es lockerer zu. Uns war alles verboten und die dicken Mauern, die das Kloster umschlossen, verhinderten auch, dass wir aus dem Kloster in die Umgebung gehen konnten. Ausgang gab es nie für Eine allein und dann auch nur aus triftigem Grund mit Bescheinigung und Zeitvorgabe.

Meine Freundin Emmy und ich machten uns leider innerhalb eines Jahres sehr unbeliebt bei der Schwester.

Wir bekamen öfter Strafeinsätze, wie abtrocknen oder Speisesaal aufräumen, keine Butter, keinen Nachtisch ... Bei einem der Strafeinsätze sangen wir das Volkslied: «Du, du liegst mir am Herzen ...» und zwar so renitent, dass das natürlich Folgen hatte.

Unsere Eltern wurden zum Gespräch gebeten und wir sollten uns schuldig fühlen und Buße leisten. Für mich war das einfach nicht möglich. Ich fühlte mich so verletzt und eingesperrt, dass ich nichts mehr ertragen wollte. Emmy, die Arme, hatte sehr gläubige Eltern und sollte und konnte in der Schule bleiben. Wir haben nie darüber geredet, warum sie dort bleiben konnte. Sie schloss die Schule mit dem Abitur ab. Unsere Freundschaft blieb aber jahrelang fest bestehen.

Auch dieses Mal wurde ich von meiner Mutter gefragt: «Was willst du machen?» Ich antwortete: «Das Kloster ist nicht mein Platz. Ich habe nichts gefühlt als Unfreiheit und Strafe. Ich bin unglücklich. Ich kann und will nicht mehr Nonne werden.» Mittlerweile war ich 14 Jahre alt.

Und wieder packten wir meine Sachen und ich wechselte in die Mädchenoberschule in unsere Kreisstadt Nienburg. Nach dieser Erfahrung war Religion für mich endgültig kein vorstellbarer Lebensinhalt mehr.

Bis zu meinem 50. Lebensjahr hatte ich überhaupt keinen Kontakt mehr mit dem christlichen Glauben. Mit meiner Freundin Emmy sprach ich auch danach nicht mehr über Glaubensfragen und Kirche. Aber ich weiß, dass sie bis zu ihrem Tod vor einem Jahr sehr gläubig gewesen war und auch ihren eigenen Weg gefunden hat, diesen Glauben zu leben. Das hat mich froh gemacht.

WIE KAM ICH NUN ZUM ZEN?

Obwohl ich ein aufregendes, erfolgreiches Leben bis zu meinem 50. Lebensjahr gelebt hatte, fehlte mir etwas. Alles, was ich mir vorgenommen hatte, konnte ich auch realisieren. Ich war eine gute Lehrerin und Schulleiterin, hatte Erfolg in der Politik und mein Körper war so gesund und sportlich, wie man es sich nur wünschen konnte. Ich hatte Familie, Kinder und Beruf unter einen Hut gebracht. Ich war meinem dringenden Bedürfnis näher gekommen, Frieden, Gerechtigkeit, Demokratie und Gleichberechtigung lebbar zu machen, dort wo ich dicht am Menschen war: in der Schule mit den Schülerinnen und Schülern und deren Eltern und dem Kollegium, in der Parteipolitik, in der Kommunalpolitik, als Ehefrau und Mutter und schließlich als Abgeordnete im niedersächsischen Landtag.

Ich war eine unabhängige Frau geworden und verdiente genug, um auch im Alter unabhängig zu sein. Das war nach dem Schicksal meiner Müttergeneration ein dringender Wunsch von mir. Ich bin heute noch überzeugt davon, dass sich auch meine Mutter ihr Leben anders gewünscht hätte, als sie es führen musste. Sie lebte bis zu ihrem Tode als geschiedene Frau in großer finanzieller Abhängigkeit und persönlicher Unfreiheit. Als ich 25 Jahre alt war, starb sie. Für mich war das viel zu früh. Ich konnte sie gar nicht richtig kennen lernen. Ich konnte sie nicht einmal fragen, ob sie glücklich war. So war das eben damals. Bald starb auch mein Vater, ohne mit uns über sein Leben, die Scheidung, seinen Beruf oder gar seine Tätigkeit als Lagerarzt im Arbeitserziehungslager der Nazis gesprochen zu haben. Zeit meines Lebens habe ich mich wurzellos gefühlt. Vor mir gab es irgendwie nichts, was mir Mut hätte machen können, freudig zu leben.

So blieb mir nur die eine Möglichkeit: Ich selbst musste einen Anfang wagen. Mein Mantra lautete: «Ich will nie wieder abhängig sein, immer selbst für mich sorgen und auch im Alter für mich sorgen können.»

Als Frau war das damals nicht einfach. Ich sollte ja nicht einmal Ärztin werden, hatte mein Vater entschieden, das wäre etwas für meinen jüngeren Bruder. Also gab es dafür keine Unterstützung. Hotelfach, das ist doch was. So einfach entschieden sich im und nach dem Krieg Lebensschicksale.

Mit 50 Jahren hatte ich es geschafft. Ich konnte zufrieden auf mein bisheriges Leben zurückblicken. Ich war es auch, aber es fehlte etwas Wesentliches! Das ahnte und fühlte ich. Ich lebte all meine wunderbaren Fähigkeiten nur im Kopf. Meinen Körper hatte ich vergessen, mein Herz war gestresst, der Sinn meines Lebens war ganz eindeutig nicht erfüllt. Mich dürstete immer noch nach Ruhe im Herzen, Ruhe in meiner Gefühlswelt, Ruhe im Verstand, wie schon früher als 14-jähriges Mädchen. Leider wusste ich nicht, was mir noch fehlte? Es gab eine unerfüllte, von mir noch nicht erkannte Sehnsucht nach einem spirituellen Zugang zum Leben. Der Zugang war mir aber in meiner Vorstellungskraft komplett vernagelt. Hier traf der weise Spruch zu: «Das, was du suchst, ist das, was sucht».

VERBLENDUNG

Jetzt möchte ich mir den ersten Zen-Begriff <Verblen­dung> näher anschauen.

50 Jahre habe ich «erfolgreich» so gelebt, wie es in unserer Gesellschaft üblich ist: 50 Jahre leistungsorientiert, 50 Jahre Ellenbogengesellschaft, 50 Jahre Konkurrenzkampf und Abgrenzung. Natürlich brannte ich von der Vorstellung, so ist das richtig. Du musst nur immer ein bisschen besser, schneller und fleißiger sein als die Anderen, dann schaffst du alles und keiner kann dir Schaden zufügen.

Ich war ebenso verblendet von dem äußeren Leben, wie alle anderen Menschen, die mich umgaben. Es gab keinen Zweifel. Ausgeblendet waren Träume, Visionen, Kreativität ohne Zielvorgabe, Herzenswärme, Mitgefühl, Mitfreude, Liebe, Humor und Lust. Achtsamkeit nur dann, wenn es etwas bringt; Gesundheit, wenn die Zeit es hergibt; Zeit für Freundschaften gab es einfach nicht. Toleranz, wenn es angebracht war, Ruhe, wenn der Akku leer war und so könnte ich die Beschreibung meiner damaligen Lebensauffassung endlos fortsetzen. Selbst «Liebe» beschäftigte nur meinen Kopf, erwärmte aber nicht mein Herz. Wie kommt man, wie kam ich aus diesem verblendeten Dasein heraus? Wo war die Triebfeder? Wo das Wissen, wie man das macht? Wo die Vorbilder zum Befragen und Nachahmen?

«MIR PLATZT DIE BIRNE, WIE KANN ICH RUHE IN MEIN GEHIRN BEKOMMEN?»

In meinem Wahlkreis gab es glücklicherweise zwei Rettungsanker: Die Evangelische Akademie Loccum und den Lebensgarten in Steyerberg.

MEIN I. RETTUNGSANKER – DIE EVANGELISCHE AKADEMIE LOCCUM

Was nenne ich Rettungsanker? Das ist ein starkes, unverwüstliches und zuverlässiges Gerät, das sich trotz ungeheuer starken Drucks fest in den Untergrund einhaken und sogar ein riesiges Containerschiff auf seinem Platz festhalten kann. So verankert werden wollte ich in meinem Leben. Doch das war ich erkennbar nicht. Ich irrte, wie so viele Menschen, herum mit der Suche nach einem Leben, das mir den Sinn des Daseins offenbart.

Warum gerade die Akademie Loccum?

Der Evangelischen Akademie Loccum verdanke ich wertvolle Unterstützung bei meiner parlamentarischen

Arbeit im Niedersächsischen Landtag. Das schuf Vertrauen.

Ich war als stellvertretende Fraktionsvorsitzende zuständig für die Bereiche Umwelt, Landwirtschaft und Forsten. Das war auch die Zeit der ersten rot-grünen Koalition der Regierung Schröder in Niedersachsen. Wir hatten uns gemeinsam sehr viele politische Veränderungen vorgenommen und einiges auch anstoßen oder abarbeiten können: Gesetzgebungsverfahren im Bereich Wasser, Naturschutz, Emissionen, Boden, Sondermüll und Abfall. Das sind nur einige Felder, auf denen wir richtige Weichenstellungen erarbeiten wollten, soweit das auf Länderebene ging.

Uns gelang viel, vor allem, weil wir uns an außerparlamentarische «Mitspieler» wandten. Das waren alle diejenigen, die von den Gesetzesvorhaben betroffen waren: Behörden, betroffene BürgerInnen, Landkreise und Städte, die Industrie und Verbände aber vor allem auch Bürgerinitiativen und die Medien. Wir meinten das ernst, wir wollten Transparenz schaffen, um «Mitspieler» für unsere «Sache» zu gewinnen.

Nur so konnte es gelingen, das Bewusstsein aller zu schärfen und Mithilfe oder gar Zustimmung zu unseren Vorhaben zu erhalten. Wir machten uns auch in unserer eigenen Partei nicht nur Freunde, das war schnell klar. Eine so verstandene Politik verlangte Verzicht auf Alleinvertretung der eigenen Interessen. Für alle gab es Einschränkungen im Haushaltsbudget. Mal waren es Gewinneinbüßen für die Wirtschaft und Industrie, mal kämpften die Fraktionskollegen gegen Einschränkungen ihrer Budgets. Geld konnte schließlich nur einmal ausgegeben werden. Verbote und Gebote im Umweltschutz waren äußerst unbeliebt, auch wenn sie von der Sache her gut begründet waren. Wir warben um Zusammenarbeit und Kompromisse. Es sollte wenigstens ein Umsteuern geben, ein Anfang sein. Das sind jetzt über 20 Jahre her.

In dieser Zeit konnte ich mich uneingeschränkt auf die Unterstützung der Akademie Loccum, den damaligen Direktor und die zuständigen Dozenten verlassen. Besonders komplizierte Kompromisse wurden fachlich und sachlich in hervorragender Weise in Tagungen diskutiert. Aufklärung und Klärung von hoch umstrittenen politischen Themen wurden in Ruhe bearbeitet.

Mein Wahlkreis bot mir dafür einige komplizierte Arbeitsfelder, wie die Giftmülldeponie Münchehagen, großflächiger Kiesabbau an der Weser, Lagerung von mittelradioaktiv verstrahltem Atommüll aus Gewerbe, Industrie und dem Gesundheitsbereich im Zwischenlager Steyerberg, Bodenverseuchung durch Waffenproduktion im 2. Weltkrieg in nicht begehbarem Waldgelände in Liebenau und Steyerberg und Leese und so setzt sich das beliebig fort.

Für viele dieser Sanierungs-Projekte gab es vorher weder Sachverstand noch technische Erfahrung. Es fehlte sehr viel Geld, um die Vorhaben in Angriff zu nehmen. Vor allem aber waren es sehr medienwirksame und damit höchst umstrittene Projekte, z. B. wenn wieder einmal das Gift aus der Deponie in die Umgebung ausgetreten war.

Wir mussten also neue Verfahren finden, die einen Kompromiss herbeiführten, alle eventuellen Schäden beseitigen und nachhaltig vermeiden, Kontrollen aufbauen und technisches Gerät für eine Sicherung «erfinden». Der politische Raum entschied sich schließlich nach gründlicher Diskussion für ein Mediationsverfahren.

Im Folgenden beschreibe ich am Beispiel der Giftmülldeponie Münchehagen die Arbeitsweise eines Mediationsverfahrens im Umweltbereich. Die Arbeit des Mediationsverfahrens wird in dem Abschlussbericht dargestellt, aus dem ich im Folgenden zitiere: „Im November 1990 wurde dann tatsächlich das erste Mediationsverfahren in der Republik, der Münchehagen-Ausschuss „Runder Tisch" eröffnet. ... Der Ausschuss bestand aus 32 Mitgliedern, Vertretern von Behörden und Fachbehörden, von Kommunen, Kirchen, Gewerkschaft, Parteien und Bürgerinitiativen. Die Arbeit konnte endlich beginnen. Unsere Aufgabe war, Ziele, Grundsätze und Richtlinien für ein Langzeit-Sicherungs- und Sanierungskonzept zu erarbeiten, wie auch Planungen, Durchführbarkeitsstudien, Erprobung von Techniken im großtechnischen Maßstab für eine Sanierung anzustoßen, zu begleiten und Ergebnisse zu bewerten. Außerdem fehlte die finanzielle Absicherung im Landeshaushalt. Von jetzt ab hatten auch die Landesregierung und das Parlament die Verantwortung mit übernommen. Mit Unterstützung der neuen Mehrheit im Parlament übernahm die neue Landesregierung die finanzielle und organisatorische Verantwortung: Endlich wurde ein Koordinator auf Landesebene mit der Aufgabe des umfassenden Projektmanagements für die Sanierung betraut. Damit war dann auch der größte Wunsch des Oberkreisdirektor (OKD) des Landkreises Nienburg in Erfüllung gegangen. Die vom Land übernommene Verantwortung drückte sich auch deutlich in parlamentarischer Tätigkeit aus. Es gab diverse Anfragen und Entschließungsanträge. Für uns galt letztendlich der Entschließungsantrag Landtags-Drucksache 12/1267, den ich zusammen mit Ihrer (Mitglieder des Münchehagen-Ausschusses) Unterstützung am 17.4.1991 im Landtag einbrachte und der dort angenommen wurde. ...Schon nach 2 Jahren Arbeit fassten wir im Ausschuss einstimmig den Beschluss „Sanierungsziel und Kriterien für die Beurteilung eines Sicherungs- und Sanierungskonzepts für die SAD Münchehagen".[2]

Eine herausragende Leistung, die außer uns, die wir sie erarbeitet hatten, keiner würdigen kann. Wir waren auf dem Weg. Erfolgreich wurde damit die Giftmülldeponie Münchehagen erkundet, zwar nicht beseitigt, aber langfristig gesichert, ein Kontrollverfahren zur weiteren Sicherung eingerichtet. Das ist bis heute ein wirklich gelungenes Beweisstück für eine mögliche Zusammenarbeit aller

---

[2] Giftmülldeponie – Münchehagen. Abschlussbericht und Dokumentation der Stellungnahmen der Beteiligten des „Münchehagen-Ausschuss" zur Altlast SAD Münchehagen. In: Loccumer Protokolle der Evangelischen Akademie Loccum 32/1999 (Ausschnitt aus meiner Stellungnahme, S. 196)

Betroffenen und Beteiligten auf der Basis außergerichtlicher Einigung. Hier bedanke ich mich bei meinem Freund Meinfried Striegnitz, der damals das Mediationsverfahren als Mediator über mehrere Zwischenstufen vorbereitete, durchführte und auch heute noch begleitet. Damals gab es diesen «Beruf» und das Verfahren in Deutschland noch gar nicht. Herr Striegnitz war Studienleiter in der Evangelischen Akademie Loccum. Man stelle sich vor, er wurde von allen Beteiligten, von Freunden und Gegnern, geachtet, respektiert und jeder lobte seinen hohen Sachverstand und sein Ringen um Kompromisse. Ein Vorbild für mich, wie ich noch weitere finden sollte im Leben.

Meiner Erfahrung nach, kann Politik nur so erfolgreich, friedlich und zum Wohle aller handeln. Davon bin ich immer noch zutiefst überzeugt, nachdem ich die unversöhnlichen Machtkämpfe aller gegen jeden und die damit verschwendeten Gelder erlebt habe.

Deswegen entschloss ich mich in meinem Wahlkampf für ein persönliches Plakat, auf dem stand: «Mit Herz und Verstand» verspreche ich, meine Arbeit zu machen. Damals hatte ich keine Ahnung von Zen. Das Wort «Herz» steht spirituell für den Geist des Herzens, der unbestechlich, mitfühlend und rein ist. Heute kann ich das erkennen. Damals erkannte ich das aber in dieser Deutlichkeit noch nicht. Ich ahnte es nur, aber ich bemerkte zum ersten Mal, dass ich noch eine andere als die weltliche Unterstützung benötigte.

Ich hatte längst beschlossen, nach der 2. Legislaturperiode nicht wieder zu kandidieren und ein privates Leben zu entdecken, an Spiritualität dachte ich aber immer noch nicht. Schließlich anerkannte ich aber gesundheitliche Schwierigkeiten bei mir und fragte scherzend einige Dozenten der Akademie Loccum beim Mittagessen während einer Tagung: «Leute, mir platzt oft die Birne. Kennt ihr ein Verfahren, mit dessen Hilfe ich Ruhe in mein Gehirn bekommen kann?» Sie lachten und trösteten mich mit Worten wie: «Du machst das doch alles wunderbar, weiter so». Aber einer von ihnen war Pastor und sagte: «Da gibt es doch die Meditation, Zazen genannt. Hier in der Nähe lebt eine christliche Zen-Lehrerin, die bietet Sesshin an. In einem Wochenend-Sesshin kannst du das Meditieren lernen.» Irgendetwas klingelte in meinem Gehirn, also fragte ich weiter: «Ihr seid doch auch so gestresst, geht ihr da auch hin?» Und wieder lachten sie und einer sagte: «Ne, dazu braucht man zu viel Disziplin und das ist außerdem richtig hart. Aber ich glaube, für dich ist das etwas.»

Ich meldete mich an, saß an einem Wochenende, an dem ich keine politischen Termine hatte, in einem Meditationsraum, und freute mich auf die Stille und das Nichtstun. – Es war die Hölle! Schwitzend vor Schmerzen, den Blick an die weiße Wand gerichtet, das Kopfkino auf volle Sendung geschaltet, zählte ich erst die Minuten, dann die Sekunden, bis man sich wieder bewegen konnte. Ich genoss aber die Gehmeditation im blühenden duftenden Garten und sagte mir bei jedem Schritt: «Nicht laufen, nicht hetzen, nur gehen». Als mich die Zen-Lehrerin am Ende nach meinen Erfahrungen befragte, sagte ich höflich: «Ich weiß nicht, wie die anderen mit verklärtem Lächeln so sitzen können. Ich bin zu alt dazu (ich war 50 Jahre alt). Nach der Politik könnte ich ja mal darüber nachdenken». «Tu das», sagte sie, «ich spüre, dass das etwas für dich ist».

MEIN 2. RETTUNGSANKER – DER LEBENSGARTEN IN STEYERBERG

In meinem Wahlkreis gründeten junge Menschen vor 30 Jahren ein Wohnprojekt, das inzwischen ein Dorf geworden ist. Sie leben privat in einzelnen Häusern oder Wohnungen, sind auch Mitglieder einer Gemeinschaft mit Seminarbetrieb und bieten unter anderem auch Workshops zu Spiritualität und Esoterik an. Die Mitglieder des Vereins, den sie gründeten, nennen sich Lebensgärtner. Sie nannten ihr ‹Dorf› Lebensgarten.

Der Lebensgarten ist zwar kein Garten, liegt aber mitten in einem Wald- und Feldgebiet am Ende des Dorfes Steyerberg. Die Lebensgärtner wohnen in den Backsteinhäusern, die vor dem Krieg für Zwangsarbeiter und Personal einer der größten Munitionsfabriken in Deutschland gebaut wurden. Die Munitionsfabrik lag heimlich und unterirdisch versteckt in dem riesigen Waldgebiet zwischen Liebenau, meinem Geburtsort, und dem Nachbarort Steyerberg. Grund und Boden gehören heute noch dem

Bund, der IVG. (Die IVG Immobilien AG ist eine Immobiliengesellschaft mit Sitz in Bonn, welche aus der bundeseigenen Industrieverwaltungsgesellschaft mbH hervorgegangen ist.)

Es waren auch die schrecklichen Arbeitsbedingungen der Gefangenen, die Kriegsmaschinerie, die dort ermöglicht und in Gang gehalten wurde, die dumpfe Atmosphäre und das Unheimliche, das im Verborgenen so viel Leben ausgelöscht hatte, was die Lebensgärtner verändern wollten. An diesem Ort wollten sie leben. Hier sollte sich ein spirituelles und ökologisches, tolerantes und soziales Leben entwickeln können. An diesem Ort sollte es fortan nicht mehr Kriegsvorbereitung und Sterben geben, sondern ein friedliches Zusammenleben für Alt und Jung, das von allen Menschen praktiziert und gelernt werden könne, war das Ziel. Das empfanden viele alteingesessene Mitbürger aus Steyerberg und Liebenau als Provokation oder Einmischung. Inzwischen ist der Lebensgarten aber genauso ein Ortsteil wie andere Ortsteile auch, ein bisschen fremd, aber da.

Im Jahr 2000 erfuhr der Lebensgarten eine Würdigung, als er eines der Besichtigungsprojekte für die landesweite Ausstellung Expo 2000 mit finanzieller Unterstützung auch des Landes wurde. Viele Besucher kamen zu den kulturellen Veranstaltungen des Lebensgartens.

Alle Lebensgärtner, die dort wohnen wollen, sind Mitglied des Vereins und müssen neben ihrer Arbeit, die zum Teil außerhalb der Gemeinschaft ist, etwas anbieten, was der Gemeinschaft zugutekommt. Toleranz, ökologische Lebensweise auch Permakultur, soziales Engagement und kulturelle Vielfalt nach dem Muster von Findhorn Ecovillage in Schottland, sind zwingende Voraussetzung. Mich faszinierte damals dieses Projekt. Ich konnte als örtliche Abgeordnete hin und wieder auch einige ihrer ökologischen Projekte mit staatlicher Finanzierung unterstützen.

Im Lebensgarten habe ich schon während meiner politischen Tätigkeit angefangen, Tai Chi zu lernen.

WARUM AUSGERECHNET ZEN? WAS IST ZEN FÜR MICH?

Vier Jahre später wurde dann der Lebensgarten mein 2. Rettungsanker, nachdem ich nicht mehr Berufspolitikerin war. Ich traf dort meinen späteren Zen-Lehrer Christoph Hatlapa. Er war auch Mitbegründer des Vereins und lebt seitdem dort mit seiner Familie. Wir kannten einander aus der politischen Zeit. Auch er machte Mediation (außergerichtliche Streitvermittlung) und gründete im Lebensgarten eine Schule für Mediation, die bisher sehr erfolgreich viele Menschen als Mediatoren ausgebildet hat.

Christoph und ich saßen auch hin und wieder auf einem Podium in der Akademie Loccum zusammen und er meint heute noch, ich sei eine recht streitbare Frau gewesen. Was ich aber nicht wusste, war, dass Christoph Dharma-Nachfolger von Oi Saidan Roshi war. Oi Saidan

Roshi ist der Abt unseres japanischen Mutterklosters. Christoph gründete im Lebensgarten außerdem eine Zen-Gemeinschaft (Sangha) mit dem schönen Namen Choka Sangha, was Vogelnest-Sangha heißt, weil unsere Meditationshalle (Zendo) direkt unter dem Dach ist.

Ich meldete mich also zu einem Gespräch bei Christoph an und wollte mehr über Zen wissen. Er empfing mich mit der üblichen Tasse grünen Tees in seiner Küche und sagte zu mir: «Na endlich bist du da. Ich wusste, du würdest kommen.» So etwas machte mich stutzig. In meiner Vorstellung gab es Sekten, die rattenfängermäßig Leute sammelten. «Das ist doch hoffentlich nicht auch so eine», dachte ich mir. Reserviert aber neugierig und entschlossen meldete ich mich dann doch zum ersten Übungsabend «Dokusan» genannt und zu einem Wochenend-Sesshin an. Die beiden Zenbegriffe Sesshin und Dokusan erkläre ich weiter unten.

In meinem Zentagebuch finde ich folgenden Eintrag:

Sesshin Tagesplan 11. – 13.8.1995

4:00	Kaijo (Aufstehen)
4:30	Choka, Sarei und Zazen
	Morgenrezitation, Teezeremonie,
	Meditation
5:30	Dokusan und Zazen (Koanschulung)
7:00	Shukuza (Frühstück)
7:30	Nitten Soji (Aufräumen)
8:00	Samu
	(Arbeiten im Garten, Küche, Putzen,.....)
10:00	Sarei und Zazen
10:45	Zazen und Taiwa oder Teisho
	(Fragen an den Lehrer oder Lehrvortrag)
12:00	Saiza (Mittagessen)
12:30	Kyukei (Pause)
14:30	Samu
16:00	Sarei und Zazen
16:45	Dokusan und Zazen
18:00	Jakuseki (Abendessen)
19:30	Zazen
20:15	Dokusan und Zazen
21:30	Banka (Abendrezitation)
22:15	Yaza und Kaichin
	(Nachtsitzen und Bettruhe)

Richtig, es klingt anstrengend und ist es auch!

Ich fand Christoph aber sympathisch, das war der Grund, warum ich mich anmeldete. Viele meiner Schüler kamen später auch zu mir, weil die «Chemie stimmte» oder sie das Gefühl hatten, «das ist richtig», gestanden sie mir hinterher. So traf ich eine Schülerin auf einer Zugfahrt in einem rappelvollen Zug und stieg aus mit der Anmeldung von ihr zu meinem nächsten Sesshin. Sie ist heute noch meine Schülerin. Das ging bisher ständig so. Nie habe ich in irgendeiner Weise öffentlich geworben um Schülerinnen und Schüler zu bekommen, kein Internet, keine andere Werbung. Eigentlich wollte ich gar nicht Lehren und schon gar nicht Geld damit verdienen, was andere jüngere Sensei (Zen-Lehrer) natürlich müssen, wenn sie nicht im Kloster leben. Ich wollte mich um meine eigene spirituelle Entwicklung kümmern, das war spannend genug.

Nun erkläre ich weitere Zen-Fachbegriffe:

SESSHIN: jap. Ideogramm, bestehend aus ‹ses› und ‹shin›. Sesshin: Meditationstage/Woche (strenge Zenübung)
‹Ses›, kurz für ‹setsu›, wird verwendet im Sinne von: etwas angemessen annehmen oder berühren. Shunryo Suzuki, ein Zen-Meister, verstand es auch als: etwas angemessen kontrollieren und in Ordnung bringen, oder: so zu behandeln, wie man einen geehrten Gast behandelt.[3]

---

[3]   Suzuki Roshi Transcripts, Sesshin Lecture #1, San Francisco. Friday, Feb., 5th, 1971

Shin bedeutet Geist oder Herzgeist. Sesshin bedeutet also, einen richtig funktionierenden Geist zu haben, anstelle unseres ichzentrierten Konzepts von uns selbst, unserem «Willi» oder «Affengeist» (wie Meister Rinzai sagte). Während eines Sesshin geben wir uns somit die Möglichkeit alles zu erlernen, was wir an Übungsmaterial brauchen, um mit uns und «Willi» besser klar zu kommen und so unserem Leben eine andere Richtung zu ermöglichen oder mehr von uns kennen zu lernen.

DOKUSAN: Alleinsein mit dem Roshi/Sensei. Im Dokusan gibt es die Koanschulung und/oder andere Möglichkeiten, zu erfahren, ob die Schüler mit ihrem Übungsweg klar kommen.

ROSHI: Ehrentitel für einen Zen-Meister (der Abt ist)

SENSEI: ZenlehrerIn

KOAN: von Kanna: Kan – genau anschauen und Na – etwas.

Später werde ich in einem Kapitel das Wort Koan ausführlicher erklären und versuchen, den Zusammenhang zwischen der Koanarbeit im Zen und im täglichen Leben an Beispielen deutlicher zu machen. Was ist also ein Koan? Es kann ein Problem oder ein unlösliches Ding, eben ein Paradoxon sein, auf das die Schüler eine Antwort finden müssen. Diese muss aber der Lehrer auch als «richtig» bestätigen. Das Weitere erkläre ich im Kapitel 6.

Ich besuchte also vom 11. – 13.8.1995 mein erstes Sesshin und war jeden Donnerstag bei den wöchentlichen Dokusan-Abenden. Ich meditiere morgens allein. Das ist das Gute am Zen-Weg. Es kostet nichts und man kann die Übungen überall auch allein machen, wenn man es schafft, sich jeden Tag 20 Minuten zu gönnen und im Leben Achtsamkeit zu üben.

Wenn man sich für einen Lehrer, eine Sangha (die Gruppe der Übenden) und eine Schulung entschieden hat, dann gehören auch Sesshin und Dokusan dazu. Ich habe mich vor Jahren damals dazu entschieden und bin seitdem Mitglied der Choka Sangha und nicht von meinem spirituellen Zen-Weg abgewichen. Er ist nun ein Bestandteil meines Lebens, wie alles andere auch, was ich erlernt habe. Ohne einen Lehrer oder eine Lehrerin stelle ich mir das am Anfang sehr schwer vor und würde es auch keinem empfehlen.

Natürlich hatte ich Schwierigkeiten mit den ungewohnten Ritualen und mit der Zen-Fachsprache. Ich hatte große Probleme mit dem Tragen einer Robe, die mich an eine Uniform erinnerte und lehnte das ab. Mich schreckten die strengen, harten Disziplinierungsvorgaben ab, wie schnelles Essen, den Keisaku, den Weckstab zu benutzen oder darum zu bitten, die endlosen Sitzrunden tagsüber und nachts und das Gehorchen und Tun von Dingen, die ich nicht verstand oder verstehen wollte. Im Sommer Hitze, im Winter Kälte, Müdigkeit, Hunger und Bewegungsdrang, das alles sollte unwichtig werden und gehörte zu den Achtsamkeitsübungen. Verbeugen und immer wieder Verbeugen warum denn bloß? Ich werde das erklären!

Innere und äußere Freiheit zu leben war das Ziel und um das zu erreichen, musste ich egoistische Anwandlungen verstehen lernen. Ich hätte gewettet, dass das so nicht funktioniert und verstehe auch heute noch nicht, warum ich nicht sofort weggelaufen bin, aber ich blieb und habe nun verstanden und werde es bis zum Ende des Buches hoffentlich hinreichend an Beispielen erklärt haben.

Wir übten also im Sesshin und an den Dokusan-Abenden nach jahrhundertealten Klosterregeln, die wir von unserem Mutterkloster in unserer Rinzai-Schule übernommen haben und nach denen ich auch heute mit meinen zwei Sanghas übe. Damals und auch heute habe ich aber eingesehen, dass das Leben von jungen Frauen und Männern, die ihre Klosterausbildung zu allen Zeiten in Zenklöstern und anderen buddhistischen Klöstern begonnen haben, nicht mehr für uns westliche Menschen passt. Das Kloster kann die Heimat von jungen Menschen werden, wenn sie Nonne oder Mönch werden wollen. Also wurden sie auch so erzogen. Ich wollte es ja auch, als ich 14 Jahre alt war, mit dem Ergebnis, dass ich erkannte: ich gehöre mitten ins Leben und nicht hinter Mauern.

Im Zen und vor allem mit meinem Lehrer fühlte ich mich endlich gut aufgehoben. Deshalb konnte ich mich entschließen Zuflucht zu nehmen, zu Buddha, Dharma und Sangha. Mit dieser feierlichen Zeremonie versprach ich mir, die Fünf Silas[4] in mein Leben als Achtsamkeitsübungen aufzunehmen. Ich werde dieses sehr ausführlich in einem Kapitel erklären, denn sie haben mein Leben reicher gemacht. Diese Übungen ähneln den Zehn Geboten, die wir aus dem Christentum kennen.

Nach einigen Jahren konnte ich mich auch zur Laienordination entschließen und bekam meinen buddhistischen Namen Ho Shin. Ho Shin bedeutet etwa Ho – der Gipfel, Shin – Geist, also: Ho Shin – das Gesetz, der Gipfel des Geistes. Auch bei dieser feierlichen Zeremonie gab ich mir das Versprechen, fünf weitere ethische Achtsamkeitsübungen zu praktizieren, die ich auch später ausführlich erklären werde.

Plötzlich waren Robe, Gelöbnis, Zeremonien und alles andere für mich eine heilige Handlung. Die Samen in meinem Herzen waren gereift und fingen an zu sprießen. Endlich war ich in meinem Herzen zu Hause angekommen. Dazu brauchte und fand ich, Buddha sei Dank, etwas anderes als ins Kloster zu gehen.

Der Buddha hat den Laienstand ausdrücklich anerkannt. Im Vimalakirti-Nirdesa-Sutra[5] wird die Geschichte von dem berühmtesten Laienschüler zu Buddhas Zeiten erzählt. Vimalakirti lebte in Biyali, wo der Buddha gerade predigte.

Eigentlich ist damit meine Einführung in den Zen-Übungsweg beendet. Ich könnte sagen, ich kenne jetzt alles, was ich auf meinem Lebensweg brauche, um auch ein

---

4 Siehe dazu im Anhang, Kap. 18, Seite 314 ff.
5 Siehe z.B. in: Sekida. Two Zen Classics. S. 364

spirituelles Leben zu führen. Aber das war es nicht. Wer einmal begonnen hat sein Herz zu öffnen und einmal erkannt hat, dass Empathie der Schlüssel zum friedlichen Zusammenleben aller Wesen ist, der braucht keine Wunder, um zu erwachen. Der ist wach. Und doch ist das nur wieder der Anfang bis zu dem «großen Erwachen». Das große Erwachen beschreibe ich in einem gesonderten Kapitel.

Wie erging es mir nun mit einem Dharma-Lehrer, der seine Ausbildung in einem japanischen Kloster vervollständigt und das Mönchsgelübde abgelegt hat und Inka von seinem Lehrer Oi Saidan Roshi bekam? Inka ist die Erlaubnis den Dharma zu lehren. Das geschieht ziemlich selten und bedeutet außerdem, dass man Dharma-Nachfolger seines Lehrers ist. Darüber berichte ich im Kapitel 3.

MEIN LEHRER

Ja, wie ging es mir mit meinem Lehrer Christoph Rei Ho Hatlapa Roshi? Prächtig, denn mein Lehrer Christoph empfing mich beim ersten Dokusan mit den Worten: «Du musst dich nicht verbeugen, aber du kannst dich verbeugen, denn du verbeugst dich nicht vor mir noch vor dem Buddha, das verstehst du bald. Störe dich nicht an dem militärischen Drill, das ist nichts für dich. Wenn du Schmerzen hast, überfordere deinen Körper nicht. Du hast in deinem Leben schon so viel erfahren und erkannt, dass wir anders mit dir arbeiten müssen.» Ich war damals 55

Jahre alt, und außerdem sagte er mir von da ab häufiger: «Du bist eine alte Frau, wir haben nicht viel Zeit.» Ich ahnte dann, dass Christoph etwas mit mir vorhatte, vielleicht meinte er es aber einfach auch nur gut mit mir. Vielleicht wurde ihm als Lehrer die Zeit eng für das, was er mit mir erreichen wollte. Er selbst ist etliche Jahre jünger als ich. Wer weiß schon, was er wollte? Meine stereotype Antwort war: «Oh ich will nichts mehr erreichen, ich strebe nichts an, das sollen die anderen unter sich ausmachen. Ich mache es auf meine Weise. Sei unbesorgt.» Aber er wollte und wusste mehr von mir als ich, die sich doch erst kennen lernen wollte. Ich kannte mich wahrlich gar nicht richtig.

So wie ich antwortete, spricht jemand, der sich mit dem kindlichen Anfängergeist auf den Weg macht. Ich fühlte zum ersten Mal eine innere Freiheit und war dankbar, den Lehrer gefunden zu haben, der mich da abholt, wo ich war und mich dahin gehen ließ, wohin ich gehen musste und wollte. In diesem kleinen Ratschlag von Dogen Zenji (1200 – 1253) fand ich Unterstützung für mich:

Zen praktizieren heißt: sich selbst vergessen,
sich selbst vergessen heißt,
*   sich selbst erkennen,*
sich selbst erkennen heißt,
*   von allen Dingen erleuchtet zu werden.*

Nun, da ich selbst Zen-Schülerinnen und Schüler habe, kann ich auf ein Vorbild zurückgreifen. Andere Zen-Lehrer entschließen sich nämlich, genauso streng mit sich und den Schülern umzugehen, wie es seit Jahrhunderten in den asiatischen Klöstern, also auch in unserem japanischen Mutterkloster Hokoji, üblich ist. Auch das ist in Ordnung - es klappt nur nicht mit mir.

Schon als Grundschullehrerin hatte ich den Segen des Lehrens erkannt, wenn Kinder sich sehr individuell, erfolgreich und doch mitfühlend entwickeln können. Werden sie dort abgeholt, wo sie zu Beginn stehen und bekommen sie das Lerntempo, das zu ihnen passt, dann klappt es meist. Dann sind alle zu besseren Leistungen ihrem Wesen entsprechend fähig!

Gerade unsere Rinzai-Linie zeichnet sich durch Strenge aus. Wir kennen auch den Schrei «Katsu», mit dem wir unseren Zen-Standort zeigen. Gerade deshalb bin ich dankbar für das Geschenk, Christoph kennengelernt zu haben. So konnte sich mein Herzgeist in Ruhe öffnen. Wenn ich heute «Katsu» schreie, dann ist es die gebündelte Energie, die sich entlädt.

Inzwischen habe ich außerdem erkannt, dass die gleichen Wörter auf der Herz-Geist-Ebene eine andere Bedeutung haben können, als wenn wir sie im Lebensalltag benutzen. Mit jedem Aspekt, mit jedem Wort hat jeder Mensch unendlich viele Möglichkeiten des weiterführenden Handelns. Wort ist nicht gleich Wort. In den folgenden Kapiteln gebe ich dafür Beispiele.

Aber natürlich geht es nicht nur um die Begriffe und die Zen-Rituale und nicht nur um den Übungsweg. In meinem Leben hat sich die spirituelle Seite, die vertrocknet war und nicht einmal wusste, dass sie auch zu mir gehört, offenbart. Seitdem lebe ich zwar genauso weiter und lebe doch anders. Ich fühle mich in mir, in der Welt, im Universum zu Hause. Welch ein Geschenk.

Meine Koanschulung beendete ich am 22.1.2010, nachdem ich hunderte der klassischen Koans mit meinem Lehrer Christoph bearbeitet habe.

Nun ist es so weit, dass ich die Frage, was ist Zen, für mich weiter beantworte.

WAS IST ZEN?

Viele Leute sagen immer wieder: «Das ist Zen» oder «Du bist Zen». Was meinen sie?

Ich könnte es mir jetzt leicht machen und den Buddhismus als Weltreligion und Philosophie zur Grundlage meiner Ausführungen über Zen zu machen. Eine Chronologie des Zen-Buddhismus hilft aber nicht weiter. Sie kann überall nachgelesen werden. Spannend sind doch die Fragen: «Was ist Zen-Buddhismus?» Und «Wer war Buddha?»

Obwohl der Buddhismus zu Zeiten Buddhas, ab ca. 560 v. Chr. einen Namen und eine religiöse Ordnung bekam, als sich der Buddhismus im heutigen Nord-Indien entwickelte und von seiner Schwesterreligion, dem Hinduismus, trennte, hat der Zen-Buddhismus seinen eigentlichen Anfang in China im Jahre 527 mit dem ersten chinesischen Patriarchen Bodhidharma, der gleichzeitig der 28. Dharmanachfolger von Buddha war, begonnen.

Buddhas Lehre breitete sich nach seinem Tod nach Süden und ganz Asien aus. Ab dem 3. Jhdt. n. Chr. nach Süden bis nach Sri Lanka und weiter. In Birma, Thailand, Laos und Kambodscha erfuhr der Buddhismus gegen Ende des 12. Jhdts. seine Blütezeit.

Zen verbreitete sich auch auf anderen Wegen über Japan, Korea, Burma, Thailand, Tibet und Sri Lanka und bis zum heutigen Tag nach Amerika, Europa und zu uns. Überall da, wo Zen-Lehrer hinkamen, nahmen sie die Kultur, die Philosophie und die Lebensweisen des entsprechenden Volkes auf. In dieser Weise verhinderte man weitgehend Missionierung und gewalttätige Unterwerfung des Bestehenden.

Der Zen-Übungsweg blieb aber streng angebunden an die Schriften des Dharma, der Lehre. Hier erwähne ich den Palikanon, den ich im 2. Kapitel ausführlich beschreiben werde.

WIE ERKLÄREN ANDERE ZEN-MEISTER ZEN?

Ich habe einige Zitate von lebenden und auch schon verstorbenen Zen-MeisterInnen herausgesucht, die ich besonders passend finde.

Ich beginne mit Willigis Jäger:

«Zen ist der tiefste Vollzug des ‹Nichtwissens›, ein entspanntes seelisches Schulterzucken inmitten aller Theorien und Ansichten über uns selber, die anderen und die Welt.»

«Zen ist einfach nur ein anderes Wort für das, was ist, und so, wie es ist.»

«Zen fügt den Dingen und Ereignissen nichts hinzu, nimmt ihnen auch nichts weg.»

«Eigentlich ist Zen gänzlich überflüssig. Wir haben nur vergessen, dass wir schon zu Hause sind. Um das zu erkennen brauchen wir Zeit, viel Zeit. Es geht um Erfahrung.»

Zen lässt sich, laut Williges Jäger, in vier Aussagen zusammenfassen:

1. Zen ist eine besondere Überlieferung
   außerhalb der orthodoxen Lehre.

2. Es ist unabhängig von den heiligen Schriften.

3. Es deutet unmittelbar auf des Menschen Herz.

4. Zen ist die Schau des eigenen Wesens.[6]

Zen kann man nur für sich selbst erfahren, es kennt weder Vergangenheit noch Zukunft, ist keine Konfession, auch nicht die buddhistische und vollzieht sich von Augenblick zu Augenblick.

Sokei-an, der Begründer und Meister des First Zen Institutes of America, sagt: «Zen ist nicht Meditation! Die beiden Wörter Zen und Zazen bedeuten etwas Unterschiedliches. Meditation dient dazu, von den eigenen Vorstellungen und Ideen Abstand zu nehmen, denen man dauernd zuhört. Zen ist die Schulung von der Beraubung der Verblendung, des Ego-Ichs.»[7]

---

[6] Willigis Jäger. Zen im 21.Jahrhundert. S. 16

[7] Sokei-an Shigetsu Sasaki. Der 6. Patriarch kommt nach Manhattan. S. 176

In einem Lehrvortrag (Teisho) habe ich Zen unter anderem so erklärt: Zen ist die Übermittlung von Herzgeist zu Herzgeist außerhalb von Schriften.

Shunryu Suzuki betont, dass Zen sehr praktisch orientiert und keine Philosophie ist. Er sagt:

«In Wirklichkeit zielt der größte Teil der Lehre darauf ab, dass wir unsere Aufmerksamkeit vom abstrakten Wissen weg auf eine unverfälschte Erfahrung mit unserem ganzen Geist hin lenken. Dies beinhaltet jede Ebene der Empfindung, des Gefühls, der Intuition und der Vernunft gleichzeitig.»

Auch die spirituelle Lehrerin Sylvia Wetzel beschreibt Zen als Weg *«... das Leben zu verstehen.»*

Auf dem Weg zu unserem authentischen Ich müssen wir aber, wie die schwedische Psychologin und Schriftstellerin Patricia Tudor-Sandhal es sagt, *«... eine ganze Menge Gerümpel wegräumen.»*

Sind wir jetzt alle schlauer? Nein, natürlich nicht. Aber vielleicht haben wir Lust, ein wenig mehr davon zu erfahren.

DER ZEN-ÜBUNGSWEG, EIN SPIRITUELLER WEG ZU EINER NEUEN WELTSICHT?

Einige Bemerkungen zum Zen-Übungsweg aus heutiger Sicht:

Es ist erstaunlich, wie modern und aktuell dieser Übungsweg doch ist! Alles, was wir dabei erfahren, wird unser jetziges Leben berühren. Wir wollen keine Boni für ein Leben nach dem Leben ansammeln. Das ist wohl mit die wichtigste Aussage und Motivation für uns, um dabei zu sein. Wir leben nur einmal, Punkt.

Wie funktioniert nun dieser Übungsweg?

Williges Jäger empfiehlt uns, wie er es ausdrückt, auf dem Kissen zu sterben, und dann, nach der Einsicht, dass *«Alles Eins ist»*, wird *«Liebe, Weisheit, Mitgefühl, Großzügigkeit und rechtes Tun»* unser Leben bestimmen.

Stimmt das? «Wir dürfen es nicht glauben, wir müssen es selbst erfahren haben», sagte der Buddha seinen Schülern immer wieder.

Neulich habe ich die elf Zen-Regeln von Kenneth Leon, einem Zen-Lehrer, gefunden. Er lebt in Hongkong und New York und unterrichtet Zen. Weil ich finde, dass sie gut in unser tägliches Leben passen, möchte ich sie hier anführen:

1. *Sei achtsam*
2. *Sei normal*
3. *Genieße dein Leben*
4. *Übe dich im tiefen Verstehen und schau oft in dein Herz*
5. *Handle immer mit einer Einstellung von oh oh*
6. *Handle freundlich zurückhaltend*
7. *Fühle dich frei beim Tun*
8. *Handle im Augenblick*
9. *Habe Verständnis für das Paradoxe*
10. *Aktiviere deine rechte Gehirnhälfte*
11. *Erlange tiefes Verstehen*

Meiner Erfahrung nach ist Zen in seiner Art ziemlich einzigartig. Die Lehre wird nämlich von Herz-Geist zu Herz-Geist übertragen. Das geschieht nicht über das zahlreiche Schrifttum und das Wort, welches außerdem authentisch vorhanden ist. Es ist nichts Magisches oder Mystisches. Es ist die Wahrheit, das tiefste Erkennen des eigenen Seins. Wir erwachen und wissen plötzlich: Das ist mein ureigenstes Wesen.

Wer das einmal gefühlt hat, der «weiß» das. Wer das als Spinnerei abtut, wer dafür Beweise und Messergebnisse als Beweise verlangt, der kann es nicht anerkennen. Viele Menschen haben dieses All-Eins-Gefühl schon erlebt, besonders auch Kinder. Diejenigen, die es erlebt haben, vergessen es nie. Man sollte es einfach akzeptieren. Ist es dann geschehen, geht das Leben wie gewohnt weiter. Bei diesem Erlebnis sprechen wir im Zen vom Samadhi. Über den Zen-Fachbegriff Samadhi werde ich auch ausführlicher berichten.

Alle Übungen und Rituale, die wir auf dem Zen-Übungsweg lernen und später dann auch allein praktizieren können, dienen dazu, geistiges Geplapper, leidvolle Muster, usw. abzuräumen, leer zu werden und die geistige Stille zu erleben. Zen hat nur den einen hohen spirituellen Anspruch: Zu Erwachen zur Einsicht, dass Alles Eins ist.

2. DER BUDDHA – DER ERWACHTE

Zum Namen: Siddharta Gautama Shakyamuni, er wurde nach seiner Erleuchtung als «Buddha» (der Erwachte) bezeichnet. Er lebte von ca. 563 bis 483 v. u. Z. In den Lehrreden und Ordensregeln lesen wir entweder seinen Familien- oder besser Clannamen Siddharta Gautama (Siddhattha Gotama, Pali) oder der Bhagavat, ein Ehrenname, «der Herr», was in vielen Übersetzungen dann als der «Erhabene» auftaucht.

Spricht Buddha von sich selbst, dann sagt er «Tathagata», übersetzt heißt das: «Der so Gekommene».

Für uns ist es am einfachsten, bei dem zu bleiben, was wir haben: Shakyamuni Buddha. Der Buddha – der Erwachte.

Es gibt keinen Zweifel daran, dass Buddha lebte. Buddhas Lebenslauf und Wirken ist ziemlich gut erforscht und bekannt, aber die Person und die sozialen Umstände zu der Zeit vor 2500 Jahren waren nicht so sehr der Gegenstand der uns überlieferten Schriften. Die vorhandene komplette englische Übersetzung seiner Lehrreden hat ungefähr 5500 Seiten. Ich spreche vom Pali-Kanon. Mehr davon weiter unten.

Deshalb wird es schwierig, wenn wir uns die Person Buddha genauer anschauen wollen. War er der perfekte Prinzensohn vor der Erleuchtung und war er der perfekte weise Mensch, unangefochten von Leiden, Begierden, Verblendungen und Zweifeln nach der Erleuchtung als Buddha – der Erwachte? Es finden sich bis heute nach 2500 Jahren noch verschiedene Versionen darüber. Ich werde die wesentlichen, mir bekannten Quellen ausführlicher besprechen.

Wir, die sich auf den Weg gemacht haben, und diejenigen, die es vielleicht überlegen, wünschen sich natürlich ein perfektes Vorbild als Lehrer, wenn wir uns schon auf den WEG machen wollen, weil wir ahnen, dass es kein Zuckerschlecken werden wird. Ich dachte bis vor einiger Zeit auch, der Buddha wäre ein Prinz mit Namen Siddharta gewesen und sein Vater Sudhodana ein König. Siddharta sollte demnach der Thronnachfolger werden und im Luxus des königlichen Palastes im Königreich von Sakya gelebt haben, bis er bei einem Ausflug außerhalb der Schlossmauern zum ersten Mal in seinem Leben einem alten Mann, einem kranken Menschen, einem Leichnam und einem Wandermönch begegnete. Diese Begegnungen hätten Siddharta schockiert und ihm gezeigt, dass der Mensch sterblich ist. Von da ab hätte er das untätige und auf sinnliche Freuden ausgerichtete Leben nicht mehr führen können und wäre Wandermönch geworden. Soweit so anschaulich, aber da gibt es weitere Beschreibungen.

Ich werde mich an die Untersuchungen des Mannes halten, der die wichtigsten Quellen miteinander verglichen hat und auf den Wegen von Buddha im Auftrag der Wissenschaft gereist ist. Es ist Stephen Batchelor. Er studierte Buddhismus in Dharamsala, dem heutigen Sitz der tibetischen Exilregierung, wurde Mönch und buddhistischer Lehrer. Batchelor arbeitete viele Jahre mit und für den Dalai Lama. Nach zehn Jahren gibt er seine Robe wieder ab und wechselt in den Laienstand, bleibt aber Lehrer und schreibt Bücher. Seitdem ist er auch verheiratet mit einer ehemaligen Nonne und beide leben nun in Frankreich.

In seinem Buch «Bekenntnisse eines ungläubigen Buddhisten» lässt er uns teilhaben an seiner 37-jährigen Reise durch die buddhistische Tradition. Er sagt im Vorwort des Buches: «Meine Begegnung mit den traditionellen Formen des Buddhismus führte für mich mit wachsender Dringlichkeit zu der Frage: ‹Wer war dieser Mann Siddhattha Gotama (Pali), der Buddha?›, und: ‹Was waren das Besondere und Ursprüngliche an seiner Lehre?›».[8]

Seine Suche führte ihn auch zum Studium des Pali-Kanons.

Der Pali-Kanon ist eine buddhistische Schriftensammlung, in der wir hunderte von Belehrungen und Klosterregeln finden können. Der Pali-Kanon hat den schönen Namen «Drei Körbe» (Tripitika) und besteht aus 1. den Suttas, (Sutras), das sind die Lehrreden (Teishos) des Buddhas, 2. aus dem Vinaya, das sind Texte über die Klosterregeln, und 3. dem Abhidhamma, das sind exegetische Abhandlungen, die die Lehrreden systematisieren und erklären sollen. Traditionell werden alle «3 Körbe» als die Worte Buddhas anerkannt.

[8]   Batchelor, Stephen. Bekenntnisse eines ungläubigen Buddhisten. Herder, Freiburg 2012. S. 10

«Pali» bedeutet einfach «Text» und ist die schriftliche Version des Sanskrits, der Sprache, in der die klassischen Werke der brahmanischen Gesellschaft aufgezeichnet sind. «Das Pali hat eine ähnliche Beziehung zum Sanskrit wie das gesprochene Italienisch zum Latein,» sagt Batchelor.[9]

Man nimmt an, dass der Buddha auf seinen Wanderungen mit den verschiedenen nordindischen Dialekten vertraut war und diese auch benutzte. Es wird gesagt, dass Ananda, der sein Vetter und Mönch war und Buddhas Diener während der letzten 25 Jahre seines Lebens, alles, was der Buddha gesagt hatte, in seinem Gedächtnis bewahrte und so die Grundlage für den Pali-Kanon nach Buddhas Tod schuf. Ananda kämpfte nach Buddhas Tod sehr darum, dass die Worte des Buddhas nicht verändert wurden. Der Pali-Kanon wurde nahezu 400 Jahre mündlich in der Form, die Ananda festgehalten hatte, aufbewahrt, indem er von den Mönchen auswendig gelernt wurde. Dieses umfassende Werk eignet sich vorzüglich, um als Quelle der Information auch für Buddhas Leben zu dienen.

Das erste buddhistische Konzil wurde um das Jahr 400 v. Chr. in der Sieben-Blatt-Höhle in Rajagaha abgehalten. Von da aus verbreitete sich der Dharma aus Indien kommend bis zum heutigen Tage über viele Teile Asiens und später über andere Kontinente. Später, im 1. Jhdt. n.

---

[9] Batchelor, Stephen; Bekenntnisse eines ungläubigen Buddhisten, Herder, 2012, S. 303.

Chr., wurde der Pali-Kanon in Sri Lanka niedergeschrieben.

Im Pali-Kanon finden wir eine andere persönliche Rekonstruktion des historischen Buddha. Der Vater war demnach kein König, wohl aber ein Adeliger von hohem Rang, aus dem Clan der Gotamiden. Er hatte in der Versammlung der Sakiya den Vorsitz. Sakyia gehörte zum mächtigen Königreich Kosala, das von König Pasenadi regiert wurde. Wir lesen im Pali-Kanon dazu: «Die Sakiyas sind Untertanen des Königs von Kosala,» sagte Siddhattha Gotama. «Sie erweisen ihm demütig ihre Dienste und grüßen ihn, erheben sich und verneigen sich vor ihm und dienen ihm angemessen».[10]

Es finden sich weitere Widersprüche in den Schriften anderer Experten, die sich mit dem Leben Buddhas und der buddhistischen Tradition befasst haben, so auch bei einigen Arbeitsergebnissen von Stephen Batchelor. Die kritischen Fragen, die dort gestellt werden, sind nicht erheblich aber auch nicht unwichtig.

Schält man, einer Zwiebel vergleichbar, die Mythen ab, die den historischen Buddha umgeben, dann kann man zum Beispiel getrost, «die idealistischen Beschreibungen, die ihn (den Buddha) als gelassenen, perfekten Lehrer darstellen, der nie einen falschen Schritt tun konnte, beiseitelassen», stellt Batchelor fest.[11]

Gautama lebte nämlich in einer sehr unsicheren Welt. Er war als Wandermönch und Lehrer von seinen Gönnern

---

[10] Batchelor, nach: D.14, ii. 21-30, S. 207-10.
[11] a.a.O. S. 144

abhängig. Ständig konnte Krieg ausbrechen oder es konnte während eines Staatsstreiches sein Gönner, der König Pasedani, abgesetzt oder umgebracht werden, was später auch geschah. Der Buddha war aber auf ihn angewiesen, denn er lebte 25 Jahre im Jeta-Hain unter dem Schutz des Königs. Dort wohnten er und seine Mönche in jedem Jahr während der Regenzeit wie in einem Kloster. Der Buddha hielt den größten Teil seiner uns überlieferten Reden und erarbeitete auch die Ordensregeln. Nach der Regenzeit wanderte Buddha mit seinen Schülern als Pilger um Almosen bettelnd im Lande umher und hielt weitere Lehrreden.

Ganz am Ende seines langen achtzigjährigen Lebens legte sich Buddha zwischen zwei Sal-Bäume und starb im östlichen Kosala, außerhalb von Kusinara, einer Stadt in Malla (Nord-Indien).

Das alles wird uns im Parinirvana-Sutra geschildert. Buddhas Sterben war genau so, wie menschliches Sterben nun einmal ist, ein leidvoller Prozess. Buddha war krank, erschöpft und machte sich Sorgen, weil die Zukunft seiner Landsleute, die vom Krieg bedroht waren, ungeklärt war. Beim Sterben wurde er begleitet von seinem Vertrauten und Diener Ananda und Anuruddha, seinen Cousins und Anhängern aus Sakiya. Sie waren auf dem Weg dorthin, schafften es aber nicht mehr zum sterbenden Buddha. Auch der britische Wissenschaftler Trevor Ling hinterfragt kritisch in seinem Buch «The Buddha. Buddhist Civilization in India and Ceylon» (London; Temple Smith 1973) die historische Perspektive des Lebenshintergrundes von

Buddha. Er schildert, dass das Leben von Siddharta Gautama geprägt war von den sozioökonomischen Verhältnissen in der Gangesebene im 5. Jhdt. v. Chr. Es gab Güter im Überfluss, reicher Handel wurde getrieben, erste Städte entstanden und auch eine Mittelschicht. Mächtige Heere eroberten Nachbarländer und Königreiche. Als Folge davon wurden Stammesrepubliken, wie auch die Heimat Gautamas, in zentralisierte, autokratische Königsgebiete überführt. Es könnte demnach nachvollziehbar sein, dass Ling den Schluss zieht: «Gautama ... habe ... nie die Absicht gehabt, eine neue Religion zu gründen, sondern eine neue zivile Ordnung». Das klingt revolutionär.

Tiziano Terziani, Schriftsteller und Journalist, hat jahrelang in allen Ländern Asiens gelebt und gearbeitet. Für ihn ist der Buddhismus in der damaligen Achsenzeit ein entscheidender Schritt gewesen, denn:

«Mit seiner Verneinung der Riten, der Ablehnung des Kastenwesens und der Betonung des dem Hinduismus fremden Gedankens des Mitleids bedeutete der Buddhismus für Indien eine wahre Revolution, vielleicht die einzige, die das Land in seiner ganzen Geschichte erlebte ...».[12]

Für uns ist es nun wichtig, die authentische Stimme Buddhas zu hören. Dabei beziehen wir uns auf den Pali-Kanon. Dort gibt es genügend Aussagen von ihm, über das, was er gelehrt hat und wie er lebte.

---

[12] Terziani, Tiziano. Noch eine Runde auf dem Karussell. Knaur, 2007. S. 257f.

BUDDHAS TUN UND REDEN

Buddha hatte die Absicht, die Menschen zu veranlassen, den Symbolismus, das Philosophieren und die Logik aufzugeben und stattdessen in die REALE WIRKLICHKEIT einzutreten. Er sagte: «Wenn du dich an Vernunftsschlüsseln erfreust, dich der Sophisterei ergibst, förderst du ihre subjektive Individualität. Wie könntest du die wahre Weisheit haben und Nirvana erreichen?»

Wenn er gefragt wurde, ob er Reinkarnation erklären könne, sagte er: «Ihr sollt es selbst erleben. Redete ich darüber, würdet ihr es nicht verstehen. Falls doch, würdet ihr es mir nicht glauben ...».[13]

Er verweigerte die Beantwortung von metaphysischen Fragen. Das sind die großen Fragen, auf die Vertreter der Religionen glauben, eine Antwort zu haben. Zum Beispiel Fragen wie: «Existiert der Tathagata (so nannte er sich selbst, siehe oben) weiterhin nach seinem Tod oder nicht?»[14]

Batchelor schlägt vor, die Frage so zu verstehen: «Ist das Universum ewig oder nicht?»[15]

Oder auch die Frage: «Ist der Geist ein Teil des physischen Körpers oder von ihm getrennt?» Und: «Gibt es eine Existenz nach dem Tode oder nicht?»

---

[13] Zit. n.: Batchelor, Stephen; Bekenntnisse eines ungläubigen Buddhisten, Herder, 2012, S. 132
[14] M. 64, i. 432-7.
[15] a.a.O., S. 132

Der Buddha weist solche Fragen zurück, weil er meint, sie können auf dem Weg, den er lehrt, nicht förderlich sein. Sie bleiben somit aus gutem Grund ungeklärt.

Dazu finden wir im Pali-Kanon die folgende kleine Parabel, die der Buddha einem Fragenden erzählte:

«Ein Mann wird von einem vergifteten Pfeil getroffen. Hilfe eilt herbei. Er weigert sich, dass der Pfeil entfernt wird, bevor er nicht ‹den Namen und den Clan der Person, die ihn abgeschossen hat›, erfahren hat; und bevor er nicht weiß, ‹ob der Bogen ein Langbogen oder eine Armbrust war; ob die Pfeilspitze hufförmig, gebogen oder mit Widerhaken versehen war›».

Der Buddha will uns damit sagen, man sollte sich um sich selbst kümmern und den Pfeil sofort entfernen lassen oder selbst entfernen. Und zwar ohne langes Kopfzerbrechen. Metaphysische und spekulative Fragen helfen wenig. Sie verhindern, dass wir das Leiden, das uns Menschen ständig begegnet, außer Acht lassen, statt es achtsam zu betrachten, es nicht zu zerreden, sondern zu versuchen, richtig zu handeln.

In einer anderen Lehrrede des Pali-Kanons vergleicht er die Leute, die davon besessen sind, erst alle Fragen und Probleme zweifelsfrei beantwortet zu bekommen, bevor sie etwas tun. Hierzu eine weitere Parabel von Buddha: «Der König lädt eine Gruppe von blinden Männern zu sich ein. Sie sollen ihm einen Elefanten beschreiben. Jeder Blinde soll einen Teil des Elefanten berühren. Derjenige, der den Rüssel fühlt, erklärt, dass der Elefant einem Schlauch gleiche; derjenige, der die Seiten berührt, sagt, dass es sich bei dem Elefanten um eine Mauer handle; derjenige, der den Schwanz des Elefanten hält, ist überzeugt, dass der Elefant ein Seil sei».[16]

Diese Beispiele zeigen doch deutlich, dass der Buddha nicht einen metaphysischen und spekulativen Ansatz in seiner Lehre entwickelt hat, sondern eher einen therapeutischen und pragmatischen. Das klingt eindeutig nach Achtsamkeit.

Im kommenden Kapitel werde ich den Dharma – die Lehre, das Gesetz – beschreiben.

---

[16] Ud. 6.4., S. 68ff.

3. DHARMA – DIE LEHRE

Dharma (sanskrit): 1. Das Gesetz, Wahrheit, die Lehre des Buddha und des Buddhismus.

Siddharta Gautama (Sanskrit) machte sich auf den Weg, saß in jener Nacht, wie es in der Legende heißt, unter den Zweigen des «Bodhi-Baumes», und meditierte. Er beschreibt es so: «Der Dhamma, den ich erlangt habe, ist tiefgründig, schwer zu sehen, schwer zu erkennen, still und erhaben, nicht zu erlangen durch bloßes Nachdenken, subtil, von den Weisen zu erfahren»,[17]

Es ist nicht leicht, mit den alten Texten, die Buddha-Lehre – den Dharma – zu erklären. Wenn wir uns für den Zen-Weg interessieren oder ihn gehen wollen, dann sind Buddhas Worte aus dem Pali-Kanon die Quelle, die uns zur Verfügung steht, um den Weg zu verstehen, den er selbst ein Leben lang gegangen ist. Den Rest müssen wir selbst erfahren!

DAS RAD DER LEHRE (DHARMA, DHAMMA) DREHEN

Wir sprechen vom «Rad der Lehre» oder davon, das «Rad des Dharma» zu drehen, wie es in verschiedenen Entwicklungsformen auf uns überliefert wurde. Das erste Drehen beschreibt den Hinayana-Buddhismus. Wir können ihn auch konservativen oder Klosterbuddhismus nennen. Das zweite Drehen der Lehre beschreibt den

---

[17] Pali-Kanon, M. 26, i. 167

Mahayana-Buddhismus. Dabei lernen wir unsere innere ethische Haltung zu erkennen und zu festigen. Mitgefühl ist jetzt wichtig, das üben wir mit den fünf Silas. Zu diesem Weg hatte sich Buddha nach seinem Erwachen bekannt.

Das dritte Drehen kam mit dem tibetischen Buddhismus und heißt Vajrayana, bei uns auch als tantrischer Buddhismus bekannt.

DIE BUDDHALEHRE

Buddha hielt seine erste Predigt (Lehrrede) in Isipatana (Sarnath) in der Nähe von Baranasi (Varanasi) vor seinen fünf ehemaligen Gefährten in der Askese, mehrere Wochen nach seinem Erwachen in Uruvela (Bodhgaya). Das war der Beginn der Übertragung des Dharma von Herzgeist zu Herzgeist. Von seiner ersten Rede liegen uns 17 Versionen vor und ich finde die Fassung, die in Übereinstimmung mit dem Pali-Kanon von Batchelor für uns übersetzt wurde, gut und verstehbar für westliche Menschen, also halte ich mich daran.

Dort heißt es: «Er weilte in Varanasi im Wildpark von Isapatana. Er wandte sich an die Gruppe der fünf (damit meint er die fünf Asketen, mit denen er vorher gelebt und meditiert hatte): ‹Jemand (damit meint Buddha sich selbst vor dem Erwachen), der ausgezogen ist, folgt nicht zwei Sackgassen. Welchen zwei? Betörtsein ist vulgär, unzivilisiert und bedeutungslos. Kasteiung ist schmerzhaft, unzivilisiert und bedeutungslos›».

Er sagte uns weiter: «Ich bin zu einem mittleren Weg erwacht, der nicht in eine Sackgasse führt. Es ist der Weg, der Erkenntnis und Bewusstsein hervorbringt. Er führt zu Ruhe, Erkenntnis, Erwachen und Erlösung. Er hat acht Zweige: angemessene Sichtweise, angemessene Rede, angemessenes Handeln, angemessener Lebenserwerb, angemessenes Bemühen, angemessene Achtsamkeit und angemessene Konzentration.»

Wir sprechen heute üblicherweise vom achtfachen Weg, den wir gehen wollen, um Leid zu vermeiden.

«Dies ist Leiden», erklärt uns Buddha, «Geburt ist schmerzhaft, Altern ist schmerzhaft, Krankheit ist schmerzhaft, Tod ist schmerzhaft, dem begegnen, was einem unlieb ist, ist schmerzhaft, Trennung von dem, was einem lieb ist, ist schmerzhaft, nicht zu bekommen, was man möchte, ist schmerzhaft.»

Diese psychophysischen Bedingungen sind schmerzhaft: «Begehren wiederholt sich, suhlt sich in Anhaften und Gier, gibt sich diesem oder jenem wie besessen hin: Begehren nach Sinnesreizen, Begehren nach Dasein, Begehren nach Nichtdasein».

Dies ist Aufhören: «... das restlose Schwinden und Erlöschen von Begehren, das Loslassen und Aufgeben davon, Befreiung und Unabhängigkeit davon».

Und dies ist der Pfad, «der Pfad mit acht Zweigen»: Angemessene Sichtweise, angemessene Rede, angemessenes Handeln, angemessener Lebenserwerb, angemessenes

Bemühen, angemessene Achtsamkeit und angemessene Konzentration.»

«Dies sind die Vier Edlen Wahrheiten:
So ist Leiden. Es kann vollkommen verstanden werden. Es muss vollkommen verstanden werden.
So ist Begehren. Es kann losgelassen werden. Es muss losgelassen werden.
So ist Aufhören. Es kann erfahren werden. Es muss erfahren werden.
So ist der Pfad. Er kann kultiviert werden. Er muss kultiviert werden.»

«So stieg in mir (Buddha) ein Licht über Dinge auf, die bisher unbekannt waren. So lange, wie mein Wissen und meine Sicht über die zwölf Aspekte dieser Vier Edlen Wahrheiten nicht vollkommen klar war, so lange habe ich nicht behauptet, ein unvergleichliches Erwachen in dieser Welt mit ihren Menschen und himmlischen Wesen, ihren Göttern und Teufeln, ihren Asketen und Priestern erfahren zu haben. Erst als mein Wissen und meine Sicht in all diesen Aspekten klar geworden waren, habe ich behauptet, dass ich ein solches Erwachen erlangt habe. Die Freiheit meines Geistes ist unerschütterlich ...»

Batchelor beschreibt und übersetzt uns auch aus der Sicht eines Mönches, der sich nach 10 Jahren für den Laienstand entschieden hat, die zentralen Elemente des buddhistischen Dharma, die klar nicht der Zeit vor Buddha zugeordnet werden können, also Buddhas eigene Worte sind:

1. das Prinzip des bedingten Entstehens
2. den Prozess der vier edlen Wahrheiten
3. die Praxis des achtsamen Gewahrseins
4. die Kraft der Eigenständigkeit

Ich werde auf diese zentralen Elemente im Kapitel 7, Herz-Sutra, genauer eingehen.

Im Pali-Kanon steht: «Es sind diese vier Axiome, die ausreichen als Grundlage, um einen ethisch engagierten, praktisch umgesetzten und intellektuell stimmigen Lebensweg einzuschlagen». Und: «Sie sind die Matrix, die seine Vision einer neuen Kultur, Gesellschaft und Civitas formt.»[18] Mehr gibt es nicht zu sagen, wir haben die Buddhalehre und den Pfad von Buddha genau beschrieben bekommen.

Wie können wir unseren Weg gestalten, wenn wir ihn ernsthaft zu unserer Aufgabe gemacht haben? Wir werden unsere eigenen Erfahrungen auf diesem Weg machen. Auch der Buddha hatte seine Erfahrungen gemacht. Als junger Mann schloss er sich einer Gruppe Asketen an und glaubte, so die Erleuchtung zu finden. Er erkannte dann aber, dass auf diesem Weg sein Körper in die Übung nicht mit eingeschlossen war, und er fast verhungert wäre. So entschied er sich für den Mittleren Weg.

---

[18] Nach Batchelor, Stephen. Bekenntnisse eines ungläubigen Buddhisten,. Herder, 2012, S. 296f.

Sind wir interessiert, dann können wir Übende werden. Wir können Zuflucht nehmen und uns versprechen die fünf Silas (die fünf ethischen Grundsätze) zu beherzigen.

Wir können weitere Silas in unseren Lebensalltag als Achtsamkeitsübungen einbeziehen und uns als Laien ordinieren lassen. Wir können uns auch für ein Kloster entscheiden und Mönche oder Nonnen werden. Es muss aber gesagt werden, dass viele westliche Zen-Ordinierte nicht in Klöstern leben. Oder wir können einfach nur ohne die Verbindlichkeit der Zufluchtnahme den Übungsweg gehen und ihn in unser eigenes Alltagsleben integrieren.

Auf jeden Fall sollte unser Weg das zum Ziel haben, was der Buddha uns lehren will, nämlich, wie Batchelor es ausdrückt, «Anstatt Perfektion oder Transzendenz zu erreichen, bestand das Ziel des Dhamma (Pali) von Gotama (Pali) darin, das Leiden dieser Welt zu umarmen, ohne von der begleitenden Angst oder von Anhaften, Verwirrung oder Stolz überwältigt zu werden, die auftreten können, wenn wir Leiden begegnen».[19]

Soweit der Dharma, aber da wir Menschen sind und ewig grübeln und zweifeln, gibt es auch hier nicht immer Übereinstimmung, weder mit anderen, die uns auf dem Weg begegnen noch mit uns selbst. Das war jetzt mehr als 2000 Jahre so und das hält der Dharma auch noch endlos länger aus. Bei dieser Frage spalten sich immer wieder die Meinungen im Hinblick auf das, was der Buddha wirklich

---

[19] Batchelor, Stephen; Bekenntnisse eines ungläubigen Buddhisten. Herder, 2012, S. 286

gewollt und gesagt haben soll. Ich habe selbst zweimal vor der Frage gestanden.

Batchelor (Autor des Buches Bekenntnisse eines ungläubigen Buddhisten) und auch Nanavira (Autor des Buches Clearing the Path) fühlen sich zum Beispiel außerstande, sich «mit irgendeiner Organisation oder Sache zu identifizieren, also mit einem klösterlichen Leben».

1963 schrieb Nanavira in seinem Buch, «Clearing the Path»: «Ich bin ein geborener Abweichler.» Hier spricht ein Mönch, der schweren Herzens seine Robe wieder abgelegt hat und doch weiter «dabei ist». «Der Dhamma», schreibt auch Stephen Batchelor in seinem Buch Bekenntnisse eines ungläubigen Buddhisten «fordert von seinen Praktizierenden die persönliche Bereitschaft, ethisch integer zu sein, sich der Meditation zu widmen und sich selbst zu betrachten, um eine Antwort auf die Fragen der menschlichen Existenz zu gewinnen». Wohingegen ein buddhistischer Gelehrter, wie Nanavira Thera anmerkte, sich nur so lange sicher fühlen konnte, wie die Schriften, die er studierte, «nicht eines Tages aufstehen und ihm in die Augen schauen»[20].

Glaubt mir, immer wieder stellen wir uns diese und weitere Fragen. Wo stehen wir, die wir uns auf den Pfad des Dharma gemacht haben? Wie wortgetreu soll ich handeln? Das kann nur jeder Einzelne für sich beantworten.

---

[20] Nanavira Thera. Clearing the Path; Writings of Nanavira Thera, Colombo, Sri Lanka: Path Press Publication, 2009, S. 81.

Die berühmteste Laien-Gestalt in der Geschichte des Mahayana-Buddhismus ist Vimalakirti.

Sokei-an schreibt über ihn: «Vimalakirti war ein legendärer Laienanhänger Buddhas. Das Vimalakirti – Sutra berichtet, wie er mit seinem tiefen Verständnis allen hochangesehenen Schülern Buddhas überlegen war».[21] Ernst Schwarz, Übersetzer der Koansammlung Bi-Yän-Lu, Koansammlung beschreibt in seinen Anmerkungen im vierundachtzigsten Musterbeispiel: Vimalakirti's Einziges Tor zur Erlösung: «Vimalakirti wird in der buddhistischen Hagiographie als ein tugendhafter und weiser Laienbuddhist dargestellt, der aber in Wirklichkeit bereits Buddhaschaft erreicht hatte und nun als Bodhisattva zurückgekehrt ist, um am Heilsgeschehen teilzuhaben»[22].

Sokei-an zitiert den 6. Patriarchen zum Thema ‹Einheit des Geistes› mit den Worten Vimalakirti's, der sagte: «Der einheitliche, geradlinige Geist ist der Ort, wo man das Dharma übt, es ist das ‹Reine Land›. Erlaubt es eurem Geist, nicht krumm und verbogen zu sein». Weiter, so heißt es dort, sagte Vimalakirti: «Ihr redet nur mit den Lippen über Samadhi und die Einheit des Geistes, aber setzt diese nie in die Praxis um». Sokei-an merkt dazu an: «Einige getäuschte Menschen hängen stur am Dharma – laksana (Lehre der Erscheinungswelt, unsere Lebenswelt) und vertreten hartnäckig ihre eigene Ansicht über das

---

[21] Shigetsu Sasaki Sokei-an. Der 6. Patriarch kommt nach Manhattan, Theseus 1988, S. 127

[22] Ernst Schwarz. Aus den Anmerkungen zum 84. Kap. des Bi-Yän-Lu: Vimalakirti's Einziges Tor zur Erlösung. Ernst Schwarz. Bi-Yän-Lu. Kösel, 1999, S. 419

Samadhi der Einheit (absolutes Samadhi). Sie denken, dass es darin besteht, unbeweglich dazusitzen und keinen Gedanken aufkommen zu lassen. Eine solche Auffassung setzt uns aber nicht mit den nicht-empfindenden Lebewesen (Tieren, Pflanzen, Steine usw.) gleich und verstellt den richtigen Weg (Tao)! Tao soll frei fließen. Warum sollte es gehindert werden? Wenn euer Geist nicht an den Dingen haftet, fließt Tao frei. Wenn euer Geist hingegen an den Dingen haftet, verhärtet er sich. Dies wird sich selber fesseln genannt. Wenn ihr darauf besteht, dass bewegungsloses Sitzen unbedingt erforderlich ist, habt ihr die gleiche Ansicht wie Shariputra, der, als er im Wald saß, von Vimalakirti kritisiert wurde».[23]

Ich selber habe mich als Laienordinierte damals nach sorgfältiger Prüfung entschieden, nicht nur auf meinen Bauch zu hören, sondern auch zu prüfen, ob ich für ein Nonnenleben oder wissenschaftliche buddhistische Arbeit geeignet bin. Die Antwort war ein allseitiges Ja in meinem Herzen und in meinem Verstand für den Laienstand. Hatte ich doch auf meinem Zen-Weg erkannt, dass ich den Weg des Bodhisattva gehen «muss». Mir wurde im Laufe der Jahre immer deutlicher, dass ich andere Menschen fühlen kann, dass ich mit ihnen auf der Herzebene kommunizieren kann und dass ich gerne bereit bin, Fragen zu beantworten. Ich helfe gern weiter. Alles, was ich selbst als hilfreich empfunden habe, kann ich weitergeben an die, die meine Unterstützung haben möchten.

---

[23] Shigetsu Sasaki Sokei-an. Der 6. Patriarch kommt nach Manhattan, Theseus 1988, S. 127ff.

Mein ganzes Leben ist erfüllt von glücklichen Momenten, die ich hatte, wenn ich andere auf dem spirituellen Weg begleitete. Auch im Alltag treffe ich auf unendlich viele Möglichkeiten. Der Dharma kennt überhaupt keine Grenzen das Leiden der Welt zu umarmen. Möge aber keiner auf die Idee kommen das sei einfach.

Es war mir in der Vergangenheit auch immer gelungen, sogar mit meinen Gegnern, z. B. in der Politik, gute gemeinsame Arbeits- und Umgangsweisen zu pflegen. Das wurde mir zurück gespiegelt. Wie es innen in mir manchmal aussah, verrate ich lieber nicht. Lebenserfahrung macht nicht heilig, nur ein bisschen gelassener.

Eine weitere Erfahrung, die auch mein spirituelles Leben beeinflusste, machte ich, als ich einige Monate im Lebensgarten lebte. Dort wurde ich von einem Dharma-Bruder, der psychisch krank war, ernsthaft bedroht. Ich sah mich gezwungen, eher nach Frankreich zu ziehen als ursprünglich geplant.

Zu den Sesshin kam ich weiterhin vier Mal im Jahr in den Lebensgarten. Bei einem Sesshin ergab es sich, dass wir tagelang tagsüber und bis in den späten Abend nebeneinander gesessen haben. Das beunruhigte einige in der Sangha. Das Ergebnis gebe ich gerne bekannt: Er fragte mich nach zwei Tagen, ob er mit mir zusammen Zuflucht zu Buddha, Dharma und Sangha nehmen dürfe, sein Herz habe sich geöffnet und er wünsche sich das. Ich bejahte, ohne eine einzige Sekunde nachzudenken. Wir haben dann mit Freude im Herzen die wunderschöne Zeremonie, die

Laienordination, zusammen gemacht und fühlten uns als Dharma-Geschwister. Später verließ er die Sangha, aber ich besuchte ihn, so oft ich in den Lebensgarten kam. Vergessen war Zorn und Wut bei ihm, vergessen war die Angst um meine leibliche Unversehrtheit. Einige Jahre später verließ auch er den Lebensgarten.

Es gäbe unendlich viele Beispiele, die mir immer wieder deutlich machen, warum ich mein Bodhisatva-Gelübde zu meinem Lebensinhalt gemacht habe.

Somit beantworte ich mir die Fragen, die ich mir 50 Jahre lang gestellt hatte: Was ist meine Aufgabe im Leben? Und: Warum ausgerechnet Zen? Mit «Einmal Bodhisattva, immer Bodhisattva».

Christoph gab mir bei der Laienordination den Namen Ho Shin, was auch mit Großer Herzgeist übersetzt werden kann. Ist das meine Berufung, oder ist das meine Aufgabe, die noch erfüllt werden kann? Egal.

Wenn ich manchmal wieder auf die Nase gefallen war, weil ich meine Berufung anders interpretiert habe als meine Umwelt, dann gab es Grund noch achtsamer zu sein. Auch mich selbst lerne ich zu schützen. Das nenne ich den Prozess der Integration von Mitgefühl ins Alltagsleben.

«Mein lieber Freund, es ist unmöglich, jemanden völlig zu schützen, ohne ihn zu versklaven. Ich glaube, das hast du nie begriffen, weil du immer zuviel von dir selbst verlangst.[24]» Von diesem Zitat fühlte ich mich angesprochen.

WER ODER WAS IST EIN BODHISATTVA?

Allgemein heißt «Bodhisattva»: Ein Wesen der Erleuchtung. Von Sanskrit, bodhi = Erleuchtung und sattva = Wesen.

Einer der bekanntesten Gestalten aus dem ostasiatischen Raum, die das Wesen des Bodhisattva beispielhaft darstellten, ist Avalokiteshvara der, bzw. die Bodhisattva des Mitgefühls, Avalokiteshvara. Sie ist weiblich und wird in Japan Kannon genannt, wird mit tausend Händen und tausend Augen dargestellt, hat 33 Körper, was «übersetzt» heißen soll, sie kann mit jedem fühlenden Wesen sofort Herzkontakt aufnehmen und für jedes einzelne Wesen die passende Hilfe anbieten. Ihr Mitgefühl endet nicht, selbst wenn ein Wesen ihr nicht wohl gesonnen ist. So wird Avalokiteshvara in den Koansammlungen beschrieben.

MITGEFÜHL

«Die beste Art und Weise, auf dich selbst zu achten, besteht darin, deinen Geist zu beobachten. Die beste Art und Weise, liebevoll für dich selbst zu sorgen, besteht darin, liebevoll für andere zu sorgen.»

Kyabje Lama Zopa Rinponche

---

[24] N. McIntyre, in: Exotische Welten, Knaur, 1984, S.62

71

Lorne Ladner beschreibt das Ziel der Entwicklung des Mitgefühls als darin bestehend, «sich selbst und andere vom Leid zu befreien und sich selbst und andere glücklich zu machen»[25].

Dabei solle man zunächst üben, mit sich selbst Mitgefühl zu haben. Das klappt ganz gut, wenn wir die Ursache für unser Leiden finden und sie verstehen, wenn wir uns mit unserem Ego geeinigt haben und uns dann außerdem entschließen, diese Ursache zu vermeiden. Es ist schon nachvollziehbar, dass wir, wenn wir das Ego außen vor lassen oder unterdrücken, auch die Lösung unserer Probleme vermeiden würden. Schauen wir genau hin, dann können wir erkennen und uns darauf gefasst machen, dass das Ego großen Widerstand aufbaut. Es will ja gar nicht, dass wir etwas verändern oder mit anderen Augen sehen.

Dasselbe passiert uns in unserer spirituellen Übung: Erst sind wir begeistert, etwas Neues zu lernen und natürlich wollen wir auch gleich leidfrei und erleuchtet sein und ruhig und gelassen und keinen Streit mehr haben mit uns und anderen. Also setzen wir uns auf das Kissen und wundern uns, wenn in der Ruhe des Geschehens plötzlich alles anders kommt, als wir dachten. Wir werden mangels Ablenkung nämlich mit uns selbst konfrontiert und erkennen etwas, was uns stört, uns quält und was angeschaut werden möchte. Was machen wir? Wir wollen das gar nicht so genau wissen und schon beginnt der Prozess der «Vermeidung». Das geschieht alles irgendwie von

---

[25] Lorne Ladner. Die verlorene Kunst des Mitgefühls, Diamant Verlag, 2005, S. 65

selbst und ist mehr oder weniger unbewusst, weil wir ja noch nicht gelernt haben damit umzugehen. Wir lenken uns beim Meditieren ab. Keine Sorge, das klappt wunderbar, wir sind da sehr erfinderisch, wie im täglichen Leben übrigens auch. Oder wir spulen die Übungen formal und ritualisiert ab. Dazu braucht es nicht viel Übung. Und keiner merkt was! Oder: «...die Meditation wird selbst zu einem Abwehrmechanismus und einem Werkzeug ungesunder Aspekte des Egos»[26].

C. G. Jung stellte beim Studium spiritueller Praktiken fest: «Die Menschen werden alles tun, egal wie absurd, um ihrer eigenen Seele nicht ins Angesicht sehen zu müssen».

Ich fand bei Ama Samy einen bewegenden Bericht von einem ehrenamtlichen Helfer, der mit unheilbar kranken Kindern als Klinikclown arbeitet: « ... Kinder in Krankenhäusern und vor allem auf Stationen mit Brandopfern sind natürlich unsicher (wenn sie einen Clown sehen). Verbrannte Haut oder kahle Köpfe bei Kindern – was macht man da? Ich glaube, man muss sich einfach der Tatsache stellen. Beim Anblick von Kindern, die so leiden, sich fürchten und wahrscheinlich sterben werden, bricht jedem das Herz. Stell dich diesen Kindern und sieh was passiert, und dann tu den nächsten Schritt. Ich hatte die Idee, Popcorn einzusetzen. Wenn ein Kind weint, trockne ich die Tränen mit dem Popcorn und stecke es dann in meinen oder in seinen Mund. Dann hocken wir zusammen und essen die Tränen. Manchmal ist es das Einzige, was wir tun

---

[26] Lorne Ladner. Die verlorene Kunst des Mitgefühls. S.67

können. Aber wenn wir es gemeinsam tun, kann es geschehen, dass wir Heilung und Vergebung erfahren und Gott vergeben können».[27]

ECHTES MITGEFÜHL KANN ERLÖSEND SEIN!

«Ohne die Achtsamkeit des Mitgefühls trocknet man gänzlich ein und lebt einsam und isoliert.»
Thich Nhat Hanh

Und wie alles andere, muss auch das Mitfühlen gelernt werden. Als Kind konnte ich das noch nicht. Ich habe ständig geweint, wenn irgendein Wesen traurig war. Ich kannte noch nicht den Unterschied zwischen Mitleiden und Mitfühlen. Irgendwann bemerkte ich, dass ich manchmal nichts gegen das Leid der anderen tun kann und dass es auch nicht hilft, wenn ich mitleide. Im Gegenteil, ich begriff, dass ich sehr wohl der leidenden Person helfen konnte, wenn ich bei mir selber blieb und nur mitfühlte.

Wie kriegt man eine Bodhisattva zum Schweigen und Nicht-handeln-wollen, wenn ein Herz ruft? Geht nicht!

Wenn die Welt schon nicht nur aus paradiesischen Zuständen besteht, sondern das Leiden seinen eigenen gleichen Anteil daran hat, dann können wir doch nur beides zusammenführen. Das Glück des Lebens dankbar anerkennen und das Leiden respektieren und in unseren Alltag integrieren.

---

[27] Ama Samy. Zen, Erwachen zum ursprünglichen Gesicht, Theseus. 2002, S. 137f

Und wenn man sich mehr Freude wünscht, dann gelingt die Erfüllung dieses Wunsches, indem man Liebe und Mitgefühl für andere kultiviert, denn dann werden sich gewiss positive Resultate einstellen. Das habe ich zumindest erfahren.

Der Dalai Lama nennt es einen weisen Egoismus, «wenn wir auf kluge Weise unser eigenes Wohlergehen herbeiführen wollen, können wir nichts Besseres tun, als Mitgefühl für andere zu kultivieren».

LEIDEN

Jetzt möchte ich versuchen, den Begriff Leiden genauer zu erklären. Er spielt in unserem Leben eine große Rolle und es kostet uns viel Anstrengung, nicht zu leiden. Meistens klappt es natürlich nicht. Warum ist das so?

«Das grundsätzliche menschliche Leiden, von dem der Buddha spricht, ist heute nicht anders als das vor zweieinhalbtausend Jahren.»[28]

Warum sollen wir uns dann der Mühe der Zen-Übung unterziehen, könnten wir uns fragen? Weil wir uns, sagt Batchelor, «zum Buddhismus hingezogen ‹fühlen›, nicht weil er die Natur der Wirklichkeit überzeugender erklärt als andere Religionen, sondern weil er eine Methodik bietet, mit der sich vielleicht die Frage des Leidens bearbeiten lässt». So sehe ich das auch. Wie steht es mit dieser These: Wir leiden, wenn wir etwas festhalten wollen,

---

[28] Stephen Batchelor. Bekenntnisse eines ungläubigen Buddhisten. Herder, 2012, S.252

wenn wir etwas haben und festhalten wollen, wenn wir etwas erwarten und nicht bekommen, aber leiden wir nicht mehr, wenn wir loslassen können? Die Antwort darauf ist: Deshalb sind wir auf dem Weg. Buddha und Avalokiteshvara sagen uns: «Wenn man erkennt, dass es niemanden gibt, der alles kontrolliert, verwandeln sich Leid und Schmerz. Wenn man es auch nur ansatzweise begriffen hat, dann erkennt man, der Kontrolleur ist in uns und ich bin es ja selbst».[29]

Ja, genau das müssen wir eben selbst herausfinden.

DER GROßE ZWEIFEL

Auch den müssen wir wohl oder übel ertragen und in unseren Alltag integrieren. In unserer Tradition des Buddhismus sprechen wir vom Zweifel als einem der Motoren für die Zen-Übung.[30]

Im Kalama-Sutra wird geschildert, was der Zweifel mit den Bewohnern Kalamas im Königreich Kosala anrichtete[31]: Die Menschen waren verwirrt und baten den Buddha um Hilfe. Sie wussten nicht mehr, welchen Religionslehrern sie glauben sollten. Ständig tauchte ein neuer auf, beschimpfte den, der vorher gerade da war, und verkündete ihnen eine neue Lehre. So fragten sie den Buddha: «Wie sollen wir herausfinden, wer denn nun die Wahrheit sagt?»

---

[29] Batchelor, Stephen. Bekenntnisse eines ungläubigen Buddhisten. Herder, 2012, S. 252
[30] Weiteres über die drei Motoren siehe Kapitel 7, Herz-Sutra.
[31] Siehe auch Kapitel 11, Wendepunkte

Immer noch haben wir dieselben Zweifel und stellen uns ähnliche Fragen. Egal ob es sich um Glaubensfragen handelt oder um Politik, Wirtschaft oder andere «Verkündigungen». Stimmt, es ändert sich im Leben nichts. Das können wir schon mal feststellen.

Und der Buddha antwortete: «Recht habt ihr, Kalamer, dass ihr zweifelt und unsicher seid. Kommt Kalamer, geht nicht nach Hörensagen noch nach Überlieferung noch nach Gerüchten, nicht danach, was als heilige Lehre gilt; noch nach Mutmaßungen, noch nach allgemein anerkannten Erklärungen, noch nach Vorlieben für bestimmte Vorstellungen, über die man nachgedacht hat; noch nach den scheinbaren Fähigkeiten eines anderen, noch nach Überlegungen wie ‹Dieser Mönch ist unser Lehrer›.

Kalamer, wenn ihr für euch selbst wisst: diese Dinge sind schlecht, diese Dinge sind zu tadeln und wisst; diese Dinge werden von den Weisen verurteilt; wenn ausgeführt. Wenn ihr bemerkt, dass diese Dinge zu Unheil und Leiden führen: Dann gebt sie auf».[32]

Das ist ganz klar eine Aufforderung, Zweifel, Fragen und Ungewissheit wertzuschätzen. Das heißt ganz klar, dass wir die Dinge selbst erfahren müssen und dass wir sie dann auch ertragen müssen und können, statt uns auf die Autorität anderer zu verlassen.

Im Kapitel II widme ich mich den so genannten Wendepunkten im Leben. Darin schildere ich, wie

---

[32] A. III, 65, S. 65.

schmerzhaft plötzlich oder auch langwierig und nicht weniger anstrengend Entscheidungen reifen, bis es zu einem Wendepunkt im Leben kommen kann.

Am Ende des Lebensweges können wir dann mit Buddhas Worten sagen: «Gotama vergleicht den Dhamma mit einem Floß, das man aus Treibholzstücken, herabgefallenen Ästen und anderem Abfall zusammenbaut. Nachdem man mit seiner Hilfe den Fluss, der vor einem liegt, überquert hat, lässt man das Floß am anderen Ufer für jemand anderen zurück und setzt seinen Weg fort».[33]

DHARMA-SIEGEL

Was ist das? «Das Dharma-Siegel ist der Buddha-Geist des Patriarchen Bodhidharma.» So wird es in dem Koan Nr. 38, «Fuketsu und das Geistsiegel des Patriarchen» in der Koansammlung Hekiganroku erklärt.

Der Name Bodhidharmas wird von: Bodhi «erwachen» und Dharma «Lehre», abgeleitet. Also etwa: erwachter Geist, Lehrer des Dharma. Sein Name zeigt uns, dass er ein Mönch war.

Er kam als 28. Dharma-Nachfolger von Buddha in der indischen Linie der Patriarchen um 480 n. Chr. nach China. Er ist dafür bekannt, dass er viele Jahre vor einer Felswand meditiert haben soll und gilt heute als erster Patriarch in der chinesischen Chan-Tradition.

---

[33] M. 22, i. 134-5

Bodhidharmas Dharma-Geist ist aber auch der gleiche wie der Buddha-Geist, den Buddha 900 Jahre zuvor unter dem Baum in Nordindien rein und klar erkannte. Das ist der gleiche Buddha-Geist, den wir, ich und du und alle Wesen, in uns haben. Es ist das ureigenste Sein von allen denkenden und nicht-denkenden Wesen.

Wir rezitieren während eines Sesshin morgens und abends auch das «Hakuin Zenji Zazen Wasan», den Chorgesang des japanischen Rinzai Zen-Meisters Hakuin. Die ersten Zeilen des Lobgesangs preisen den Buddha-Geist: «Die Menschen sind in ihrem tiefsten Wesen Buddha; es ist wie bei Wasser und Eis: Wie es kein Eis gibt ohne Wasser, so gibt es nicht einen Menschen ohne Buddha-Natur...» Diese Worte, vom Rhythmus des Atems getragen, erinnern uns immer wieder an das, was wir vergessen haben.

Hakuin lebte von 1686 bis 1769. Er gilt als Reformator und Vater der heutigen Rinzai-Zen Tradition in Japan. Die Formen und die Rituale der Zen-Praxis, die wir heute üben, verdanken wir ihm. Er öffnete die Zen-Praxis auch wieder für die Laien und bemühte sich, die Lehre allgemeinverständlich auszudrücken. Hakuin setzte sich dafür ein, dass alles im Leben als Koan betrachtet werden sollte - nicht nur in der Meditation. Er systematisierte die Koan-Schulung und brachte sie in die Form, wie wir sie heute noch kennen. Von ihm stammt auch das berühmte Koan: ‹Wie ist der Klang von einer klatschenden Hand›. Außerdem galt für ihn, dass Zazen wichtiger sei als Textstu-

dium. Das galt schon einmal in China seit dem 6. Patriarchen und war in Japan in Teilen der buddhistischen Tradition irgendwie ‹verloren› gegangen. Das bedeutete auch:
mehr körperliche Arbeit statt, wie wir heute sagen würden,
Lobbyismus.

Ihm verdanken wir die Formulierung der Drei Motoren des Zen:

Die grosse Entschlossenheit – Dai-Funshi

Der großer Zweifel – Dai-Gidan

Die grosse Glaubenswurzel – Dai-Shinkon

Es ist ganz offensichtlich schwierig, das Erlangen des
Dharma-Siegels zu beschreiben. Dennoch versuche ich es:
Der Dharma-Geist wird zum Siegel, wenn wir ihn selbst
erkannt haben. Es reicht, wenn wir unsere Buddha-Natur
anerkennen, es ist aber auch wichtig für den Zen-Übenden,
wenn dieses Erwachen von seiner Lehrerin bestätigt wird.
Wer weiß, was wir sonst für Kapriolen mit unserem kleinen
Ego-Geist vollführen. Die Bestätigung durch unseren
Lehrer wird dann das Bestätigen des Dharma-Siegels
genannt.

Im Kommentar zum Koan Nr. 38 aus dem Hekiganroku, Fuketsu's Dharma-Siegel, beschreibt Engo (1063-1135),
wie der Prozess des Erwachens sich langsam, aber auch
manchmal plötzlich gestalten kann. Dazu gibt es die kleine
Geschichte von den Pferden, die zugeritten werden sollen:
«Manche Pferde schaffen es nicht und wollen einfach
nicht beritten werden, die werfen den Reiter immer wieder

runter; manche Pferde gehorchen der Peitsche; es gibt aber auch Pferde, die wissen schon beim Anblick der Gerte oder beim leisesten Schenkeldruck, wo es hingehen soll; und schließlich es gibt aber auch jene, da genügt schon der Schatten einer Gerte».

Die Zen-Lehrerin Brigitte d'Ortschy sagte in einem Teisho über dieses Koan: «Das persönliche Geist-Siegel bedeutet das Buddha-Sein, was man längst ist. Wie kann man das werden, was man längst ist? Das geht nur allmählich, man muss es sich wieder und wieder erwerben. Jeder Schulungsweg ist eine lang währende tief greifende Umwandlung, wobei das Grundsätzliche beständig bleibt. ... Dann irgendwann kommt der Moment, da wir in das höchste Buddha-Reich eindringen. Das ist der Moment des großen Erinnerns».

Meine persönlichen Erlebnisse werde ich in Kapitel 4 beschreiben.

DIE ÜBERTRAGUNG DES DHARMA AN DHARMA-NACHFOLGERINNEN UND DIE ZEN-LEHRER (JAP.: SENSEI)

Die erste Übertragung des Dharma wird uns im Mumonkan-Koan Fall Nr. 6 geschildert: «Als Shakyamuni Buddha an dem Berg Grdhrakuta (Geierberg) war, hielt er vor seinen Schülern eine Blume hoch. Alle schwiegen still. Nur Mahakashyapa begann zu lächeln. Der Buddha sagte: ‹Ich habe das wahre Dharma-Auge, den wunderbaren

Geist des Nirvana, die wahre Form des Formlosen und das einzigartige Dharma-Tor, die nicht von Worten abhängen und außerhalb jeder Lehre übermittelt werden. Dieses habe ich Mahakashyapa übertragen›.»

Wir können uns das Bild so vorstellen: es gibt einen Berg. Auf diesem Berg sitzt der Buddha. Der ganze Berg ist voller Leute. Es sind einige Hundert. Alle warten darauf, dass der Buddha einen wichtigen Vortrag hält. Zu der Zeit kamen viele Leute zusammen, wenn der Buddha auf seinen Pilgerwegen zu ihnen kam und sprach. Die Reichen und die Armen, die bedeutenden Leute und die Unberühr-baren, die jungen und die alten Menschen, alle wollten hören, was der Buddha zu ihnen sagte. Ich denke, es war so ähnlich, wie es heute ist, wenn der Dalai Lama nach Europa kommt oder der Papst irgendwo hin fliegt, um zu den Menschen zu sprechen. Nun warten alle diese Leute, und warten und warten, aber der Buddha hält nur eine Blume hoch. Er sagt nichts. Alle warten und denken: Warum spricht er nicht? Nur Mahakashyapa begann zu lächeln. Es war das Lächeln des Herz-Geistes, das Lächeln des Verstehens, des Wissens um die Wahrheit.

Was hat der Buddha dem Mahakashyapa übertragen? Das wahre Dharma-Auge (sinojap.: sho-bo-gen-zo).

Wir sagen dazu: Mahakashyapa kann mit dem Herzen die Wahrheit des Universums erkennen. Buddha hat damit bestätigt, dass Mahakashyapa die letzte Wahrheit erkannt hat.

Sinojapanisch Sho-bo-gen-zo heißt: ‹sho› – wahr, ursprünglich; ‹bo› – Gesetz, Lehre, Dharma; und ‹gen› – Auge; zo – Schatz, Fülle. Mahakashyapa hat den Wunderbaren Geist des Nirvana (der Leerheit, der Grenzenlosigkeit) erkannt. Mahakashyapa hat also begriffen, dass es im Nirvana keine Form gibt und doch eine Form gibt, dass alles grenzenlos, also möglich ist. Er hat erkannt, dass alles leer ist. Und er hat verstanden, dass man durch das ‹Wahre Dharma-Tor› nur gehen kann, wenn man es mit dem Herzen öffnet. Worte und Schriften können dieses Tor nicht öffnen.

Der Buddha hat alles das gesehen und gefühlt und sagte deshalb: «Dieses alles habe ich Mahakashyapa übertragen». Im Jahre 2000, als unser Dharma-Großvater Oi Saidan Roshi anlässlich der Ausstellung EXPO 2000 nach Hannover kam und dort im «Papamobil» (wie wir scherzhaft sagten, es war ein Golfmobil, das an das Gefährt des Papstes erinnerte) herumkutschiert wurde, weil er zu alt war, um lange Strecken zu laufen, da kam er auch zu uns in die Choka Sangha in den Lebensgarten. Christoph ist heute deutscher Repräsentant dieser Rinzai-Schule und wir sind eine von vielen «Nebenstellen».

Wir versammelten uns in unserer größten Halle im Lebensgarten, um ihn reden zu hören: Knisternde Stille, angespannte Mienen, dann kam er endlich, setzte sich neben den Altar und schwieg. Nach einer Zeit hielt er eine weiße Lilie hoch ... – und wir grinsten. Sein Dharma-Nachfolger Christoph musste nicht mehr lächeln und auch nicht mehr grinsen. Auf seinem Gesicht leuchteten die Verbundenheit und die Liebe zum Roshi. Natürlich zeigten wir mit unserem Grinsen auch: Wir haben das Koan alle schon in unserer Schulung bearbeitet, aber ehrlich gesagt, es wurde keiner vom Geist des Dharma in dem Augenblick berührt. Wir waren zu aufgeregt. Anschließend hielt der Roshi aber in wunderbaren Worten ein Teisho über das Koan. Dann kamen wir endlich zur inneren Ruhe und Gelassenheit. Ich möchte jetzt nicht für alle im Saal sprechen, aber wie mir selber erging es auch einigen anderen, mit denen ich gesprochen habe.

Inzwischen bin ich selbst Dharma-Nachfolgerin von Christoph Hatlapa Roshi und somit auch anerkannt in der Rinzai-Linie. Als mir Christoph damals Inka erteilte und das Zertifikat überreichte, waren wir ganz allein. Da spürte ich diesen einmaligen Moment der Dharma-Übertragung und wusste: Ich bin wieder zuhause angekommen.

Mahakashyapa gilt als erster Nachfolger Buddhas in der Chan- bzw. Zen-Tradition. In der Tradition der Rinzai-shu werden bis heute 84 weitere aufgezählt. Aber nicht jeder Dharma-Lehrer findet auch einen Schüler, der die vollständige Erleuchtung erlangt hat. In dem Fall gibt es dann keine Verbindung von Herzgeist zu Herzgeist. Dann gibt es eben auch keinen Dharma-Nachfolger.

4. DHARMA-LEHRER – ‹SENSEI› – ZEN-LEHRERIN

Eine besondere Übertragung außerhalb der Schriften.
Kein Stützen auf Worte und Buchstaben.
Direkt auf des Menschen Herz-Geist zeigen:
Die Selbstnatur schauen, Buddhaschaft erreichen.[34]

Wie wird man ‹Sensei› – Dharma-LehrerIn? Hier beginnt schon die erste Schwierigkeit für mich, nämlich das zu erklären. Ganz sicher durchläuft ein Lehrer im westlichen Kulturkreis einen anderen Ausbildungsweg und anschließend eine andere Tätigkeit als die buddhistischen Lehrer und auch die Zen-Lehrer. Hier im Westen beginnt ein Lehrerleben mit der Schule, es folgt dann eine akademische Ausbildung und daran schließt sich meistens die staatliche, im Angestellten- oder Beamtenstatus verankerte berufliche Lehrtätigkeit an. Anschließend kann man mit einer Pension rechnen. Das ist ein sicherer und vorgeschriebener Weg und schon mal komplett anders, als wir es im Zen vorfinden.

Zen-Lehrerinnen und Zen-Lehrer wird von ihren Lehrern die Lehrbefähigung bestätigt. Nicht einfach so, sondern die Zen-Lehrer haben ihre Zen-Schüler jahrelang in der Koanschulung kennen gelernt, haben sie in ihrem täglichen Leben beobachten können und können «in ihr Herz schauen». Beide, Schüler und Lehrer, sind verbunden über die spirituelle «Buddhaline», wie mein

---

[34] Nach: Heinrich Dumoulin: Geschichte des Zen-Buddhismus. Band I: Indien und China. S. 83

Lehrer Christoph Roshi sagt. Beide haben in der Zeit der Schulung, die oft Jahrzehnte dauert, eine Verbindung von Herz-Geist zu Herz-Geist aufgebaut.

Im Laufe der Zeit können die Zen-Lehrer sehen, welchen spirituellen Weg ihre Schüler gehen werden. Wozu sie ganz besonders geeignet sind. Was ihre Berufung ist. Das ist es aber nicht allein, auch die Schüler erkennen auf ihrem Zen-Weg immer deutlicher: was sind meine besonderen und hervorragenden Eigenschaften und Qualitäten. Woran erkennen sie es? Weil sie sich selbst im Laufe der Zeit kennen gelernt haben. Erinnern wir uns an Dogens Spruch:

«Zen praktizieren heißt sich selbst vergessen, sich selbst vergessen heißt, sich selbst erkennen, sich selbst erkennen heißt: von allen Dingen erleuchtet zu werden.»

Wenn wir das erreicht haben, erkennen wir wirklich alles, nicht etwa nur, wie wir unser Alltagsleben ‹verbessern› können.

Da wir allerdings mit dem Zen-Weg erst beginnen, wenn wir schon älter sind und meist mitten im Leben stehen, kann es manchmal schwierig werden, wenn wir feststellen, hoppla, ich wollte ja eigentlich gar nicht Pilot werden oder Managerin sein, sondern Sterbende begleiten oder Jugendliche betreuen, Zen-Lehrerin werden, Hausmann sein ... – oder Bücher schreiben. Keine Bange, das klappt trotzdem. Inzwischen finden wir nämlich Wege, wie wir beides miteinander vereinbaren können. Auf unserem

Zen-Weg lernen wir unendlich viel mehr als nur ‹Zennis› zu sein.

Wie ist nun die «Ausbildung» des Zen-Lehrers? Man muss den Zen-Weg so lange gegangen sein, bis der Lehrer sich entschließt, die Lehrbefähigung zu erteilen. Unzählige Koans wird man dann gelöst haben, man wird die «Philosophie und Geschichte des Zen-Buddhismus» soweit kennen und verstehen, dass man sie als Lehrende weitergeben kann, ist mit den formalen Bedingungen eines Klosterlebens vertraut oder hat die besonderen Herausforderungen eines Laienlehrers kennen gelernt, beachtet die Silas, hat Zuflucht zu Buddha, Dharma und Sangha genommen und sich für das Mönchsleben oder für den buddhistischen Weg im Laienstand entschieden.

Was braucht die LehrerIn? Sokei-an weist darauf hin, dass ein kleines Zimmer ausreicht, aber: «Ein Lehrer muss in seiner eigenen Schale Nahrung für sich selber haben, bevor er jemand anderem etwas geben kann, doch dann fließt es aus. Das ist die Regel für alle wahren Religionslehrer.» Und: «Wenn man Lehrer ist, muss man immer wieder von vorne anfangen [können]»[35].

Ebenso wie beim weltlichen Lehrberuf sind auch Kenntnisse und Wissen beim Schüler Grundlage und Voraussetzung, wenn der Meister ihr/ihm das Zertifikat Inka erteilt. (Inka Shomei, jap.: «Das rechte Siegel des erbrachten Beweises.») Damit bestätigt der Zen-Meister,

---

[35] Sokei-an Shigetsu Sasaki. Der 6. Patriarch kommt nach Manhattan, S. 148

dass die Schülerin, der Schüler die Erleuchtung erreicht hat und die Schulung unter diesem Meister beendet ist.

Man kann nicht darum bitten und nicht darauf hin studieren. Selbst wenn man Inka erhalten hat, weiß kein anderer das, man sagt es unter gar keinen Umständen, lässt das Zertifikat wenigstens fünf Jahre lang «in der untersten Schublade» verschwinden, wie Christoph uns in einem Teisho sagte, und wird erst dann tätig, wenn Schüler von allein kommen und bleiben, und wenn sie darum bitten, dass man als ihr Lehrer tätig wird. Solange man Schüler hat, ist man Lehrer und hat Verantwortung, hat man keine, dann ist man auch kein Sensei. Punkt.

Es gibt auch die Situation, in der man die Sangha und Schüler des eigenen Lehrers übernehmen muss, weil der Lehrer einen darum bittet und es selbst nicht mehr kann. Ich musste mir keine Sorgen machen, weil ich gar nicht Inka haben wollte, ich wollte ja mit meinem Mann in den Pyrenäen unseren Lebensabend verbringen, vielleicht ein bisschen Tai Chi unterrichten und endlich privat sein.

Als ich mich im Jahr 2000, anlässlich eines Besuches im Lebensgarten, von unserem japanischen Roshi Oi Saidan und von Christoph «verabschiedete», weil ich ja wegziehen wollte, aber weiter zu den Sesshin kommen würde, sagte Christoph: «Das ist sehr schade, dass sie uns verlässt.» Roshi schaute mich lange an und sagte zu Christoph: «Lass sie ziehen, die Pyrenäen brauchen sie, dort gibt es noch kein Zen.» Ich hatte plötzlich das Gefühl: der Roshi hat dich gerade gesegnet. Jetzt kannst du gehen und fühlst dich nicht mehr schuldig. Nie werde ich diese Minuten vergessen. Heute frage ich mich immer noch, wie konnte er überhaupt wissen, was in den Pyrenäen los ist? Außerdem kennt er mich doch gar nicht ... – das muss er auch nicht. Ich vergesse immer wieder, und damals wusste ich es auch noch nicht, dass es ein Wissen und eine Verständigung von Herz-Geist zu Herz-Geist gibt. Inzwischen haben mich einige ähnliche Begegnungen, die ich mit mir vorher unbekannten erwachten Menschen hatte, überzeugt. Kennt nicht jeder von uns diese ‹merkwürdigen Begegnungen›? Plötzlich sieht oder trifft man einen Menschen und weiß, da ist jemand, den ich ganz wunderbar verstehen kann, das ist so etwas wie innere Liebe – völlig unverbindlich und frei. Ich könnte es auch inneres ‹Wissen› nennen. Man schwingt wie auf einem Gleichklang. In diesen Begegnungen, ‹erkennt man sich› und schwingt weiter zur nächsten Begegnung, die dann unter Umständen ganz anders tönt. Dieses innere Einssein-Gefühl nennen wir im Zen Samadhi. Viele von uns haben schon einmal ein Samadhi in ihrem Leben gehabt: beim Hören eines Musikstückes vielleicht, beim Tanzen eines langsamen Walzers, beim Schnorcheln oder Tauchen, vielleicht beim Blick in die Pfirsichblüte oder beim Anblick des eigenen Schattens. Mir fällt bei der Aufzählung auf, dass ich gerade auch Beispiele des Erwachens von berühmten Zen-Lehrern wiedergebe, die ich in der Koanschulung meditiert habe oder die ich selbst hatte, bevor ich wusste, was das ist. Aber leider macht eine Schwalbe noch keinen Sommer!

Ich werde in Kapitel 11 über Samadhi-Erfahrungen etwas mehr erzählen.

WIE KAM ES, DASS ICH SENSEI, ZEN-LEHRERIN, WURDE?

Zwei Jahre später, als mein Mann und ich eine alte Ruine auf einem Berg in den Pyrenäen erstanden und wieder aufgebaut hatten, habe ich natürlich für mich, meine Gäste und Freunde, eine Zendo eingerichtet. Dort meditierte ich täglich oder ging hinein, um die Stille zu spüren.

Dann kamen plötzlich Menschen aus der Umgebung und wollten Zen-Schülerin und Zen-Schüler werden. Einige von ihnen kannte ich vom gemeinsamen Wandern, mit anderen war ich zusammen in der Schwitzhütte oder ich kannte sie, weil man sich im Dorf eben kennen lernt, selbst wenn man erst die französische Sprache lernen muss. Manche hörten, dass ich meditiere und Tai Chi übe. So sprachen sie mich an. Das klang ungefähr so, wie meine Fragen damals an die Dozenten in der evangelischen Akademie Loccum als ich nicht mehr weiter kam mit meiner inneren Unruhe. Oh ja, ich kannte diesen Blick: Können Sie mir helfen, mir fehlt etwas? Sie sind so ruhig, das möchte ich auch lernen. Das ist nun ausgerechnet die Bitte, die ich in meinem Leben noch nie abschlagen konnte. Einmal Lehrerin, immer Lehrerin. Also fragte ich

Christoph während eines Sesshin, als ich mal wieder im Lebensgarten war: «Was soll ich bloß machen?» Er sagte: «Wenn die Schüler eine Lehrerin brauchen und wenn sie wollen, dass du diese Lehrerin bist, dann machst du das. Herzlichen Glückwunsch».

Also gründeten wir eine Sangha und nannten sie «Mountain Sangha». Wir sprachen zunächst lange Zeit englisch, weil das fast alle verstehen konnten. Später kamen immer mehr französisch sprechende SchülerInnen dazu, also musste es auch auf Französisch gehen. Und es ging! Manchmal verstanden meine Schülerinnen und Schüler meine Teisho nicht, sagten dann aber im Dokusan auf meine Nachfrage hin: «Barbara, das macht nichts: ‹mein Herz hat alles verstanden» oder «ich lese mir das Teisho in Ruhe durch und übersetze es im Kopf in meine Sprache».

Für jemanden wie mich, die ich immer alles ganz gründlich machen will, war das die allerbeste Übung, Mut zum Nicht-Perfekten Lehrerinnendasein zu haben!

Einige Zeit später wurde ich bei einem Besuch bei Freundinnen in Eggenstein bei Karlsruhe gefragt, ob ich nicht einmal einen Zen-Tag anbieten könne. Ich tat das, und ein Jahr später baten sie mich, dort eine Sangha zu gründen. Also mietete ich eine geeignete Wohnung und wir haben seitdem jetzt dort auch eine Sangha. Vier Mal im Jahr gebe ich dort Sesshin. Ich habe Glück gehabt, dass ich mir das finanziell leisten kann, weil ich mir ja in meinen Berufen eine ausreichende Pension erarbeitet hatte. So brauchen auch meine Schüler in der «Mountain Sangha» in den Pyrenäen und in Eggenstein kein Geld zu bezahlen. Die meisten von ihnen könnten das auch nicht.

Inzwischen, es waren längst fünf Jahre verstrichen, bin ich auch Sensei und, mit anderen zusammen, Dharma-Nachfolgerin von Christoph Roshi und habe das Zertifikat von ihm bekommen.

Wenn ich gefragt werde, was ich eigentlich mache, sage ich: «Ich mache ‹Straßen-Zen› und ich bin Zen- und Tai Chi-Lehrerin». Irgendwie habe ich alle Schüler mehr oder weniger auf der Straße, dem Marktplatz, im Zug oder sonstwo kennen gelernt. Sie kamen und fragten, manche blieben, andere zogen wieder weg. Es gibt auch welche, die nicht Zuflucht nehmen wollen und praktizierende Christen sind, andere sind «spirituelle Aussteiger» und wollen auf eine ‹freie› Art dabei sein. Sie sind es jetzt schon fünf Jahre und länger.

Es macht mich glücklich zu sehen, wie ernsthaft alle auf dem Weg dabei sind. Viele haben ihre wunderbaren verkümmerten künstlerischen Fähigkeiten entdeckt und trauen sich jetzt, diese weiterzubilden und dazu zu stehen, sie machen Ausstellungen, in denen auch ihre Kunst ausgestellt wird, schreiben Bücher, die verlegt werden, schreiben Gedichte und vieles mehr. Fast alle haben in ihrem Alltag den Mut gehabt, Lebens-Veränderungen einzubauen oder ihre Freizeit anders zu gestalten. Sie geben selbst Tai Chi-Kurse oder besuchen eine weitere Ausbildung um Sterbebegleitung zu machen, oder, oder ... Mich erfüllt das mit großer Dankbarkeit dem Dharma und meinen spirituellen

Vorgängern gegenüber. Nichts davon wäre bei uns allen ohne Zen-Erfahrungen vorstellbar gewesen.

Ich selbst fühle mich mit meinen nun 73 Jahren auch nicht mehr so frisch und war drei Monate wegen eines Kniebruchs in Kliniken, sodass ich bemerkte, hoppla, sei achtsam. Du kannst nicht ständig zwei Sanghas in zwei verschiedenen Ländern und eine Tai Chi Gruppe leiten. Aber ich habe vorgesorgt, im Tai Chi habe ich drei SchülerInnen ausgebildet und sie leiten in Can Garous, so heißt unser Haus in den Pyrenäen, und in Eggenstein die «Abteilung» Tai Chi. Alles Weitere zeigt sich später. Es gibt nur einen wichtigen Moment und das ist das Jetzt, nicht gestern und nicht morgen.

WAS SAGEN UNS ANDERE LEHRERINNEN UND LEHRER?

Tiziano Terziani, Journalist und Asienkenner schreibt: «Der Lehrer drückt das mit Worten aus, was du als wahr in dir fühlst. Hast du erst einmal die Wahrheit selbst erfahren, brauchst du ihn nicht mehr. Er zeigt dir den Mond, aber wehe du hältst seinen Finger für den Mond, zeigt dir den Weg, aber diesem Weg musst du schon selbst folgen. Lehrer, die sich unentbehrlich machen, dienen nur ihrem eigenen Ich – nicht der Entwicklung ihrer Schüler. Deshalb waren die letzten Worte des Buddhas: ‹Ihr seid euer eigenes Licht. Nehmt Zuflucht zu euch selbst›, als die Mönche tränenreich Abschied nehmen, und Ananda fragte: ‹Und wer wird uns nun leiten?›».[36]

Im Dighanikya heißt es: «Als der Buddha sterbend daniederlag, da sah er die Furcht und Trauer in den Augen seines ständigen Begleiters, Cousin und Dieners Ananda und sagte zu ihm: ‹Es kann sein, dass du nach meinem Tod denkst, dass du keinen Lehrer hast. Aber das solltest du so nicht sehen, Ananda, denn das, was ich dir als den Dhamma und als Training gelehrt und erklärt habe, wird dein Lehrer sein›»[37].

Das bedeutet nichts anderes, als das alle Lehrerinnen und Lehrer uns nur eine Zeit lang begleiten. Ja, wir werden sie nie vergessen können, wenn wir lange von ihnen unterrichtet wurden, aber viel wichtiger ist doch: wir sind nicht abhängig von ihrer Gegenwart. Gehen sie «in die große Verwandlung», sterben sie also, dann geschieht das, was Buddha zu Ananda sagte. Gehen wir als Schüler selbst, weil wir einen anderen Weg gehen wollen, dann nehmen wir trotzdem den Dharma mit auf unserem Weg. Werden wir selbst von unseren Lehrern als Lehrer entlassen, dann passiert, wie wir im Zen ein wenig flapsig sagen: «Du sollst deinen Lehrer überschreiten». Das bedeutet: du bist nicht die Kopie deines Lehrers, denn du bist du selbst. Viele Koans zeigen uns auch immer wieder, es gibt nicht einen Zen-Lehrer, der wie der andere ist. Während meiner Koan-Zeit sollte ich einmal herausarbeiten, wie die einzelnen Lehrer der Vergangenheit jeweils gelehrt hatten und auch,

---

[36] Terziani, Tiziano. Noch eine Runde auf dem Karussell, S. 685
[37] D. 16, ii. 154

wie sie ihre Schüler zur Erleuchtung gebracht hatten. Das war wirklich erstaunlich. Seitdem fühle ich mich wohl in meiner eigenen Art zu lehren. Solange ich achtsam bin und nur die Schülerin sehe und nicht meine eigenen Wünsche, wird es weiter klappen, das sage ich jetzt aus Erfahrung. Wenn Schüler kommen, dann sollen sie von Anfang an wissen, keiner macht das für den Buddha, keiner für mich als Lehrerin, keiner für die Sangha, sondern: Du gehst deinen eigenen Dharma-Weg, wir sind zwar mit dir auf dem Weg, aber das ist alles, denn Abhängigkeit schafft Leiden. Sokei-an betont zu diesem Thema: «Im Buddhismus ist es üblich, dass der Schüler den Lehrer belohnt. Er studiert eifrig und nimmt, was der Lehrer hat. Der Lehrer gibt es dem Schüler nicht ohne weiteres»[38]

In einem Koan wird geschildert wie Meister Hyakujo, sein Dharma-Nachfolger Obaku und ein Schüler sich darüber unterhalten, wie die Lehre weitergegeben werden kann: «Wie soll ich die Lehre des Meister Hyakujo weitergeben? Wenn ich die Lehre, die uns gegeben ist, mit anderen teilen soll, wie sollte ich dann lehren?» Meister Hyakujo blieb auf seinem Kissen sitzen und sagte nichts. Obaku fragte: «Wie kann ich zukünftig deine Schüler und Enkeltöchter etwas lehren?» Meister Hyakujo sagte: «Was du gesagt hast, zeigt, dass du ein wirklicher Mensch bist».»

Dazu sagte Christoph in einem Teisho am 1.1.2008: «Lasst es uns einander zeigen, was ein wirklicher Mensch

---

[38] Sokei-an Shigetsu Sasaki. Der 6. Patriarch kommt nach Manhattan. S. 306

ist. Es ist keine Frage von ‹labeln› und Titeln, also holt den richtigen Menschen hervor und lasst uns handeln.»

Martin Buber dazu: «Ich aber habe keine ‹Lehre›. Ich habe die Funktion, auf die Wirklichkeiten hinzuzeigen. Wer eine Lehre von mir erwartet, die etwas anderes ist, als eine Hinzeigung dieser Art, wird stets enttäuscht werden. Es will mir scheinen, dass es in unserer Weltstunde überhaupt nicht darauf ankommt, eine feste Lehre zu besitzen, sondern darauf, ewige Wirklichkeit zu erkennen und aus ihrer Kraft gegenwärtiger Wirklichkeit standzuhalten. Es ist in dieser Wüstennacht kein Weg zu zeigen; es ist zu helfen, mit breiter Seele zu beharren, bis der Morgen dämmert und ein Weg sichtbar wird, wo niemand ihn ahnt»[39].

Die Worte von Martin Buber können uns wachrütteln, wenn wir an die Zeit denken, in der er gelebt hat. Er hat zwei Weltkriege mit all den Abscheulichkeiten erlebt und ist nicht daran zerbrochen.

Die Zen-Lehrerin Brigitte D'Ortschy sagte in einem Teisho zum Koan Nr. 26 aus dem Hekiganroku: «Zen ist die Vermittlung direkt von Herz-Geist zu Herz-Geist. Hinweise (an den Schüler) sind nur die Finger, die auf den Mond zeigen. Erst, wenn unsere eigene Erfahrung vorhanden ist, sagen wir, ja, das ist es». Und: «Erleben wir die wahre Wirklichkeit in uns, so erleben wir die wahre Wirklichkeit in allem».

Da im Zen-Training Schweigen Pflichtübung ist, damit das Kopfkino zur Ruhe kommen kann, wird ja

---

[39] Buber, Martin. Nachwort. In: Zwischen Zeit und Ewigkeit GOG UND MAGOG. Heidelberg: Lambert Schneider, 1978. 407f.

höchstens im Dokusan-Raum bei der Koanarbeit einiges erwähnt.

DIE SCHÜLERINNEN « ABHOLEN » – ABER WIE?

Seit dem Jahr 2011 treffen sich in Steyerberg auf Einladung unseres gemeinsamen Roshi Christoph, Zen-Lehrerinnen und Zen-Lehrer sowie Gruppenleiter von Meditationsgruppen, die zu unserer Rinzai-Schule gehören.

Wir besprechen alles, was uns am Herzen liegt, und das ist dann auch nicht wenig. Dadurch erweitern wir unseren Wissensstand und tauschen Erfahrungen aus. Das ist äußerst hilfreich. Natürlich dreht sich alles um die Lehre, die Schüler und uns LehrerInnen. Wichtig ist aber auch der Austausch über Organisationsstrukturen und finanzielle Bedingungen und andere Probleme, die überall verschieden sind.

Vor dem ersten Treffen habe ich mir folgende Gedanken gemacht, die ich auch niedergeschrieben hatte, um sie während des Treffens mit den anderen zu vertiefen: Wir leben in einem überaus wichtigen und komplizierten Jahrhundert! Auch, wenn wir meinen, unsere Angst vor dem Leben und Sterben überwunden zu haben, müssen wir unser Handeln so gestalten, dass nach uns weitere Generationen leben können. Denn wir müssen uns trauen, alle anderen zu einem Bewusstseinswandel zu ‹überreden›.

Das geht nur mit der Sprache des Herzens und einem klaren Geist.

Ich bat darum, darüber nachzudenken, ob wir unsere Kraft in klösterliche Übungsstätten stecken oder mitten im Leben das Rad der Lehre, mit allen anderen zusammen, drehen wollen, also im Laienstand zu praktizieren.

Inzwischen sei ich der festen Überzeugung, dass nur die integrale Spiritualität unser Übungs-Ziel sein kann. Das sollten wir vorleben und in dem Sinne sollten wir unsere Übung gestalten. Denn ein reduziertes und verengtes Leben ist vom Dharma nicht vorgesehen. Das ist das Gesetz des Dharma und so sollten wir auch lehren. Leben heißt, das vorhandene Chaos zu akzeptieren, denn zum Chaos gehört auch ausgleichende Harmonie, gehören Sein und Nicht-Sein, bedingtes Entstehen und Vergehen und die Leere. Mit diesem Anspruch versuche ich als Zen-Lehrerin, meine Aufgabe zu erfüllen, solange es Menschen gibt, die sich mir anvertrauen.

INTEGRALE SPIRITUALITÄT – WAS VERSTEHE ICH UNTER DIESEM BEGRIFF?

Das ist eine Spiritualität, die Teil des Ganzen ist, und zwar im «Inneren» wie auch im «Äußeren». Sie ist aber nicht abtrennbar, sondern ergänzt ein weiteres Ganzes, denn in ihr selbst ist auch schon das Ganze. Sie ist in sich selbst vollständig. Um diesen, etwas komplizierten Sachverhalt zu erklären, verwende ich die Begriffe ‹Holon› und

‹Quadranten›. Wikipedia erklärt diese Begriffe so: «Der Begriff Holon (von griech. ὅλος, hólos und ὄν, on «ganzes Seiendes») wurde von Arthur Koestler geprägt für das, was in einem Zusammenhang ein Ganzes und in einem anderen zugleich ein Teil ist. In dem Ausdruck «der Tau auf den Blüten» ist das Wort «Tau» im Hinblick auf die einzelnen Buchstaben ein Ganzes aber ein Teil, wenn wir den Ausdruck insgesamt betrachten. Das Ganze kann dann die Bedeutung oder die Funktion eines Teils bestimmen: Morgentau, Schiffstau. Ein weiteres Beispiel ist eine Zelle für sich ein Ganzes, jedoch Teil eines umfassenderen Ganzen, eines Organs, das wiederum Teil des Körpers ist. Eine so entstehende Hierarchie von Holons nennt man Holarchie.»

Ken Wilber hat in seinem Buch «Eros, Kosmos, Logos» ausführlich seine Vision für das nächste Jahrhundert beschrieben. Hans-Peter Dürr vom Max-Planck-Institut in München würdigt das Buch im Klappentext wie folgt: «Eros, Kosmos, Logos» stellt den großartigen Versuch dar, der scheinbar fragmentierten Zufälligkeit eines Geschehens, das wir Universum, Wirklichkeit, Realität nennen, eine ganzheitliche tiefere Ordnungsstruktur zugrunde zu legen».

Es gilt nun zu fragen: Wo steht der Mensch heute in seiner Entwicklung? Und weiter: Wie sind wir dahin gekommen, wo wir jetzt sind? Können wir es in unserer geistigen Entwicklung schaffen, unser Bewusstsein künftig so weiterzuentwickeln, dass die Trennung von Materie,

Leben und Bewusstsein mit ihren verheerenden Konsequenzen überwunden werden kann? Gelingt es uns die ursprüngliche Einheit von Körper, Geist und Seele wieder herzustellen?

Nach Ken Wilber «existiert kein Innerliches ohne ein Äußerliches, kein Äußerliches ohne ein Innerliches, kein Singular ohne ein Plural und kein Plural ohne ein Singular, und zwar seit Beginn aller Manifestation (Urknall).»

Er führt die beiden Grundunterscheidungen a) innerlich/äußerlich und b) individuell/kollektiv zusammen, sodass sich vier Quadranten ergeben:

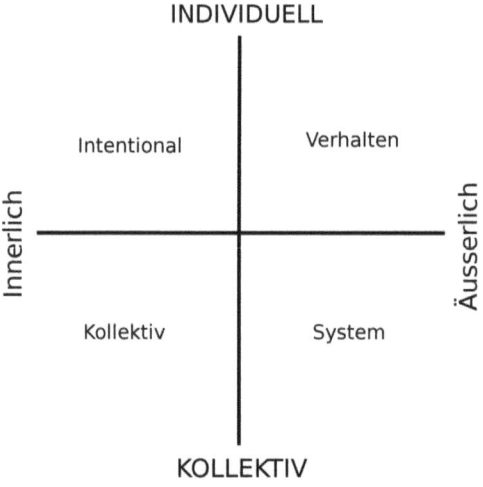

Das bedeutet, dass jedes Ereignis mindestens diese vier Dimensionen hat.

Es gibt also ein individuelles Holon und ein soziales Holon und das wirkt sowohl im Inneren wie im Äußeren. Was bedeutet das nun für unseren Übungsweg und für unsere eigene Bewusstseins- und Lebensentwicklung? Wir müssen ganzheitlich werden. Wir dürfen uns nicht zerteilen und nichts ‹verlieren› auf unserem Lebensweg. Diese spirituelle Sichtweise möchte ich in der Zen-Übung und für das tägliche Leben verankert wissen, aber eben nicht nur.

Meine SchülerInnen haben gelernt und erfahren, dass: Nur sitzen, sitzen, sitzen! allein nicht ausreicht. Deshalb sind bei all meinen Übungen und Sesshin auch Stunden der körperlichen Übungen vorgesehen. Es gibt bei mir kein Sesshin ohne Tai Chi oder Qi Gong. Auch als Ausbildung, wenn erwünscht. Und so gibt es weitere Übungsfelder in denen wir tätig sein können mit unseren Schülern.

Wir haben auch einen Körper, auf den wir achten müssen. Wir haben kreative Kräfte, die in uns schlummern. Was ist mit unserem Mitgefühl, unserer Mitfreude, mit unserer Phantasie und Neugierde, wo bleibt die Lust? Denen gebührt eine Chance. Der Phantasie sind keine Grenzen gesetzt. «Schaut euch mal moderne westliche Zen-MeisterInnen an,» sagte ich zu den anderen Dharma-Lehrer/innen, «Wir finden genügend Zen-Lehrende, die wunderbare Dinge mit ihren Schülern machen.» Beim Samu, der Arbeitsmeditation, kommt bei uns in der Choka Sangha, kein Übender an der Permakultur vorbei. Es gibt das To Gen Ji Projekt, was genug Anreize vermittelt, auch unseren eigenen Garten anders zu bewirtschaften. Permakultur ist natürlich auch mehr als nur der eigene Garten.

Wir sollten alle, die nicht nur striktes Zen vermitteln, nicht länger «Verrückte Wolke»[40] nennen, sondern uns über den Namen gemeinsam freuen. Meine eigenen Lehr-Erfahrungen sehe ich bestätigt, wenn ich beobachte, wie sich die Lebenswelten der Schülerinnen und Schüler verändern.

Ein weiteres Beispiel für den Weg zu einer Integralen Spiritualität: Wer bei Christoph Hatlapa Roshi als Schüler den Zen-Weg beginnt, kommt unweigerlich mit der «Gewaltfreien Kommunikation» (GfK) in Kontakt. Mediation und GfK werden von Christoph auch als Ausbildung im Lebensgarten angeboten. Viele SchülerInnen haben sich dazu entschieden. So manches Teisho, so manche Übung wird auch während des Sesshin mit diesem Inhalt angeboten. Das ist die neuzeitliche Antwort auf die Notwendigkeit einer Weiterentwicklung der Dharma-Lehre im Spiegel der jeweiligen gesellschaftlichen und kulturellen Bedingungen. Ich finde das ganz wunderbar und nötig.

Im achtfachen Weg, den uns Buddha empfiehlt, finden wir als Sila die 4. Achtsamkeitsübung: Aufmerksames Zuhören und einfühlsame Rede. In der Übersetzung von Thích Nhất Hạnh ist das natürlich eine Pflichtübung für alle, die bei mir die Zuflucht zu Buddha, Dharma und Sangha nehmen wollen. Alle Fünf Silas[41] werden dann später in der Zen-Ausbildung auch noch einmal wie Koans behandelt.

---

[40] Spitzname und Künstlername des Dichters und Zen-Anhängers Ikkyū Sōjun (1394-1481)

[41] Begriffserklärung siehe Anhang

Aufmerksames Zuhören und einfühlsames Reden, in der Übersetzung von Thích Nhất Hạnh: «Im Bewusstsein des Leides, das durch unachtsame Rede und die Unfähigkeit, anderen zuzuhören, entsteht, gelobe ich, liebevolles Sprechen und aufmerksames, mitfühlendes Zuhören zu entwickeln, um meinen Mitmenschen Freude und Glück zu bereiten und ihre Sorgen lindern zu helfen. In dem Wissen, dass Worte sowohl Glück als auch Schmerz hervorrufen können, gelobe ich, wahrhaftig und einfühlsam reden zu lernen und nur Worte zu gebrauchen, die Selbstvertrauen, Freude und Hoffnung fördern. Ich bin entschlossen keine Information weiterzugeben, ohne ganz sicher zu sein, dass sie der Wahrheit entspricht und nichts zu kritisieren oder zu verurteilen, worüber ich nichts Genaues weiß. Ich will keine Worte gebrauchen, die Hass oder Zwietracht säen oder zum Zerbrechen von Familien und Gemeinschaften führen können. Ich will mich stets um Versöhnung und um die Lösung von Konflikten bemühen – so klein sie auch sein mögen».

So geloben wir es uns selbst in der Zufluchtnahme. Aber warum ist es dennoch so schwierig, das richtige Wort zu finden, damit sich Menschen verstehen? Wir könnten das wissen, weil wir den größten Teil unseres eigenen Lebens selbst nicht verstehen konnten, uns oft nicht verständlich machen konnten und natürlich nicht einfach nur glauben wollten. Inzwischen wissen wir LehrerInnen und auch unsere Schüler, dass der entscheidende weitere Schritt noch fehlt: die Erfahrung.

Lange Zeit befinden wir uns somit im Umbruch. Wir pendeln zwischen dem spirituellen wissenden Leben und dem agierenden Leben hin und her. In diesem Stadium sind wir noch nicht glaubwürdig für andere.

Das alles waren Themen und Gedanken unseres ersten Dharma-Lehrertreffens. Am Ende haben wir gestaunt, wie selbstverständlich wir alle schon in den Sesshins (Übungstage) Veränderungen eingebaut haben, die nicht dem klassischen japanischen Sesshin entsprechen. Allein wegen dieser Erfahrung ist es auch gut, dass wir uns einmal im Jahr zusammen die Zeit für diese Reflektionen nehmen.

Ich fand bei Sokei-an eine Schilderung darüber, wie wertvoll eine Gelegenheit ist, den eigenen Lehrer zu treffen. In seiner Geschichte von der «langen Nacht» heißt es: «Eine blinde Schildkröte schwimmt in dem dunklen Ozean durch die lange Nacht, ohne zu ruhen. Sie hat gehört, dass es einen Himmel geben soll, und sucht danach während vieler Kalpas (Zeitalter), kann aber den Himmel niemals sehen. Diese Schildkröte hat von ihren Vorfahren ein Auge auf der Unterseite Ihres Schildes bekommen und trägt große Sorge zu diesem Auge, während sie im Wasser schwimmt und taucht. Eines Tages trifft sie auf ein Stück Holz, das im Wasser schwimmt und klettert darauf. Zum ersten Mal in ihrem Leben erfährt sie, was Ruhen ist. Sie erfährt die Ruhe, von der ihre Ahnen gesprochen hatten. Da erinnert sie sich, dass man ihr gesagt hatte, das eine Auge auf ihrem Bauch sei dazu da, den Himmel zu sehen, versucht sich umzudrehen und fällt dabei ins Wasser zurück. Sie hält sich mit den Füßen am Holzbrett fest, und es ergibt sich, dass ihr Auge genau auf ein Astloch im Holz trifft im Moment, wo dieses kippt. Und so sieht die Schildkröte zum ersten Mal im Leben den Himmel»[42].

Auch Galileo Galilei meint zu diesem Thema: «Man kann einen Menschen nichts lehren, man kann nur helfen sich selbst zu entdecken». Hat sich diese Gelegenheit aber wirklich einmal ergeben, so reicht es auch hier nicht, an ihr festzuhalten, sondern es geht darum, wie ein Zen-Spruch sagt: «Wenn dein Verständnis so groß ist wie dasjenige deines Lehrers, dann nimmst du deinem Lehrer die Hälfte seines Wertes; wenn dein Verständnis dasjenige deines Lehrers übertrifft, bist du würdig, sein Nachfolger zu werden»[43]. Dieser Spruch war und ist für mich tröstlich, denn er gab mir die «Erlaubnis», nicht genau so sein zu müssen, wie andere Zen-Lehrer.

---

[42] Sokei-an Shigetsu Sasaki. Der 6. Patriarch kommt nach Manhattan. S. 244
[43] Katsuki Sekida, Zen-Training, Herder, 4. Auflage, 1993, S. 175

5. ZEN-SPRACHE - EINE FREMD-SPRACHE?

Das Fragezeichen können wir uns sparen. Natürlich ist die Zen-Sprache eine fremde Sprache und die Zen-Wörter sind fremde, uns unbekannte Wörter. Das Schicksal teilen wir im Zen mit anderen «Fachsprachen», also müssen wir uns dessen als «ExpertInnen» bewusst sein. Einer meiner Schüler, Thomas, er ist jetzt mein Dharma-Nachfolger, kam zu mir, um zu schauen, ob Zen etwas sei, was ihn auf seinem Lebensweg weiterbringen könne. Ich kannte ihn vorher nicht. Das, was er gleich bei unserem ersten Begrüßungstreffen sagte, fand ich überraschend und erfreulich. Klare Ansagen und Fragen erleichtern das Verstehen.

Wir begannen also mit einem Probe-Dokusantreffen, was ich mit fast allen meinen Schülern mache. Mit seiner Erlaubnis zitiere ich folgendes aus seinem persönlichen Zen-Tagebuch: « ... Zen ... erstes Sesshin ... lauter fremde Begriffe, die ich immer wegen ihrer Bedeutung nachschlagen muss. Meditation, Zeremonien, Rituale, Koan-Schulung, also wieder Strukturen und exotische dazu, die mir das Gefühl geben, das sie eher einengen statt zu befreien».

Wenn man ihn kennt, sagt man sich, er hat recht. Disziplin, Strukturen und Ordnung hat er schon im Überfluss in seinem Leben erfahren. Seine Worte geben auch meine Gefühle wieder, mit denen ich mich herumschlug, als ich mein erstes Sesshin hinter mich brachte. Damals reagierte Christoph als Sensei genau richtig. (Siehe dazu auch in Kapitel 1, Was ist Zen?) Ich blieb damals und

Thomas blieb auch. Einen wichtigen Unterschied in der Reaktion zwischen uns beiden möchte ich aber nicht unerwähnt lassen. Thomas traute sich, sein Unbehagen zu äußern und zu beschreiben. Ich sagte damals bei meinem ersten Einzelgespräch zunächst nichts im Dokusanraum. Es war Christoph, der meine Gedanken aussprach. Gut so. Daraus habe ich für mich wieder einmal gelernt, ‹Experten› müssen kritische Fragen aushalten, besonders auch dann, wenn sie von Frauen gestellt werden, denn Männer sind aus ihren üblichen Rollen heraus eher gewohnt, solche kritischen Fragen zu stellen.

SPRACHE UND SPRECHEN IN DER ZEN-SCHULUNG UND ZEN-ÜBUNG

Allgegenwärtig finden wir das Wort «Sutra»: Es bedeutet ‹Text›, wörtlich heißt es ursprünglich: Gewebe. Der Begriff kommt aus der Webersprache. Ein Sutra ist ein Gewebe, das zusammenhält. Sylvia Wetzel drückt es so aus: «Jedes Sutra hält, so besonders auch das Herz-Sutra, uns und die Welt zusammen»[44].

Diejenigen buddhistischen Schriften, die die Lehren des Buddha wiedergeben, werden als Sutren bezeichnet. Sokei-an erklärt uns, dass Sutras die Finger seien, die auf etwas zeigen. Das ist für uns ein wichtiger Hinweis. Wenn wir Gesetze, heilige Schriften oder andere «wichtige» Texte in den Händen haben, dann glauben wir leicht, das

---

[44] Sylvia Wetzel. Das Herz-Sutra. Ein Kommentar. 2007, S.14

sei jetzt das, was richtig ist und geglaubt werden müsse. Im Zen lernen wir jedoch zu verstehen, dass das nicht so ist. Alles, was Buddha zu uns in seinen Lehrreden gesagt hat und alles, was erwachte Zen-MeisterInnen in den Koan und Schriften hinterlassen haben, natürlich auch das, was ich hier erzähle, sind Fingerzeige, die für die Empfänger der Botschaft erst dann «richtig» sind, wenn sie mit eigener Erfahrung bestätigt werden.

Wenn ich heute sage, dass für mich die Sutren im Laufe meiner Übung ein wichtiger Bestandteil meines Lebens geworden sind, dann kann es geschehen, dass einer meiner Schüler meint: «Ich kann mich immer noch nicht an das Rezitieren einiger Sutras gewöhnen und brauche hinterher noch einen Psalm». Das ist wirklich so, jeder von uns ist geprägt von dem, was er kennt. Da gibt es nur die Übung des Verstehens auf beiden Seiten. Bestehe ich nun darauf, dass jeder meiner Schüler morgens 15 Minuten rezitieren muss, dann ist das ebenso wenig hilfreich, wie wenn mein Schüler sagen würde: «Ich mach das, weil du das willst, schaue dabei aber aus dem Fenster».

In unseren Sesshin und bei unseren Dokusan-Abenden rezitieren wir morgens und abends gemeinschaftlich die Sutras. Wir orientieren uns dabei an den Rezitationen aus dem Hokoji- Kloster.

Den Text des Herz-Sutra, des Hannya Shingyo, rezitieren wir auf Japanisch und fügen die deutsche Übersetzung hinzu. So lautet dann ein Teil des Sutra: «Dies ist das große Wort, das große Mantra, das Wort an Tiefe ohnegleichen, das alle Leiden stillt, die Wahrheit, in der es nichts Falsches mehr gibt; das Wort, das letzte Weisheit offenbart».

Bei einem unserer Dharmalehrertreffen bat ich, das Thema «Sprache und Sprechen in einer fremden Sprache, der Zen-Sprache», zu untersuchen und fragte: Wie können wir als Dharma-LehrerInnen, als Übende, als kommunizierende Menschen das «Große Wort» weitergeben, verbunden mit dem Wunsch, dass es die Tore des Herzens öffnen möge?» Und gab mir selbst folgende Antwort: Es geht nicht, denn wir suchen nach dem inneren Sinn, der sich von unserem Verstand aus nicht unmittelbar erschließt. Also transformieren wir mit dem Versuch der Verständigung den Sinn und die Botschaft mit Bildern, Erklärungen, Beispielen und Fingerzeigen, die das Erkennen, oder, wie wir sagen, das Erwachen, möglich machen. Das ist für die meisten von uns eine unerhört schwierige Aufgabe. Nicht für alle, es gibt Menschen, denen der Zugang zu den Herzen anderer Menschen leichter fällt. Meistens finden wir diese dann in den Lehr-Berufen.

Würden wir die Rezitation, wie sie in den Klöstern – in unverständlichen Sprachen – üblich ist, genau zu kopieren versuchen, dann gäbe es Probleme, denn westliche Menschen brauchen eine Übersetzung. Moderne und aufgeklärte Menschen wollen auch mit dem Intellekt verstehen, sonst haben sie Angst, sonst zweifeln sie, sonst fühlen sie sich nicht respektiert. Dann öffnen sich Herzen nur mit der Brechstange des Gehorchens. Das sind die Bedingungen, die wir als Zen-LehrerInnen im Westen vorfinden. Als ich nach Frankreich kam und anfing, Lehrvorträge zu halten, sprach kein Mensch japanisch, sanskrit, pali oder deutsch. So ist das eben überall. Damit können und müssen wir Sensei, wir LehrerInnen umgehen. Für mich wäre der Ansatz, «lass mal, die Schüler sollen ja gar nicht verstehen, dann denken sie nur zuviel, der Zen-Geist spricht trotzdem ...», unmöglich. Und damit stehe ich nicht allein da.

«Wir brauchen eine neue Mentalität und eine andere Lebensweise», sagt Jane Goodall, Primatenforscherin. Nun gehen wir zwar nicht mit Schimpansen um, aber ich frage mich, warum sollten wir unnötigerweise mit fremdsprachigen Sutren und Texten Kommunikationsschwierigkeiten erzeugen?

Im Übrigen finden wir in unserer Zen-Schulung gute Unterstützung dadurch, dass wir unsere Sesshin im strikten Schweigen machen. Das beruhigt unseren Frage-Geist. Bevor man eine Frage hat, bekommt man nämlich gleich die Antwort von unserem «inneren Kontrolleur», der sagst manchmal ganz sanft: «Lass, es hat eh keinen Sinn, dir antwortest nur du selber». Oder, wenn der Frage-Geist weiter nervt: «Halt endlich die Klappe».

Wenn unser Geist bereit ist, alles noch einmal mit den Augen eines neugeborenen Kindes anzuschauen und zuzuhören, dann spricht man vom ‹Anfängergeist›. Dann braucht man auch keine Worte. Im Blumenkoan hält

Buddha schweigend die Blume hoch und Mahakashyapa versteht. Schweigen kann somit ebenfalls ein Instrument sein, das wir im Zen anwenden, das aber eben auch keine Lösung liefert.

Ein weiteres Beispiel: Im Hekiganroku, Fall Nr. 90, Chimon und das Wesen der Weisheit, heißt es:

Ein Mönch fragt Chimon: «Was ist unter Prajna – der Quintessenz der höchsten Weisheit – zu verstehen?» «Eine Muschel, die den Mond aufnimmt», erwidert Chimon. Der Mönch sagt: «Was ist Handeln in Prajna (Weisheit)?» «Eine Häsin, die mit dem Vollmond schwanger geht.»[45]

Hier können wir sehen, wie die alten Lehrer auf Fragen reagiert haben, die das Unvorstellbare erklärt haben wollten. Es sind Metaphern, Bilder, Worte. Oder auch Schweigen, als «Mittel der Seinswelt».

«Die Metaphern werden umso verständlicher, wenn wir bedenken, dass im Zen-Buddhismus, die Relation zwischen dem Deuter und dem Gedeuteten, zwischen der Seinswelt und der Welt des Absoluten, zwischen theoretischem Hinweis zur Erleuchtung und der Erleuchtung selbst oft mit den (chin.) Schriftzeichen für Finger und für Mond symbolisch ausgedrückt wurde. Wenn die ‹Muschel› den ‹Mond› in sich aufnimmt, so ist sie des Mondes teilhaftig geworden.»[46]

---

[45] Ernst Schwarz, in: Bi-Yän-Lu (Hekigan-Roku) Koansammlung. 1999, S. 448f
[46] a.a.O., S. 448f

DER ANFÄNGERGEIST IM ZEN

In unserem Sinne bedeutet ‹Anfängergeist› tatsächlich, einen befreiten und leeren Geist zu haben, wie der Geist eines Babys, der noch vollkommen leer ist, nicht ein Wort kennt und erst ganz langsam reden lernt. Leer, wie ein weißes Blatt Papier, das man in eine Schreibmaschine spannt, bevor man sein Teisho (Lehrvortrag) schreibt. Erst, wenn alle bereit sind, die Finger, also der ganze Mensch, das Gehirn, die Nervenbahnen, die Augen und die Gedanken, dann plötzlich geht es los und eh man sich versieht, ist das Teisho geschrieben.

So beginnt jede Handlung. Und wenn alles zusammenpasst und keine Ablenkung zugelassen wird, dann kommt etwas Gutes dabei heraus. Den Anfängergeist brauchen wir im Zen für alle unsere Handlungen und Gedanken. Die Störungen kommen sowieso im zweiten und dritten Gedankenimpuls (jap. nen), wenn der Verstand begriffen hat, hier tut sich was. (Siehe auch Kapitel 15, Der offene Raum.)

Am Anfang unserer Zen-Schulung haben wir natürlich die Schwierigkeit, dass wir keine weißen Blätter mehr sind, dann müssen wir erst einmal diesen Anfängergeist in uns suchen und wiederfinden. Mir ging es mit diesem Buch so. Seit Jahren sammelte ich Texte, Zitate, Geschichten, schrieb Teishos, las und hörte Material für «ein Buch». Ich komme mir dabei wie einer der Kolkraben vor, die ständig etwas im Schnabel haben und etwas für ihren Nestbau in unserem Wald brauchen. Sie sammeln sogar Plastiktütenreste ein. So bin ich auch. Immer denke ich, wenn du mal ein Buch schreibst, dann hast du was. Nie habe ich Zeit gehabt, nie habe ich auch nur den leisesten Schimmer gehabt, worüber ich überhaupt schreiben sollte. Aber immer kamen Anregungen aus meiner Umgebung. Zum Beispiel treffe ich nach 50 Jahren meinen Volksschullehrer. Der sagte: «Schade, dass du in die Politik gegangen bist. Ich dachte immer, du würdest mal Bücher schreiben. Du hast schon mit acht Jahren wunderbare Aufsätze geschrieben». «Ach nee, Herr Asche, das glaube ich nicht», antwortete ich.

Ich erinnere mich heute noch nach 25 Jahren an das Gespräch, und zum Beweis führte ich fort: «Wir haben doch nur einen Aufsatz geschrieben und der hieß: ‹Wie riecht's in Mutter's Backstube›?» Nebenbei sei bemerkt, dass meine Mutter außer Weihnachtskeksen nie etwas gebacken hat.

Oder: als ich meine letzte Parlamentssitzung hatte, kamen Kolleginnen von den Grünen und schenkten mir etwas zum Abschied. Es war ein tolles Buch mit unendlich vielen weißen, leeren Blättern: «Nun kannst du endlich das Buch schreiben, auf das wir schon lange warten». Ein letztes Beispiel: immer wenn ich im Leben gefragt wurde: Was machst du, wenn du mal alt bist, war meine Antwort: «Ich schreibe ein Kinderbuch».

Wie kam es, dass ich jetzt vor dem Laptop sitze und schreibe? Es war einer der Wendepunkte in meinem Leben. Ein Sturz beim Pilzesammeln mit der Folge eines komplizierten Kniebruchs. In Sekundenschnelle rasten alle Erkenntnisse in meinem Kopfkino hin und her, als der Chirurg strahlend die Röntgenbilder hochhielt: «Madame, drei Monate wird's schon dauern, bevor sie wieder laufen lernen können, aber dann können Sie auch wieder Tai Chi machen». Gerade sind die drei Monate vorbei und mit ihnen meine abgesagten Sesshin-Termine, Dokusan-Abende, das Kindereinhüten bei meinen geliebten Enkeln, gebuchte Reisen. Ich erspare mir weiteres leidvolles Erkennen und ich sitze immer noch in der Klinik.

Vorläufig weiß ich noch nicht, ob ich je wieder so beim Meditieren sitzen kann, wie vorher. Also echt ein Blitz aus heiterem Himmel – echter Neuanfang.

Doch nun kommt die eigentliche Überraschung: Während ich das Herz-Sutra rezitierte, wozu ich ständig Gelegenheit hatte, weil ich immer irgendwo warten musste, auf BehandlerInnen oder Behandlungen und auch keine Lust auf französisches Parlieren hatte, schoss es mir durch den Kopf: Jetzt schreibst du das Buch. Der Titel könnte sein: Zen - meine Reise nach innen und darüber hinaus. Jetzt hast du Zeit, dir und anderen zu erzählen, wie deine eigene Zen-Reise war und ist und nie endet, und was Zen praktizieren überhaupt bedeutet.

Nun schreibe ich in der Klinik und werde gefragt, was ich eigentlich immer in meinem Zimmer mache. Meine

Antwort ist knapp: «Ich schreibe ein Buch». Dann hagelt es Fragen, etwa ob ich schon einen Verlag habe – Antwort: Nein, will ich auch nicht. Worüber ich denn schreibe? Es wird ein Buch über Zen. Und dann sehe ich Fragezeichen in den Augen und erkläre: Ja ich bin buddhistische Zen-Lehrerin und da wollte ich mal erzählen, warum man Zen und das Leben gut zusammenbringen kann. Manche Fragezeichen verschwinden, weil das Wort Buddhismus gefallen ist. Das kennen die Leute. Andere wollen mehr wissen und fragen, komme ich auch drin vor? Schreiben Sie auf Französisch? Dann ist endlich der Moment gekommen, dass wir richtig herzlich lachen können, denn dazu sind meine Sprachkenntnisse wirklich nicht gut genug. Ich hab jetzt schon Adressen notiert, weil viele das Buch unbedingt lesen wollen, wenn es mal übersetzt sein sollte oder sie Deutsch gelernt hätten. Natürlich genieße ich nun einen Autorenschutz. Ich darf jederzeit in meinem Zimmer sein und muss keinen Tanzabend oder Klönschnack mitmachen.

Zu meiner großen Überraschung habe ich überhaupt keine unangenehmen Schreibblockaden, wie ich es beim Redenschreiben im Parlament hatte. Hier beim Buchschreiben erlaube ich mir, zu erzählen, frei und ohne Vollzugsdruck. Wunderbar. Egal zu welcher Tages- und Nachtzeit ich mich hinsetze, fließen die Ideen, die Struktur des Buches, die Geschichten aus meinem Leben und das erworbene Wissen aus mir heraus. Manchmal habe ich das Gefühl: ES erzählt. Oder: Es will erzählt werden.

In der Zen-Schulung lernen wir auch die Begriffe positives und absolutes Samadhi kennen. Damit können wir manchmal lange Zeit nichts anfangen.[47]

Das positive Samadhi wird in der Zen-Übung im Samu, den Arbeitsphasen während eines Sesshin, geübt. In den Klöstern widmen sich die Mönche und Nonnen täglich auch der praktischen Arbeit jeglicher Art. Das ist oft sehr schwere Arbeit, oft ungewohnte Arbeit und verlangt Demut und Hingabe. Wenn die Arbeit im Zustand des positiven Samadhi gemacht wird, erfahren wir dabei eine Läuterung von Geist und Leib. Ist das nicht möglich, dann wird die Arbeit zum Zwang. Wir fühlen uns dann nicht gut. Im positiven Samadhi können wir die Buddha-Natur finden. Zen-Meister Nansen erklärt es uns so: «Gewöhnlicher Geist, das ist der Weg».

Dazu fand ich folgendes Gedicht von Katsuki Sekida[48]:

Morgendämmerung: Sichel in der Hand,
Mittag: Streifen durch den Wald,
Holz in Bündel festgeschnürt,
Abendmond geht auf,
Schüttet still sein Licht
Auf den schmalen Heimwegpfad.

---

[47] Im II. Kapitel werde ich das absolute Samadhi zu erklären.
[48] Sekida, Katsuki. Zen-Training, Herder, Freiburg, 1993. S. 200

Wir befinden uns im positiven Samadhi, wenn wir etwas in vollständiger Konzentration machen. Es ist anders als das absolute Samadhi, denn im positiven Samadhi ist das Bewusstsein mit der äußeren Welt im Kontakt. Wir tun etwas mit uns oder Anderen oder Dingen. Aber wir befinden uns in hoher innerer Konzentration «in einem Tunnel» wie die Sportreporter immer so schön berichten: «Anna S. befindet sich jetzt schon im Tunnel und kriegt gar nichts mehr mit». Oder: Ein Kind lebt noch mit voller Hingabe. Kinder sind ständig «im Tunnel». Wenn sie spielen, dann werden sie sehr ungehalten, falls sie gestört werden. Das ist keine schlechte Laune, das ist die Enttäuschung, aus dem positiven Samadhi, dem Eins-Sein mit der Sache, herausgerissen zu werden. Sie werden lernen müssen, dass man manchmal dem wichtigen Drang des Pipimachens nachgeben muss, weil die Folgen einfach zu anstrengend sind, wie mir meine kleine Enkelin Ada sehr erwachsen erklärte. Im absoluten Samadhi werden unsere Bewusstseinsaktivitäten immer weniger. Wir «entleeren» unser Bewusstsein von allen Gedanken und vergessen die äußeren Umstände. Langsam baut sich dann die spirituelle Energie auf. Irgendwann erreichen wir ein «inneres Samadhi», in dem wir die Grenzenlosigkeit des Seins erfahren. Dieses Samadhi ist übrigens die Grundlage für alle weiteren Übungen im erfolgreichen Zazen.

Katsuki Sekida bezeichnet unser Bewusstsein als «das Auge des Daseins»[49]. Im positiven Samadhi entfaltet es seine volle Blüte.

Frühling ist's geworden.
Tausend Blüten entfalten ihren Liebreiz.
Für was? Für wen?[50]

Die Schönheit der Natur offenbart sich in ihrer reinsten Form.

Nun sitze ich gerade an meinem Laptop und schreibe den Text, der mir beim Aufwachen durch den Kopf schoss: Ich denke, ich könnte ja das positive Samadhi, das ich gerade habe, schon mal in diesem Kontext beschreiben. In einer Klinik lässt sich der Alltag nicht verschieben, also schreibe ich und um mich herum machen zwei Leute mein Bett, ihr Telefon klingelt wie wild, sie unterhalten sich über den gestrigen Tag, murmeln zu mir: «Lassen sie sich nicht stören, Madame», und sind auch gleich wieder, mit klingelndem Telefon in der Kitteltasche, entschwunden. Außerdem wischt und putzt die dame menager mit hoher Konzentration um meinen Platz herum und lässt sich ebenfalls von niemandem stören. Plötzlich ist wieder Ruhe und ich lehne mich erstaunt zurück. Ja, so ist das im positiven Samadhi! Erst, wenn unser Ego und unser Verstand sich einschalten, gibt es Gefühle, wie Ärger, oder in

---

[49]   a.a.O., S. 192
[50]   Aus dem Hekiganroku, Fall Nr. 5.

meinem Fall fröhliches Erstaunen. So ist der Alltag ein ständiges Koan, das gelöst werden möchte.

6. KOANSCHULUNG

Was ist ein Koan?

Koans wurden von Zen-Praktizierenden in allen Schulen des Zen verwendet. Heute finden wir sie vorwiegend in den zwei Hauptschulen: Rinzai und Soto. In unserer Rinzai-Linie ist der Gebrauch von Koans wichtiger als in der Soto Schule. Koans beschreiben uns den Weg des Erwachens von vielen Übenden, die vor uns gelebt haben. Wir bemerken auf unserem eigenen Weg dann ebenfalls, dass es viele kleine Schritte und Etappen des Erwachens gibt; was sehr hilfreich ist, gerade in unserer schnelllebigen Zeit. Noch interessanter ist bei der Arbeit mit Koans, dass wir endlich verstehen, warum Buddha recht hat, wenn er sagt: «Es gibt ‹86000› Tore, die zum Erwachen führen». Was natürlich bedeutet: Mach dir keinen Stress, auch für dich selbst nicht. Wie für jedes Wesen gibt es jetzt und immerfort wenigstens ein Tor. Das aber solltest du finden, denn jedes Wort, jedes Ding, jede Handlung, jede Sekunde der Geistesstille kann ein Tor sein.

Ich habe zu diesem Thema zwei Zitate von Zen-Lehrern ausgesucht, die in Europa gelehrt haben. Taisen Deshimaru hat lange in Frankreich gewirkt und Brigitte d'Ortschy in Süddeutschland. Deshimaru kommt aus Japan und d'Ortschy hat dort ihre «Ausbildung» im vergangenen Jahrhundert absolviert. Taisen Deshimarur: *«Zen ist immer widersprüchlich ... [es] lenkt den Blick auf die andere Wirklichkeit, nicht durch bloßes Denken.*

[...] erfassbare Koan-Arbeit ist dafür ein charakte-ristisches Verfahren. Fragen eines Schülers verwandelt der Meister in ein Koan, damit der Schüler selbst die Lösung finden kann»[51].

Brigitte d'Ortschy, Zen-Lehrerin (1921-1990): «*Es gibt im Zen keinen Nürnberger Trichter. Wie wird (auf ein Koan) geantwortet? Ihr werdet keine Erklärungen und Dis-kussionen verwenden wollen und können. Die wahre Ant-wort braucht keine Symbole oder Worte, sie ist die Sache selber. Koan-Erklärungen machen uns stumpf und helfen nur dem Verstand.*»[52]

Die alten Meister sagten immer wieder in der Koan-schulung: «Sucht nicht danach, dann verschließt sich das Tor». Das erste und vielleicht wichtigste Koan in der Sammlung Mumonkan soll uns schon mal wachrütteln: Jeder von uns hat auf diesem Koan gebrütet und MU meditiert. Die eine lange, der andere länger. MU – nichts!!!

Als ich die «Vorkoans» durch hatte, gab mir Christoph dieses erste Koan mit den Worten: «Das ist nun dein erstes Koan von einer langen Reihe, die noch folgen werden. Ich habe zwei Jahre gebraucht, bis ich es gelöst hatte. Bei dir geht es sicher schneller». Es geht also nicht um «Ergeb-nisse», wollte er damit sagen. Irgendwann gibt es einfach nur noch Mu und so «muht» man dann (in der Medita-tion) vor sich hin.

---

[51]   Taisen Deshimaru-Roshi - Za-Zen, die Praxis des Zen
[52]   Brigitte d'Ortschy. Einführung in Zen. Audio CD

Hier ist das Koan, Mumonkan, Fall Nr. 1: Joshu's «Mu»: Ein Mönch fragte Joshu: «Hat ein Hund die Buddhanatur?» Joshu antwortete: «Mu».

Dazu eine kleine wahre Geschichte. Ich kenne einen ordinierten Zen-Schüler, der hatte einen Border Collie. Diese Hunde sind ja für ihre Intelligenz und Neugier bekannt. Dem Hund gab er den Namen Joshu. Er nahm ihn überall mit hin, auch manchmal zur kleinen Teezeremonie. Wenn ich unseren Dharma-Bruder ärgern wollte, fragte ich: «Hat er heute schon Mu gesagt?» Darauf bellte Joshu und sein Herrchen brüllte Muuuuuuu. Und wir alle freuten uns.

Hakuin (1686 - 1769) sagte: *«Lasst uns keine Angst haben, Trottel zu werden. Wir verlieren unsere Klugheit und unsere Weisheit ja nicht, wenn wir beim Zazen zum Trottel werden. In Wahrheit werden wir noch schlauer, noch weiser. Das Wesen des Zen ist so einfach, dass es nur mit kurzen Worten beschrieben werden kann: «Nur! Nur! Nur dies! Dies hier und jetzt ... Mu!»*

WELCHE KOAN SIND ÜBLICH?

Die Koansammlungen Mumonkan und das Hekiganroku sind die großen Koan-Klassiker des Rinzai-Zen. Sie entstanden in China, während der Sung Dynastie (960-1279), und sind die weithin bekanntesten und sehr häufig studierten Koan-Sammlungen. Jedes Koan enthält eine Botschaft, ist aber kein Intelligenztest und kein Rätsel, das man logisch lösen könnte.

In der Einführung zu Sekidas Two Zen Classics heißt es: «Ein Koan ist ein Paradoxon, dem mit dem Verstand nicht beizukommen ist, eine offensichtlich absurde Frage oder Feststellung, auf die es keine logische Antwort zu geben scheint. Koans enthalten verschiedene Aspekte von einem Sutra oder sind die gesammelten wesentlichen Punkte aller Buddha-Reden. Es handelt sich dabei um wahre Fragen, die zur Schulung für die Mönche benutzt wurden. Das Ziel war und ist immer, den Schülern zur Klarheit zu verhelfen»[53].

Nun sitzt man vor einem Koan und weiß nicht so recht, wie es weitergehen soll. Das Koan kann ein Problem oder einen unverständlichen, ‹offensichtlich› unlösbaren Inhalt haben. Die SchülerInnen sollen nun eine Antwort finden. Die Antwort, die vom Lehrer akzeptiert wird, kann als anscheinend vernunftswidrig, wie das Koan selbst, erscheinen. Das heißt, die Antwort kann ein Wort oder ein Ausdruck oder eine Handlung sein, die zeigt, dass der Schüler für sich den Aspekt des Zens erfahren hat, den das Koan behandelt.

Viele Koans basieren auf wirklichen Ereignissen im Leben von Zen-Meistern. Ein Koan kann auch die Gelegenheiten beschreiben, bei denen die Meister oder ihre Schüler Erleuchtung erlangt haben. Manche beschreiben die Begegnungen zwischen Zen-Meistern. Diese sind meistens sogenannte «Dharma-Gefechte», japanisch: «Mon-

---

[53] Katsuki Sekida. Two Zen Classics». Weatherhill, Inc. New York, Second Printing 1995

dos», bei denen die Meister den Grad ihrer Erleuchtung zu erkennen geben.

In den «Two Zen Classics», Mumonkan und Hekiganroku, finden wir alle Varianten und lernen außerdem sehr viel über die jeweiligen Meister, die jeweilige Epoche und das Klosterleben, sowie die politischen Herrschaftsverhältnisse der chinesischen Tang und Sung Dynastie kennen. Das Mumonkan wurde 1228 vom Mönch Mumon Ekai zusammengestellt und ist eine Sammlung von 48 Koans. Mumon hat zu jedem Koan eine Anmerkung und einen Vers hinzugefügt. Der Titel Mumonkan wird gewöhnlich als die «Die Torlose Schranke» oder auch «Der Pass ohne Tor» (Heinrich Dumoulin, 1953) übersetzt. Mumonkan: mu - nichts, nein; mon - Tor, Tür; kan - Schranke, Sperre.

Das Hekiganroku, «Die Aufzeichnungen vom Blauen Felsen» wurde ungefähr hundert Jahre früher zusammengestellt als das Mumonkan. Dort finden wir ungefähr 100 Koans, die von Setcho (980-1052) gesammelt wurden. Ein weiteres Jahrhundert später fügte ein anderer Zen-Meister, Engo (1063-1135), kurze Kommentare zu jedem Vers von Setcho und einen längeren Kommentar zu jedem Koan hinzu. Engo war Abt des Tempels an der «Blauen Klippe». Der Name Hekiganroku leitet sich davon her, dass in seinem Zimmer eine Kalligraphie hing, die die Zeichen heki (blau) und gan (Klippe oder Felsen) bedeuten. Roku bedeutet Aufzeichnung, also: Hekiganroku – Die Aufzeichnung vom Blauen Felsen. (Auch ‹Niederschrift vom blauen Fels› genannt).

Es gibt sehr nützliche Hinweise zur Koanschulung für uns von Katsuku Sekida (geb. 1893) in seinem Buch Zen Training. Er lehrte Zen auch in Honolulu und New York. Das Buch hat mir bei meinem Start in die Koanschulung gut geholfen. Heutzutage üben die Zen-SchülerInnen die Koans anders als jene Mönche, für die die tägliche Koanübung auch Teil des täglichen Lebens war. Diese mussten jedes Koan auswendig lernen und immer wieder vor sich hinsagen, wie es Katsuku Sekida, in ‹Zen Training› (Kapitel 4) beschreibt. Natürlich muss jeder seine eigene Methode finden, wie er das Koan meditiert. Die Hauptsache ist, sich geduldig und ernsthaft und mit Achtsamkeit in das Koan zu versenken. Man muss nach keiner Antwort suchen. Die Antwort kommt und wird irgendwann zur eigenen Erkenntnis werden.

Ja, so fühlt es sich dann tatsächlich an. Ob die Antwort richtig ist und man dann die Essenz des Koan für sich erkannt hat und ob man zu einem wahren Verstehen dieses Aspektes des Zen gekommen ist, kann nur der Zen-Lehrer bestätigen. Ich habe manchmal selbst erlebt, dass ich glaubte, eine Lösung gefunden zu haben; öffnete ich dann die Tür zum Dokusan-Raum, machte meine Sampais (Niederwerfungen) und sah Christoph an, erschien mir ganz plötzlich die richtige Lösung. Andere Zennis berichten Ähnliches. Tatsächlich ist die Koanschulung eine spezielle Ausbildung, außerdem zeigt sie uns genau, was Buddha unterrichtet hat. Es ist die Übertragung von Herz-Geist zu Herz-Geist, die entscheidend ist. Man kann nur mit seinem Lehrer und mit dem eigenen täglichen Leben auf diese spezielle Weise zu so einem echten Kontakt mit sich und dem Ganzen kommen. Es ist klar, dass man für diese Art der Schulung einen Lehrer braucht. Und es ist auch klar, dass die Zen-Schulung viel intensiver ist, wenn Schüler und Lehrer in engem Austausch sind. Das ist auch der Grund, warum man nicht hunderte Schüler haben kann und sich eine Lehrerin suchen sollte, zu der man Vertrauen hat. Warnen kann ich aber auch nur vor Abhängigkeiten zwischen Lehrer und Schülern. In der Zen-Schulung werden keine solchen Beziehungen aufgebaut! Das würde das Freiwerden des Schülers, wie ich es leider auch schon mal beobachten konnte, verhindern.

Ein Koan ist ein Paradoxon - Leben ist paradox. Paradoxon heißt «über den Ansichten». Doxa, griechisch, ist: die Ansicht, die Meinung, das Urteil, die Sichtweise. Ja, Koans sind Paradoxa und sollen es auch sein.

Leben ist paradox! Dazu habe ich folgende einleuchtende Erklärungen von Sylvia Wetzel gefunden: «Das Schöne am Mahayana (Buddhismus) ist, dass er die Realität als Paradox beschreibt – und dabei bleibt! Paradoxa werden als Paradoxa belassen und nicht mental auf dies oder das reduziert ... Alles, was wir bieten, ist das Vorletzte. Aber das, worauf die Worte und die Bilder der Lehre verweisen, das musst du selber verstehen, das ist jenseits von

Worten, jenseits von Raum und Zeit, jenseits von Argumenten»[54]

Warum ist das so? Weil der Verstand seine Grenzen hat. Alles, was darüber hinausgeht, kann er nicht beschreiben oder benennen. Wenn wir erkennen können, dass das Grüne nicht das Rote ist, dann hat der Verstand seine Grenze erkannt und eine große Leistung vollbracht. Mehr geht aber nicht, denn das WESENTLICHE ist nicht begreifbar, nicht bedingt, nicht geschaffen, nicht geboren. Mehr können wir nicht «begreifen». Nun habe ich aber festgestellt, dass es nicht unvernünftig, sondern sogar hilfreich ist, wenn ich mir auch unbeantwortbare Fragen stelle. Ich frage mich zum Beispiel, ob es einen Gott gibt, ich frage mich, ob es eine grenzenlose Freiheit geben kann, ich frage mich, ob irgendetwas von mir als Person unsterblich ist. Da ist es mir dann ziemlich egal, ob das beweisbar ist oder nicht. Meine Vernunft stellt solche Fragen, sie hinterfragt einfach alles. So geht das immer weiter und das ist gut so, denn das ist die Kraft des Lebens, die mich vorwärts treibt. Bin ich müde, stelle ich mir andere Fragen. Da frage ich nicht nach dem Höheren, dem Größeren, dem Wesentlichen, was ich und mein Verstand nicht verstehen. Da frage ich nach dem nächsten Bett und vielleicht nach der Uhrzeit. Im Zen werden wir geschmeidiger und toleranter. Die Zen-Übungen fordern das von uns. Und wenn ich es mir recht überlege, ist das eigentlich auch schon alles. So als würde ich von meinem gerade eingeschlafenen Fußmuskel

---

[54] Sylvia Wetzel. Herz-Sutra. Ein Kommentar. S. 30f

immer langsam aber sicher mehr Beweglichkeit durch massieren und üben erbitten. Klappt es nicht gleich, versuche ich es immer wieder. Mehr bietet Zen auch nicht.

Wenn andere das Größte, Höhere und Wesentliche ‹Gott› nennen, dann haben sie sich auf einen Namen geeinigt und «ihm» Funktionen und Eigenschaften zugeschrieben. Das geschieht im Buddhismus nicht. Das WESENTLICHE ist nicht dies und nicht jenes – es ist ein Paradox, nämlich das, was darüber hinausführt.

WIE ERGING ES MIR ALS KOAN-SCHÜLERIN?

Nun ja, das ist eigentlich nicht so richtig zu beschreiben. Meinen ersten Besuch im Dokusan-Raum habe ich ja im ersten Kapitel beschrieben, das war schon mal ein toller Start. Ich hatte Vertrauen zu meinem Lehrer. Außer Erleuchtung konnte mir ja nichts passieren, also machte ich freudig weiter. Irgendwie war alles für mich ein Spiel. Ich hatte so lange in meinem Leben nicht mehr gespielt. Ich verließ den Raum mit meinem ersten Vor-Koan: «Sind diese Blumen tot oder lebendig?» Na gut, mal sehen, dachte ich mir und setzte mich damit auf mein Kissen.

Bevor man mit dem Mumonkan beginnt, gibt es ja bei uns Vorübungen, ich möchte sie mal Lockerungsübungen nennen. Man kann da schon mal das Staunen, das Frustriertsein, die Erlösung, das Zweifeln und den arroganten Widerstand des Verstands kennen lernen. So richtig locker wird man aber nach ungefähr einem Jahr. Da sitzt man dann mit einem Koan, das zum Beispiel heißt: «Der Stein, den du siehst, ist der in deinem Kopf, oder außerhalb?». Und ich weiß, ich darf nichts erklären, nicht diskutieren, mich nicht blamieren, nicht denken, muss aber doch eine Antwort finden. So spaßig wie am Anfang geht es natürlich nicht weiter. Ich wette, so ähnlich ergeht es jeder Koan-Schülerin.

Es gibt ja die unausgesprochene Empfehlung, mit keinem Anderen über dessen oder die eigenen Koans zu sprechen; wenn doch, bauen sich nämlich nur noch weitere Blockaden und Zweifel auf. Das ist wirklich eine Sache, die man selbst mit dem Lehrer hinkriegen muss.

Außerdem hört man natürlich die Sprüche der «alten Füchse», die schon mal ein Sesshin im Hokoji gemacht haben. Das hört sich dann so an: «Dort kommst du rein, verbeugst dich, hörst den Roshi sagen: «What was your koan?», gibst deine Lösung bekannt und hörst entweder: «Good», oder «Little good», oder der Roshi greift zur Handglocke und schwups, bist du rausgeklingelt. Das alles dauert 2 – 3 Minuten». Danke, sagt man sich da, hätte ich mal bloß nicht gefragt und hofft, dass es in Deutschland weniger strikt zugeht.

Ich habe also alle Koans in der Sammlung «Two Zen Classics», das Rinzai Roku, die zehn Silas, die fünf Stände des Tozan (Go-i), das Shoyoroku, das Denkoroku und die Eiserne Flöte mit meinem Lehrer bearbeitet. Den Abschluss bildeten einige Koans aus dem «Zen Forest» und dem Shūmon Kattōshū. Gezählt habe ich sie nie.

Irgendwann hatte ich ja selbst SchülerInnen und auch keine Zeit mehr und habe die Koanschulung mit meinem Lehrer beendet.

Man fragt sich natürlich, klappt das, wenn Lehrer und Schülerin so weit voneinander entfernt leben, wie das bei uns der Fall war? Meine Antwort heißt: « Ja», denn wir haben uns beide entschieden, es mit «Telefon-Dokusan» zu versuchen. Außerdem kam ich einige Male im Jahr auch zu den großen Sesshins nach Deutschland. Ich habe nur die ersten 150 Koans aus der Sammlung «Two Zen Classics» im direkten Kontakt mit Christoph bearbeitet, den Rest haben wir zum größten Teil per Telefon durchgearbeitet. Das ist natürlich eigentlich unmöglich, aber es hat geklappt. Ich möchte unter keinen Umständen auf diese Koan-Zeit verzichten. Übrigens ist es eine wunderbare Disziplin- und Geduldsübung! Und das ging ähnlich jahrelang so und war vielleicht die eigentliche Koan-Übung: Jede Woche habe ich zu einer verabredeten Zeit, es war immer abends um 19 Uhr, versucht, Christoph wenigstens einmal zu erreichen. Nun lief das ja nicht so ab, wie man sich das vorstellt: Hörer abheben oder Mobil aktivieren und schon ist die Verbindung hergestellt. Nein, mindestens 2 Jahre lang lebten mein Mann und ich ja in einem Caravan, ohne Strom und ohne Telefonanschluss, weil unsere Ruine, die wir erst wieder aufbauten, noch nicht bewohnbar war. Also marschierte ich bei Wind und Wetter erst einen Kilometer den Berg hinunter, dort war die einzige Telefonzelle des kleinen Dorfes und, wenn ich Glück hatte, und Christoph erwischte, den Berg fröhlich wieder hoch. In der Zeit lebten wir gesund wie nie vorher und nachher. Weitere Gelegenheiten waren Koan-Schulung beim Wandern oder im Restaurant, wenn das Mobil im Netzbereich war. Irgendwie gibt es immer einen Weg, wenn man im Kopf frei ist, habe ich festgestellt.

Für meine persönliche Zen-Übung waren die ersten Jahre mit dem Hausbau und dem Leben mit der Natur im Gleichklang sicherlich förderlich. Mit den Vögeln schlafen gehen und mit den Vögeln bei Sonnenaufgang wach werden, so musste das eben ohne Strom gehen! Natürlich war das in unserem Alter mit 60 Jahren nicht das Übliche. Aber wir wagten es. Mein Motivations-Mantra hieß: Wer A sagt, muss auch B sagen. Für meine Zen-Übung bedeutete das: Du nimmst, was du hast und das muss dann auch als Übung reichen. Die Natur war meine Zendo, die Bäume, Pflanzen, Handwerker, mein Mann, die Tiere und das Wetter meine Sangha. Samu (Arbeitsmeditation) hatte ich genug.

Ich meditierte draußen unter einem Vordach eines Zeltes, in dem wir Geräte abgestellt hatten, die wir vor dem Wetter schützen mussten und hatte beim Rezitieren oft die Kolkraben oder auch schon mal die Wildschweine in unmittelbarer Nähe, die sich meine Rezitationen sehr interessiert anhörten.

So geschah es an einem Morgen, als ich mit einer Zen-Freundin aus der Choka Sangha auf einer Europalette unter dem Vordach rezitierte, dass wir einen Pirol flöten hörten. Wir rezitierten weiter und das Flöten des Pirols kam immer näher. Der Vogel setzte sich über uns auf einen Zweig der Esche neben dem Zelt und sang mit uns. Als wir dann endeten, sang er noch einmal sein Lied und flog dann ganz langsam fort. Hätte ich nicht Ute als Zeugin, keiner würde mir glauben. Ich habe hinterher noch mehrere andere Tier-Mensch-Einheitserfahrungen auf unserem Berg erlebt.

Einmal kam ich vom Einkauf und sah eine Smaragdeidechse, die sehr selten und wunderschön sind, bei 40 Grad im prallen Mittagssonnenschein auf der glühend heißen Tischplatte unserer Terrasse liegen. Langsam und aus weitem Abstand schaute ich sie an und wunderte mich, dass sie nicht fortlief. Sie schaute mich ebenfalls mit ihrem schwarzen Auge intensiv an, als wolle sie mir eine Botschaft geben. Ich sagte leise: «Ich gehe jetzt ins Haus und mach mir einen Salat. Wenn ich wieder rauskomme, bist du hoffentlich weg. Bitte geh aus der Sonne und schütze dich.» Ich ging ins Haus und als ich nach einer Viertelstunde wieder mit meinem Salat herauskam, lag sie immer noch genauso da und schaute mich wieder intensiv mit dem einen schwarzen Auge an. Ich war ratlos, setzte mich auf die Mauer und sagte wieder ganz leise: «Ich esse jetzt hier, bitte geh in den Schatten.» Ich aß, aber sie rührte sich nicht. Sie rührte sich weiterhin überhaupt nicht, obwohl ich nun hin und herlief und auch noch den Nachtisch aß. Dann wusste ich nicht weiter. Ich fragte leise: «Was soll ich bloß tun?» Plötzlich hörte ich in meinem Herzen so etwas wie ein Einverständnis, dass ich sie wegtragen darf. Also antwortete ich mit meinem Herzen: «Ich habe Angst, dir weh zu tun, ich hole jetzt ein kleines Kissen und du krabbelst bitte darauf. Dann trage ich dich in den Wald.» Und wieder kam so etwas wie ein Einverständnis. Ich kam mit einem Kuschelkissen und redete innerlich wieder: «Ich komme jetzt, du kannst aber auch wegkrabbeln.» Nichts geschah. Also legte ich das Kissen neben sie und wartete. Sie fing an, auf das Kissen zu krabbeln, blieb aber ungeschickt am Rand liegen. Jetzt war ich schon schweißnass vor Angst, sie könnte runterfallen. Also sagte ich: «Bitte krabbel weiter, so verliere ich dich». Und sie krabbelte ganz auf die Mitte. Dann sagte ich: «Ich heb dich jetzt hoch und trage dich in den Schatten.» Und wieder fühlte ich den schwarzen Blick und das Einverständnis.

Langsam schritt ich über die Terrasse, das Kissen hielt ich an beiden Ecken fest. Sie lag ganz ruhig auf dem wackelnden Untergrund und das schwarze Auge schaute mich ganz ruhig weiter an. Endlich waren wir am Waldrand angekommen, ich erklärte ihr nun, sie solle in den Wald krabbeln und wünschte ihr alles Gute, legte das Kissen auf den Boden und blieb neben ihr stehen. Tatsächlich bewegte sich die Eidechse langsam aber stetig vom Kissen runter und schritt in das Gras. Das Ganze hat eine Stunde gedauert und war ein wunderbares Erlebnis.

Alle diese Umstände haben meinen Herz-Geist sicher ebenso geöffnet, wie es auch die Koan-Schulung getan hat.

Damit fühlte ich mich bereit, auch selbst Koan-Schulung zu geben.

Nun bin ich Lehrerin und habe den Eindruck, dass meine SchülerInnen im Dokusan-Raum mit den Koan und auch mit ihren Lebenskoans die richtige Unterstützung für sich bekommen. Wer Koan-Schulung im klassischen Sinn haben möchte, der muss da ebenso durch, wie wir alle vorher. Wer aber an einem Lebenskoan arbeiten will, kann das tun und muss da natürlich auch durch. Da ich auch praktizierende Christen unter den SchülerInnen habe, versuchen wir beides. Es hat bis auf eine Ausnahme bisher immer geklappt. Mit meiner Dharma-Schwester Regina treffe ich mich wenigsten einmal im Jahr und dann besprechen wir uns, wie unsere Schulung klappt, was unsere Schwierigkeiten sind und reden auch über Koanlösungen. Das ist eine gute Hilfe. Mit Christoph bin ich auch noch im Erfahrungsaustausch.

Mein absolutes Lieblingskoan verrate ich doch noch: Hekiganroku Fall Nr. 1: Kaiser Wu fragte Bodhidharma: «Was ist das grundlegende Prinzip der heiligen Lehre (des Dharma)?» Bodhidharma sagte: «Offene Weite - nichts von heilig.» Kaiser Wu: «Wer steht vor mir?» Bodhidharma: «Ich weiß es nicht.» Der Kaiser verstand diese Worte nicht.

7. HERZ-SUTRA

fragendes fürwort

wer bin ich
warum bin ich
wie bin ich
wo ich doch nicht so war
was bin ich geworden
wie lange werde ich sein
wem werde ich was gewesen sein
wie oft werde ich noch werden
wann werde ich sagen ich bin
woher wissen wie das ist
wen fragen wie das sein wird
wohin gehen was zu werden
wessen verlust gewesen zu sein
warum geworden
warum nicht anders geworden
wem sage ich das

Otto Wiener

HERZ-GEIST-BILDER IM HERZ-SUTRA

Wie kann uns das Herz-Sutra helfen? Unser wichtigstes Sutra im Mahayana-Buddhismus und somit auch im Zen ist das Herz-Sutra Hannya Shingyo. Wir schauen uns das Sutra einmal von verschiedenen Seiten an.

Die Sutren, Lehrreden Buddhas, beschreiben uns, wie wir «gebaut» sind. Mit unserem Körper, unseren Sinnen, unserem Bewusstsein und unseren Gefühlen sind wir sozusagen ein perfektes Formwesen. Menschen können denken, handeln, fühlen, atmen, entstehen und vergehen und vieles mehr. Uns interessiert natürlich am meisten unser persönliches Wesen, schließlich haben wir ein Ego. Das genügt uns aber nicht als «Wert». Deswegen sind wir zeit unseres Lebens auf der Suche nach uns selbst und stellen uns die Fragen: Bin ich? Habe ich? Kann ich? Soll ich? Darf ich? Brauch ich? Warum ich? Seitdem es uns gibt, hat sich nicht nur unsere «Form», sondern auch unser Bewusstsein ständig verändert und weiterentwickelt. Der Mensch hat im Laufe der Menschheitsgeschichte unterschiedliche Bewusstseinszustände, ‹Weltsichten›, wie Ken Wilber (in: Eros. Logos, Kosmos) sie bezeichnet, auf einer sich auch ständig veränderten neuen Bühne erlebt: die archaische, magische, mythische, mentale, existentielle, psychische usw. Indem man immer höher klettert auf der Bewusstseinsleiter, gewinnt man andere Ausblicke auf die Welt. «Jeder Sprosse entspricht eine andere Weltanschauung. [...] Und obwohl alle Sprossen bestehen bleiben, lösen die Weltbilder einander ab.» Im Moment sind wir schon sehr weit fortgeschritten. Unser Wissen hat sich ebenfalls in den letzten Jahrhunderten, was die Technik, die Forschung, die Informationstechnologie, die Gesellschaftsformen und vieles andere angeht, erweitert. Das geht natürlich nicht reibungslos. Vieles, was wir wissen, können oder was wir als denkende Wesen erfunden haben, sollte besser nicht angewandt werden. Als Beispiel gilt da für mich besonders die Atomenergie. Ich war noch jung, als wir alle gegen den Einsatz von Atomwaffen und gegen jegliche kriegerischen Machtauseinandersetzungen auf die Straßen gingen. Als Kinder erlebten wir den Weltkrieg und als Jugendliche sahen wir immer noch die Folgen davon. Es gab keine Familie, die sorgenfrei zurückblicken konnte. Manchmal scheint es so, als hätten wir unseren «Verstand und unsere Vernunft verloren».

Man sollte denken, einmal Fehler gemacht zu haben reicht doch. Aber so ist der Mensch eben nicht konstruiert. Also ist es besser, zu erkennen, wo die Grenzen des Machbaren sind. Wir können lernen, die Grenzen – und ich meine natürlich auch die persönlichen Grenzen – die wir besser nicht überschreiten sollten, zu respektieren, weil wir uns und die Welt sonst vernichten würden.

In unserer Tradition wird während eines Sesshin täglich das «Sangemon» rezitiert: «Begierde, Hass und Verblendung sind die Ursachen meiner fort und fortwirkenden Taten. Sie treten hervor als Geschöpfe des Leibes, des Mundes und der Gesinnung. Tiefe Einsicht durchdringt jetzt mein Wesen».

Es kommt vor, dass ich, wenn ich morgens diese Rezitation spreche, Tränen der Verzweiflung den Hals hochsteigen fühle, weil ich mich fürchte. Es kommt aber auch vor, dass ich die Kraft in mir hoch steigen fühle, die mir sagt, das schaffen wir Menschen doch; und schließlich setzt der Verstand ein und sagt: Es ist, wie es ist. Ja, es gibt viel zu tun.

Genau aus diesem Grund ist es wichtig, dass wir unser Bewusstsein achtsam schulen und weiterentwickeln und Gelerntes und Erfahrenes integrieren, um nicht ständig «am gleichen Rad zu drehen». Wir müssen uns selbst besser kennenlernen. Es ist die Arbeit, die bei uns beginnt, statt sie anderen zu überlassen.

In uns selbst finden wir sämtliche Zustände, Umstände, Handlungsmöglichkeiten, ethische Instrumente und überhaupt alles, was wir brauchen, um Leben zu verstehen, das zeigt uns das Herz-Sutra. Es kommt darauf an, dass wir Hilfen, die da sind, auch annehmen. Zu diesen Hilfen gehören definitiv, wenn wir den Zen-Weg beschreiten, die Rezitationen. Natürlich sind sie keine Rezepte, aber das haben wir ja schon erkannt. Rezepte bringen uns nicht weiter, wenn wir keinen Stillstand wollen. Der Buddha spricht mit uns nicht nur in Worten, sondern auch in Bildern, das ist sehr menschlich und deshalb verstehen wir ihn. Er sagt zum Beispiel, dass wir in uns drei große Motoren haben, die uns immer wieder auf unserem Zen-Weg vorwärts treiben. Das sind: 1. Resolutes Handeln – tiefe Entschlossenheit zum Tun, 2. das Vertrauen – zu unserem Dharmalehrer/in und dem Dharma, und 3. der große Zweifel – er lässt uns alles überprüfen.

Wir können immer, jede Sekunde, jede Minute und jeden Tag, etwas Neues beginnen. Niemand hindert uns, außer unser eigener innerer Kontrolleur.

Das will uns zum Beispiel ein weiteres Lieblingskoan von mir zurufen: Hekiganroku, Fall Nr 6, «Ummon's, jeder Tag ist ein guter Tag!» – Ist das so? Wie oft sind wir gerade am Morgen müde und mutlos, weil uns ein anstrengender Tag bevorsteht. Aber selbst der ungeliebte Zahnarztbesuch oder die Steuererklärung auf dem Schreibtisch können doch auch ganz sportlich angeschaut werden, oder etwa nicht? Meine, durch Erfahrung geprüfte, These lautet demnach: unsere Koans und die Sutren lassen uns immer etwas Neues erkennen. Der Dharma spricht dann mit unserem Herz-Geist, wenn wir ihm die Gelegenheit dafür geben. Das wiederum kostet ein wenig Anstrengung oder eine Prise Ermunterung, eine Schweigeminute, ein Schuss Optimismus und ein Teelöffel Humor. Wie wäre es damit? Es geht natürlich auch anders, wenn wir es zulassen und uns für den Dharma öffnen. Am besten klappt das in der Stille der Meditation, im Traum einer Nacht oder am Tag, auf einem Spaziergang durch den Wald. Das Ziel ist, wie gesagt, mit unserem Herz-Geist Kontakt aufzunehmen. Aber wie können wir das lernen? In dem Fall hilft uns das Herz-Sutra weiter.

Bevor ich das Herz-Sutra beschreibe, möchte ich erzählen, wie mich das Rezitieren des Herz-Sutra dazu inspiriert hat, dieses Buch zu schreiben. Das war beileibe nicht geplant!

DAS HERZ-SUTRA HAT BEI MEINEM HERZ-GEIST ANGEKLOPFT

Von Anfang an habe ich das Herz-Sutra besonders gern rezitiert. Spätestens beim zweiten Atemzug geht «die Post ab». Dann spricht mein Herz-Geist, meine Buddha-Natur mit der Bärbel oder Barbara, wie mich die Franzosen nennen, weil sie Bärbel nicht aussprechen können. Das Herz-Sutra ist für mich wie eine Bachkantate. Beim Rezitieren öffnen sich mein Geist und mein Blick. Alles schwingt mit allem. Ich höre den Klang meiner Stimme als die Stimme von allem anderen. Ich fühle und sehe die Vogelnest-Zendo in Steyerberg. Dort habe ich meine Zen-Übungen begonnen. In diesem Nest bin auch ich ausgebrütet worden und ausgeschlüpft. Ich fühle das Verbunden-sein mit dem Raum, mit dem Ort, mit der Sangha, mit meinem Lehrer und mit allen Patriarchen und Zen-Lehrerinnen der Vergangenheit und der Zukunft – mit allen Buddhawesen!

Ich spüre die Leichtigkeit des Seins. Tiefe Dankbarkeit und Geborgenheit erwärmen mich. Klarheit und tiefes Wissen fließen mit meinem Atem ein und aus. Ich lebe! In mir entsteht zum ewigen Male das WISSEN: so ist es richtig, gerade in diesem Moment – gerade hier!

In diesem Augenblick, während diese Zeilen entstehen, geht gerade die Sonne auf und schaut über den Horizont, spiegelt sich im Himmel und im Meer. Alles taucht sie in gold-rotes Licht, auch in meinem Zimmer. In diesem flüchtigen Augenblick badet alles in Wärme, Stille und Frieden.

Jeden Morgen bei Sonnenaufgang rezitiere ich hier in meinem Krankenhausbett. Heute geschieht es gerade in besonderer Weise, in dem Moment wo ich gerade das Herz-Sutra anstimme, fühle ich, dass sich mein Geist und mein Körper mit jedem Wort verbinden. Die Worte und Bilder sind meine Brücke vom Sichtbaren zum Nicht-Sichtbaren, von Form zu Nicht-Form.

In meinem Herzen höre ich den Satz: «Gehst du durch die Torlose Schranke, so kannst du dich in der Stille aller Worte und Nicht-Worte erfreuen.»

Warum erzähle ich das gerade jetzt? Am 2. April 2013 lag ich nach einem Kniebruch in der Klinik. Ich war frisch operiert und hatte die Perspektive, nach ungefähr drei Monaten wieder laufen zu können. Hinter mir lag der Schock des Unfalls und vor mir gab es verschiedene Möglichkeiten, mich damit auseinanderzusetzen: Einfach alles ausliegen und aussitzen im Rollstuhl; einfach erholen und abwarten; einfach sauer sein und mir Vorwürfe machen, weil ich ja unbedingt an der gefährlichen Stelle Pilze sammeln wollte? Einfach eine gute Kranke sein?

Aber bevor ich überhaupt anfing zu grübeln, kam mir beim Rezitieren des Herz-Sutra der Gedanke, nun hast du Zeit, das Buch zu schreiben, das du immer schon schreiben wolltest; ein Zen-Buch über «Zen – meine Reise nach innen und darüber hinaus». Gleichzeitig fiel mir auf, dass ich in dieser Zeit ständig das Herz-Sutra rezitierte, und zwar immer dann, wenn ich bange Minuten zu überstehen hatte, oder vor Schmerzen nicht schlafen konnte, oder weil es langweilig wurde, auch wenn ich warten musste. Fragt mich nicht, warum gerade das Herz-Sutra. Ich weiß es selbst nicht, es kam mir einfach in den Sinn. So und nun schreibe ich das Buch und seitdem strömen die Worte in den Laptop zu allen Zeiten des Tages und der Nacht.

In null Komma nichts fanden sich alle Mosaikstückchen wieder zusammen, die ich nun verarbeite und die ich während der letzten 23 Jahre auf Zetteln gesammelt habe, die an Türen und Wänden kleben; Aussagen, die ich in Büchern unterstrichen hatte und in zig Gigabytes aus zwei Memorysticks als Teisho oder als Koan-Lösungen in Kladden verewigt waren. Alles fügt sich wie aus Geisterhand geleitet zusammen zu einem Mandala meiner spirituellen Reise nach innen und darüber hinaus. Fazit: Ohne das Herz-Sutra gäbe es dieses Buch nicht.

ZEN ARBEITET MIT BILDERN UND GESCHICHTEN

Und wieder lege ich hier mein persönliches Bekenntnis zu einer einfachen Sprache ab, damit alle Menschen meine Worte verstehen können, wenn sie ihr Herz öffnen möchten. Jedes Wort kann sich dann, wie in einem Kaleidoskop bei der kleinsten Umdrehung, verändern. Es kann ein völlig neues Bild entstehen.

Bilder und Geschichten sind wie Schlüssellöcher zum Verstehen. Zen hilft uns damit, die WAHRHEIT zu erkennen. Grenzenlosigkeit führt uns zur Weisheit und über diese Weisheit hinaus, ja über alle Vorstellungen und geistigen Grenzen hinaus. Das größte Hindernis ist also unser Verstand.

Bilder sollen uns helfen, unseren Verstand geschmeidig zu machen. So helfen Zen-Geschichten und Bilder, zum Beispiel im Herz-Sutra, unseren Verstand zu öffnen. Unser Geist wird dann das Undenkbare, das Unvorstellbare denken und sich vorstellen können, dass das geht, wenn er die Mauern durchbricht, die wir uns selbst geschaffen haben, und zwar von Geburt an. Aus kleinen Mauern wurden im Laufe des Lebens Burgmauern mit Ringgraben und Wehrtürmen und mittendrin leben wir mit einem kleinen, verängstigten und zaudernden Herzen.

Schauen wir durch winzige Löcher und Spalten in der Mauer, schauen wir durch das Schlüsselloch in der Tür, dann öffnet sich der Blick in die unendliche, grenzenlose Weite. Dann erinnert sich unser Geist plötzlich daran und wird zu dieser Weite.

Bevor wir unsere Form als menschliche Wesen bekommen haben, brauchten wir keine Schlüssellöcher. In unserem Körper haben wir Sinne eingebaut bekommen. Sie sind die Schlüssellöcher und bilden gleichzeitig Antennen. Mit unseren Sinnen können wir lauschen, singen, schreiben, tönen, sprechen, riechen, schmecken, tasten und fühlen und unendlich vieles mehr.

Die Schlüssellöcher sind also da, aber wo ist der Schlüssel, der passt? Zen-Praxis zeigt uns, wir können alle diese Schlüssellöcher ausprobieren. Benutze sie, schule sie, respektiere sie, erfreu' dich an ihnen, jetzt und immer wieder. Dafür hast du ein ganzes Leben Zeit. Jetzt und nur im menschlichen Körper kannst du alle Schlüssel finden. Der Schlüsselkorb ist prall gefüllt. Du allein bestimmst, welchen Schlüssel du nehmen willst. Unser wichtigster Schlüssel ist natürlich das Zazen. Hast du einen Schlüssel gefunden, der in dein ganz persönliches Schlüsselloch passt, dann hast du gleichzeitig auch das Passepartout gefunden und kannst alle Tore öffnen und alle Mauern niederreißen.

Das will uns das Herz-Sutra sagen: Fass all deinen Mut zusammen, deine Entschlusskraft kannst du schulen, mach ein Spiel daraus, tue es mit Leichtigkeit und Freude. Das Ergebnis ist grenzenlose Freiheit von allem, was dich beengt und bedrängt.

Im Text des Hannya Shingyo geht es um Zen-Begriffe, um Wortbedeutungen. Sie sind zahlreich und höchst unterschiedlich. Unterschiedliche Verstehensweisen lösen unterschiedliche Handlungen aus, nach dem Prinzip von Ursache und Wirkung. Im Herz-Sutra ermöglicht uns jedes Wort einen Blick durch das Vergrößerungsglas.

Was ist unser Herz-Geist? Am 9.2.2013, also vor meinem Unfall, hielt ich das folgende Teisho (Lehrvortrag) über das Herz-Sutra. Da ich es, wie immer, frei gehalten habe, ist dies nur der Text meiner Aufzeichnung.

Teisho N147 9.2.2013

Am Anfang des Hannya Shingyo rezitieren wir: «Der heilige Bodhisattva Avalokiteśvara, in tiefste Weisheit versenkt, erkennt, dass die fünf Skandhas, die fünf Bereich des Anhaftens – nämlich Körper, Gefühl, Wahrnehmung, Willensregungen und Bewusstsein – an sich leer sind. Alle Bitterkeit und Leiden tilgt er, wenn er zum ehrwürdigen Shariputra spricht: «Form ist Leerheit, Leerheit ist Form ...»[55]

Im Sutra spricht Avalokiteśvara seinen Schüler Shariputra folgendermaßen an: «Höre, alle Dinge sind in Wahrheit leer.

Nichts entsteht, und nichts vergeht.

Nichts ist unrein. Nichts ist rein.

Nichts vermehrt sich, und nichts verringert sich.»

Das ist eine ungeheure Aussage. Wir können sie natürlich nicht «verstehen». Schließlich leben wir und erleben Entstehen und Vergehen. Schließlich fühlen wir zum Beispiel Ärger, Freude, usw. Schließlich kennen wir echt und unecht. Schließlich entscheiden wir, was richtig und was falsch ist. Schließlich unterscheiden wir, wer ich bin und wer die anderen sind. Schließlich nehmen wir sehr wohl war, ob sich etwas vermehrt oder verringert und ob sich etwas verändert. Ja, das sind die Fakten, mit denen wir unser persönliches und kollektives Menschenleben beschreiben. Aber Leerheit bedeutet nicht, da ist nichts, sondern, dass das, von dem wir denken, dass es da sein sollte, nicht so existiert, wie wir denken.

---

[55] Im Anhang findet sich der gesamte Text des Sutras

Denn nichts ist so beständig, wie wir denken.
Nichts ist so unveränderlich, wie wir denken.
Nichts ist so rein oder unrein, wie wir denken.

Wir projizieren also pausenlos und «denken» dann: So ist es. Aber es kann doch auch ganz anders sein, oder etwa nicht?

Kazuaki Tanahashi, Zen- und Kalligraphie-Lehrer hat das Herz-Sutra in «A New Millennium Version of the Heart Sutra» aus dem Japanischen übersetzt. Tanahashi hat das Wort «Leere» gleichgesetzt mit «Grenzenlosigkeit»: «Oh Shariputra, Form ist nicht verschieden von Grenzenlosigkeit; Grenzenlosigkeit ist nicht verschieden von Form. Das, was Form ist, ist grenzenlos. Das, was grenzenlos ist, ist Form. Dasselbe gilt für Gefühle, Wahrnehmungen, Willensregungen und Bewusstsein. Oh, Shariputra, alle Dinge tragen das Siegel der Grenzenlosigkeit».

Man kann also sagen, Form ist Leerheit und Leerheit ist Form, wenn man erkannt hat, dass mit der «rechten Sicht» alles möglich ist, auch wenn unser Verstand das nicht wahrhaben will, weil er Beweise braucht und es auch lieber einfacher hätte.

Wenn wir in der Meditation mit der rechten Sicht tief in uns hineinschauen und alles immer wieder anschauen, was sich da so zeigt, zum Beispiel bei dem Begriff ‹Unbeständigkeit›, dann finden wir am Schluss nichts und alles.

«Die Dinge sind nicht so fest und beständig, wie sie uns erscheinen», schreibt Sylvia Wetzel[56].

Weil das alles so kompliziert scheint und wir immer nach dem Sinn fragen, haben wir uns auf den Weg gemacht, um tiefer zu schauen und um «über» unseren Bewusstseinshorizont hinaus zu schauen. Wir säßen nicht auf dem Kissen, wollten wir nicht erfahren, wo wirklich unser Ursprung ist. Wir wollen wissen, wer wir wirklich sind, nicht nur welche Rollen wir in unserem Leben spielen. Wir wollen den Sinn unseres Lebens und möglichst auch noch unsere Berufung ganz sicher erkennen können.

Dann wird uns im Herz-Sutra gesagt, dass es in uns ein «Herz der vollkommenen Weisheit», genannt die «Wahre Buddha-Natur» gibt. Das bedeutet, dort sind wir zu Hause. Auch das können wir nur selbst bestätigen, wenn wir es erlebt haben.

Das Sutra beschreibt uns ebenfalls, wie es in der Leerheit, auch Nirvana genannt, aussieht, nämlich dann, wenn unser Geist leer ist. Es wird uns sogar gesagt, dass wir dieses Herz der Weisheit schon zu unseren Lebzeiten erkennen können, wenn wir den Weg des Erwachens gehen.

Weiterhin erfahren wir im Sutra, was in der Leerheit des Geistbewusstseins los ist. Ich zitiere: «In der Leerheit gibt weder geistige Blindheit noch Auflösung der geistigen Blindheit. Es gibt kein Altern und kein Sterben noch Aufhebung des Alterns und Sterbens. Es gibt kein Entstehen

---

[56] Sylvia Wetzel. Das Herz-Sutra. Ein Kommentar. edition tara libre. 2007, S. 45

des Leidens, kein Ende des Leidens und keinen Weg dorthin».

Das Herz-Sutra erklärt uns somit den Prozess des Erwachens und was die Merkmale des Nirvana, der ‹Leere›, sind. Jawohl, erwachen wollen wir, sonst wären wir nicht hier im Sesshin.

Zen ist schlicht und einfach der Übungsweg zum Erwachen. Der Zen-Weg hält für uns dazu einige «Folterinstrumente» bereit. Diese haben sich in mehr als 2500 Jahren als brauchbar erwiesen. Sie basieren auf dem achtfachen Weg, den der Buddha uns aus seiner Erfahrung heraus empfohlen hat. Wir üben einige davon auch in jedem Sesshin: schweigen, meditieren, Achtsamkeit üben, Koanschulung und Mitgefühl zu uns und allen Wesen zu haben. Ich greife hier noch einmal die Koanschulung auf. Sie ist eine Möglichkeit, Gegensätze zu erkennen, und mit ihnen zu leben, ohne zu leiden.

Viele von euch haben sich entschieden, sich mit ihren Lebens-Koan zu befassen. Andere haben sich entschieden, den Rinzai-Weg original zu gehen und die traditionellen Koans mit meiner Hilfe zu bearbeiten. Ja, alles ist möglich. Es ist immer eure eigene Entscheidung, wie im täglichen Leben auch. Glaubt mir, beide können eine Qual sein. Warum? Weil wir uns mit dem ersten Schritt in die Welt der Paradoxien begeben, in die Welt der Gegensätze. Unser logischer Verstand will davon partout nichts wissen. Unser Weltbild gerät aus den Fugen. Unser Ego kämpft dann wirklich um seine Daseinsberechtigung. Wenn das Ego doch verstehen könnte, wie sehr wir es auch respektieren und lieben können. Wir wissen doch längst, dass wir als Formwesen eine Individualität haben. Wir sind wunderbare Schatzkästchen. Wir sollten uns lieben und ständig «Danke» rufen. Dann würde unser Ego nicht unentwegt Angst haben und uns Leid verschaffen.

Babys schreien auch, aber nicht so wie wir, denn sie haben noch eine so enge Verbindung zur Leerheit, aus der sie kommen. Sie schreien nur, wenn sie etwas wirklich brauchen: Essen, Nähe, Wärme, Schmerzlosigkeit und Liebe.

Bei den Lebens-Koans könnte unser Zwiegespräch mit unserem Ego so aussehen, falls wir von dem Muster Ärger immer wieder gequält werden: «Ja, klar, ich weiß, dass ich mich zu oft, unangemessen und immer wieder ärgere. Also versuch ich mal dies, mal das. Vor allem will ich mehr Achtsamkeit üben».

Stimmt, am Ende haben wir uns mit dem Ärger geeinigt und ihn als Bruder respektiert, aber den Ärger auch kalt gestellt. Warum auch nicht, er macht uns ja Scherereien. Das ist eine ganz normale Lebenserfahrung. Dann haben wir aber immer noch nicht erkannt, dass «Ärger nichts anderes ist als Leere, und Leere nichts anderes ist als Ärger. Ärger ist (tatsächlich) identisch mit Leere und Leere ist identisch mit Ärger» – Sylvia Wetzel, Zen-Lehrerin.

Mit einem voll erwachten Bewusstsein können wir diese Weisheit als wahr erkennen. Sylvia Wetzel sagt: «Die

Weisheit der Leere wird auf alle (o.g.) Kategorien des Erlebens angewendet. Alle Probleme werden im Sinn der Leerheit und durch Leerheit befreit. Wenn man einmal das Prinzip begriffen hat, hat man den Schlüssel in der Hand».

Jetzt möchte ich einige wesentlichen Begriffe, die im Herz-Sutra vorkommen genauer anschauen.

Nehmen wir die folgende Aussage: Nichts entsteht, und nichts vergeht. Wir haben eines längst begriffen, und das ist wunderbar! Nichts verschwindet einfach irgendwohin, sondern alle Phänomene verändern sich bloß. Was einmal ein Stück Holz gewesen war, ist plötzlich ein Haufen Asche, kommt auf das Blumenbeet als Dünger und wenn es nicht als Unkraut ausgerissen wird, kann es Blume oder wieder Baum werden.

Entstehen bedeutet im Buddhismus: Aus dem Nichts entstehen, und Vergehen bedeutet: ins Nichts verschwinden. Wir erleben die Veränderung und das ist deshalb leicht zu verstehen. Also ist es auch leicht zu verstehen, dass da nichts im Nichts verschwindet oder entsteht. Oder?

Veränderungen können wir aber überall im Sonnensystem, in der Welt, der Gesellschaft, bei jedem Individuum, bei Regierungen, bei allen Vereinen und Körperschaften des öffentlichen Rechts erleben. Einige waren aber trotzdem «auf Dauer» angelegt, so auch z.B. die römisch katholische Kirche. Als Institution fordert sie uns immer wieder auf, an die Unantastbarkeit des päpstlichen Verdikts zu glauben. Das hat sie schließlich auch 2000 Jahre geschafft. «Somit ist sie vielleicht die älteste Firma der Welt!» (Sylvia Wetzel).[57]

Nichts ist unrein. Nichts ist rein. Wir respektieren das Wesen des Tees bei der Teezeremonie, indem wir sagen: «Reinheit». Das ist ein Begriff, den wir benutzen, wenn wir uns in diesem Moment mit dem Tee und nichts anderem als diesem Tee verbinden wollen. Also machen wir eine Verbeugung vor dem Wesen des Tees, sind aber gleichzeitig auch in Verbindung mit dem Schluck Tee. Ohne uns kein Schluck Tee, ohne Tee keiner der ihn trinkt.

WIR BEDINGEN EINANDER.

Alles was wir als Gegensatz erleben, existiert nur miteinander. Die Antwort kann nur heißen: Es ist, wie es ist. Unabhängig davon, ob unser Verstand dem zustimmt, oder nicht. Soheit nennen wir das im Zen.

Das ist keine Abwertung und kein Aufgeben wie: Dann ist es eben so: Nein es ist weder das noch das, sondern, so wie es ist, ist es.

Für unser praktisches Leben kann das nur bedeuten: Wir finden einen Standpunkt für uns, von dem aus Gegensätze oder Paradoxien für uns persönlich weniger dramatisch sind. Wir werden dann erfahren, dass dieser Standpunkt die Leerheit ist, weil es kein Problem mehr mit dem Gegensatz gibt. Also üben wir im Koan Gegensätze anzuschauen und die Weisheit der Leerheit auf Gegensätze, die

---

[57] Hierzu mehr im Kapitel II: Wendepunkte ‹Veränderungen› des Lebens.

151

für uns bedeutsam sind, anzuwenden, mit ihnen zu experimentieren und sie auszuprobieren.

Ist das geschafft, dann ist der Berg wieder ein Berg und die Blume eine Blume ... – nachdem sie in unserem Kopfkino ein Nicht-Berg und eine Nicht-Blume waren.

Wenn wir so rezitieren, meditieren, tief hinschauen und mit Achtsamkeit praktizieren, dann kommt gaaaanz langsam oder manchmal auch unerwartet schnell ein erwachtes «Aha, schööön!».

8. BEDINGTES ENTSTEHEN

> *«Durch das Gesicht und die Formen entsteht Bewußt-*
> *sein: gerade ‹Sehbewußtsein› kommt da zustande.*
> *Durch das Gehör und die Töne entsteht Bewußtsein:*
> *gerade ‹Hörbewußtsein› kommt da zustande.*
> *Durch den Geruch und die Düfte entsteht Bewußtsein:*
> *gerade ‹Riechbewußtsein› kommt da zustande.*
> *Durch den Geschmack und die Säfte entsteht Bewußt-*
> *sein: gerade ‹Schmeckbewußtsein› kommt da zustande.*
> *Durch das Getast und die Tastungen entsteht Bewußt-*
> *sein: gerade ‹Tastbewußtsein› kommt da zustande.*
> *Durch das Gedenken und die Dinge entsteht Bewußtsein:*
> *gerade ‹Denkbewußtsein› kommt da zustande.»*[58]

Also, der Buddha meint: Bewusstsein entsteht, wenn ein Organismus in Kontakt mit einer Umgebung gerät. Wenn zum Beispiel ein Auge von einem Lichtstrahl getroffen wird, der von einer bunten Form reflektiert wird, dann entsteht Sehbewusstsein. Aber sobald das Objekt aus dem Sehfeld gerät oder man seine Augen schließt, vergeht das Bewusstsein. Das gälte dann für jede andere Bewusstseins-Erfahrung genau so.

Und weiter erklärte Buddha Sati: «So wie ein Feuer als das betrachtet wird, was es unter den jeweiligen Bedingungen brennen lässt – ein Holzfeuer, ein Grasfeuer, ein Kuhdungfeuer und so weiter, wird auch das Bewusstsein

---

[58] Aus dem Majjhima-Nikaya – Mittlere Lehrreden.

nach den jeweiligen Bedingungen, die zu seinem Entstehen führen, betrachtet.»

Bewusstsein ist somit ein auftauchendes bedingtes und vergängliches Phänomen. Alles was geschieht, hätte also auch anders geschehen können. «Jemand, der das bedingte Entstehen sieht», sagte Buddha, «sieht den Dhamma; jemand der den Dhamma sieht, sieht das bedingte Entstehen»

Batchelor schlussfolgert: «Der Kern von Gotamas Erwachen lag in einer unmissverständlichen Umarmung der Bedingtheit»[59].

Buddha belehrte so auch den Wanderer Udayin: «Lass die Vergangenheit ruhen, lass die Zukunft ruhen. Ich werde dich den Dhamma lehren; wenn dies existiert, dann entsteht jenes. Wenn dies nicht existiert, dann entsteht jenes nicht; mit dem Verschwinden von diesem verschwindet jenes».[60]

«Alles, was existiert, ist unfassbar und leer von Selbstexistenz.» - Diese Aussage aus dem Hannya Shingyo bedeutet: Phänomene können keine Selbstexistenz haben, weil sie bedingt entstehen. Die Dinge sind außerdem leer von Selbstexistenz, weil sie ihre Bedeutung von uns bekommen haben. Ich bin mir bewusst, dass es schwierig ist, in unseren Denkstrukturen solche Analysen zu akzeptieren. Zu unserer Unterstützung bediene ich mich der Beschreibung der vierfachen Analyse des bedingten Entstehens im Kommentar von Sylvia Wetzel zum Herz-Sutra

[59] Batchelor, Stephen. Bekenntnisse eines ungläubigen Buddhisten. Herder, 2012. S. 171
[60] Majjhima-Nikaya — Mittlere Lehrreden. 79, ii. 32

Hannya Shingyo. (Nein ihr habt euch nicht verlesen. Analyse kann auch ein wichtiger Bestandteil von unserem Meditationsweg sein.) Das habe ich selbst erst erfahren müssen: In meinem ersten Übungsjahr sprach Christoph, mein Lehrer, im Teisho von bestimmten Übungsaufgaben, die man auch in der Meditation bearbeiten könne. Sie heißen Lojong und werden im tibetischen Buddhismus geübt. Dabei handelt es sich um 59 Merksätze für ein waches Leben. Das fand ich spannend. Nach dem Teisho verteilte Christoph jedem von uns zwei kleine grüne Zettel, auf denen jeweils ein Merksatz stand. Es ist schon so lange her, so dass ich sie nicht mehr genau wiedergeben kann. Trotzdem, ein Zettel forderte mich zu unbedingter Aufmerksamkeit auf, was ich, forsch wie ich war, innerlich so kommentierte: «Klar das weiß doch jedes Kind, mach' ich aber gern.» Der zweite Satz lautete ungefähr so: «Versuche alles zu analysieren». Meine Reaktion, die ich im Dokusan auch prompt Christoph mitteilte, war: «Danke für das schöne Teisho. Danke für die Merksätze, werde ich machen. Aber der zweite ist ja wohl ein Irrtum, ich bin hier, um endlich zu lernen, nicht mehr zu analysieren, oder etwa nicht?» Die Antwort von Christoph war ein liebevolles Lächeln und schon war ich rausgeklingelt. Ich hatte Glück, im Rinzai-Zen hätte eine Reaktion und auch eine Antwort anders aussehen können. So zum Beispiel ein Schlag mit dem Stock oder ein Schrei zum Wachwerden. Ich war zunächst sprachlos, verbeugte mich aber und setzte mich dann den Rest der Tage mit dem Koan auf mein

Kissen. Das ist und war der sicherste Weg dem Kopfkino keine weitere Chance zu geben.

Nun komme ich zurück zur vierfachen Analyse des bedingten Entstehens, die Sylvia Wetzel uns so beschreibt: «Alles entsteht, vergeht und verändert sich. Deshalb ist es leer von Selbstexistenz»[61].

«Alles ist leer von Selbstexistenz, weil es bedingt entsteht.» - So gesagt im Herz-Sutra und ebenso schwer zu verstehen. Ich versuche es, indem ich den Ablauf von unserer kleinen Teezeremonie, die wir nach der morgendlichen Meditation immer in Christophs Küche gemacht haben, und die ich für meine Sangha auch übernahm, zu beschreiben: Beim Teetrinken sind wir uns bewusst, dass es keine Schale grünen Tee ohne Teepflanze, ohne Wasser und ohne Strom, der das Wasser gefördert und aufgewärmt hat, gibt. Es gibt keine Tee-Schale ohne Frau Heidt, die die Schale für unsere Zendo getöpfert und blau-grün glasiert hat, keine Teeblätter ohne die japanischen Teepflücker, keine Teepflanze ohne die Erde, ohne die Luft, ohne die Sonne. Und keinen Schluck Tee ohne uns, die wir in der Teezeremonie diesen einen Schluck trinken. Mit dieser Übung des tiefen Schauens werden wir unmittelbar in das Geschehen des Teetrinkens hingeführt.

Deshalb sagen wir beim ersten Schluck: «Respekt». Es gibt in diesem Moment nur diesen Schluck Tee. Wir sagen beim zweiten Schluck: «Reinheit». Wir verbeugen uns vor dem Tee und begrüßen ihn als einen Teil von uns.

---

[61] Sylvia Wetzel. Das Herz-Sutra, Ein Kommentar. edition tara libre. 2007, S. 27

Beim dritten Schluck sagen wir: «Harmonie», denn wir sind ganz verbunden mit dem Schluck Tee und mit den Menschen, die auch an der Teezeremonie teilnehmen. Beim vierten Schluck sagen wir: «Stille». Es gibt nur diesen einen Moment der absoluten Stille. In diesem Schluck Tee ist das ganze Universum.

Wenn sich bei unserem Beispiel auch nur einer der Faktoren verändert, ist es keine Teezeremonie mehr. Spielt das mal durch! Wenn ich zum Beispiel die Teepflanze aus dem Boden entferne und liegenlasse, würde sie Dünger und hätte eine andere Funktion übernommen.

Sylvia Wetzel führt die vierfache Analyse anhand des Beispiels eines Tisches vor. Die sieht dann so aus: «Ein Tisch entsteht bedingt und in Abhängigkeit:

1. von den Ursachen, dem Holz oder dem Material.
2. von den Bestandteilen, einer Platte und drei oder vier Beinen.
3. von den allgemeinen Bedingungen wie z.B. dem Herstellungsprozess, denn jemand muss die Teile planen und zusammenfügen.
Und der Tisch ist schließlich abhängig.
4. vom Konzept Tisch, das ich ihm zuschreibe».[62]

Fällt 1. oder 2. oder 3. oder 4. aus, gibt es keinen Tisch. Jetzt wollen wir uns die folgende Aussage genauer anschauen: «Alle Dinge sind leer von Selbstexistenz, denn die Dinge

---

[62] a.a.O., S. 28

haben ihre Bedeutung nur durch ihre Zuschreibung, und diese hat mit ihrer Funktion zu tun.»[63]

Ich nehme das Beispiel Schale: Oben sprach ich von der Teeschale und beschrieb sie, wenn auch nicht genau. Wir haben jetzt ein Bild und könnten sie malen oder wieder finden, wenn wir sie suchen sollen. Sage ich aber noch weniger, wie: «Bring mir mal bitte die Schale», dann wird eine weitere Frage folgen: «Welche, die Obstschale, eine Salatschale, das Teeschälchen, oder, was willst du eigentlich wirklich?» Langsam wird uns der Sinn einer solchen Analyse klarer.

Nicht-Bedingtes ist die Buddhanatur, die Leerheit
Hannya Shingyo

Und was ist nun das Nicht-Bedingte? Wir sprechen dann von dem klaren, leuchtenden Geist. Dasselbe sagen alle buddhistischen Schulen. Klarheit ist da – überall und unendlich, unveränderlich, und wird nur verhüllt von den drei Giften: Hass, Gier und Verblendung. Wenn wir die Klarheit des Geistes entdecken, dann haben wir das entdeckt, was sich nicht verändert.

Ich fand dazu, ebenfalls bei S. Wetzel: «Ein berühmtes Gleichnis aus der tibetischen Tradition für Buddha-Natur und unseren bedingten Geist ist der Himmel mit Sonne, Strahlen und Wetter: Der Himmelsraum steht für die Unfassbarkeit aller Erfahrungen, ihre Leerheit. Die

---

[63] a.a.O., S. 29

Sonne für das klare Erscheinen aller inneren und äußeren Phänomene und die Sonnenstrahlen für Mitgefühl, Lebendigkeit und Erkennen. Man muss den Himmel nicht erst schaffen, sondern begreifen, dass er immer da ist, auch wenn es Wolken gibt. Schau dir zuerst die Wolken an, dann verstehst du irgendwann, dass die Wolken nicht das Einzige sind am Himmel. Regen und Schnee gehören auch zum Himmel, verändern sich aber immer. Das Wetter ändert sich ständig. Das sind unsere Erfahrungen. Das, was sich nicht verändert, sind der Himmel, die Sonne und die Strahlen, das Symbol für unser wahres Wesen, die Natur des Geistes.«[64]

Für uns Übende gilt zu entdecken, was sich nicht verändert.

Und trotzdem: Alles, was der Dharma uns in der Form von Schrift, dem gesagten Wort, als Meditation oder Übung anbietet, muss, wenn es sich für mich stimmig anhören soll, durch den MÜT = Mein Überwachungs -TÜV. Damit meine ich: Ich möchte es selbst erfahren und erkennen können und ich brauche immer einen Raum und einen Platz für: Ein Ja und ein Nein.

---

[64] a.a.O., S. 25

9. KINDER, ZEN UND DIE TAI CHI-ÜBUNG

«Buddha–Unterricht» für Kinder: Miriam, Janis und Marisa wollen das kennen lernen, was ihr Vater und manche Leute im Lebensgarten, Zen «machen» nennen. Sie fragen sich, wie andere übrigens auch: Warum tragen die Leute schwarze Roben, verbringen ein Wochenende im Schweigen und «marschieren» im Gänsemarsch wortlos an allen Leuten vorbei, wenn sie zum Essen gehen. Sie wollen verstehen, warum ihr Vater Christoph jeden Tag in aller Frühe in die Zendo eilt, um zu meditieren, und an vielen Wochenenden bei irgendwelchen Sesshin ist. Der Vater von Marisa ist Tai Chi-Lehrer und gibt auch Kurse. Die Tai Chi-Leute sind nicht so ernst, sie sind immer fröhlich, wenn sie unter den Birken auf dem Schwitzhüttenplatz ihre Übungen machen. Das sehen die Kinder auch. Also suchten die Kinder eine Antwort.

Als ich selber einige Zeit im Lebensgarten lebte, war ich sowohl eine von den «schwarzen Gestalten» als auch eine von den «beschwingten Menschen». Jeden Morgen, noch bevor die Lebensgärtner aufgewacht waren, ging ich, wie andere Mitglieder unserer Choka Sangha auch, zum Meditieren in die Zendo. Danach trafen wir uns zum Teetrinken bei Christoph in der Küche. Eines Tages erzählte uns Christoph bei der morgendlichen kleinen Teestunde, dass er nun den Kindern «Buddha-Unterricht» vermittle und diese das toll fänden.

Ich war ganz begeistert von der Idee und fragte, wie er das didaktisch-methodisch für die Kinder hinbekäme. Das ist natürlich eine typische Lehrerinnenfrage!

Da ich nur Einiges aus seinen Erzählungen weiß, bat ich Christoph darum, mir für dieses Kapitel mehr Informationen zu geben. Christoph hat uns nun die folgende Beschreibung seines «Buddha-Unterrichts» für das Buch zur Verfügung gegeben. Dafür danke ich ihm sehr.

Christoph: Ich bin gern bereit, einiges zum «Buddha-Unterricht» mit den Kindern zu schreiben. Gerade habe ich wieder eine Gruppe mit fünf Kindern, die demnächst auf Buddha-Wanderung gehen.

Damals war es so: Miriam, damals 12 Jahre fragte mich: «Papa, gibt es eigentlich eine buddhistische Konfirmation?» Nach einigen Sekunden des Nachdenkens sagte ich ihr, «Ja, das gibt es!» Darauf meinte sie, «Können wir das am Wochenende in 14 Tagen feiern?» Ich sagte, «Nein, das geht erst nach 108 Stunden Buddha-Unterricht! Damit können wir nächsten Montag anfangen!» Damit begann das «Zen-Training» für die Kinder.

Janis hatte ja schon von klein auf einen starken Bezug zum Buddhismus. Als er vier Jahre alt war, hatte ich mein Haus einmal der Zen-/Tai Chi-Gruppe überlassen, die bei mir wohnen und üben wollten. Als die Gruppe gerade oben versammelt war, hörte jemand ein Geräusch an der Tür und fragte: «Ist da ein Geist?» Janis, der sich gerade ein Spielzeug aus dem Haus holen wollte, antwortete beruhigend: «Nein, hier ist einfach nur ein kleiner

Buddha!» Etwa zur gleichen Zeit, als seine Mutter in Afrika war und ich für drei Tage zu einem Seminar nach Oberlethe musste, passte meine Nachbarin Gisela auf ihn auf. In den Tagen bestand er darauf, nachts in der Zendo zu schlafen. Gisela blieb nichts anderes übrig, als sich mit ihm auf den Zenmatten hinzukuscheln.

Später im Buddha-Unterricht ging es mir vor allem darum, dass die Kinder lernten, mit Buddha-Ohren zu hören und Buddha-Augen zu sehen. Das Beispiel mit dem Orangensaft stammte aus dieser Phase. Zum Buddha-Unterricht gab es für gewöhnlich Orangensaft und Kartoffelchips. Deshalb fragte ich die Kinder, was seht ihr in euren Gläsern? Die Kinder antworteten zunächst etwas wie «eine gelbe Flüssigkeit» usw. Dann sagte ich ihnen, dass man so mit den gewöhnlichen Augen sieht, aber dass man mit den Buddha-Augen noch mehr sehen kann, nämlich einen Orangenhain im fernen Spanien mit duftenden weißen Blüten über dem der Mond und die Sterne in der Nacht leuchten, die Sonne wärmt und die Orangen heranreifen mit Hilfe von Wasser, Erde und Luft; das man schließlich die Obstpflückerinnen sehen kann, die Körbe mit den geernteten Früchten, der Saftfabrik mit ihren Press- und Abfüllmaschinen, die LKWs mit den Saftflaschen etc. Und wir können zu dem Schluss kommen, wenn wir mit Buddha-Augen sehen, wieso Orangensaft zu 99% aus Nichtorangensaftanteilen besteht. In dem Zusammenhang ging eines der Kinder zum Klo und kam zurück mit der Feststellung: «Und eben habe ich gesehen in was sich der Orangensaft weiterverwandelt!»

Beim Hören mit den Buddha-Ohren ging es natürlich vor allem um gewaltfreies Hören und Sprechen. Wir haben gemeinsam verschiedene Konfliktsituationen, die die Kinder erlebt hatten oder die sie bedrückten, durchgesprochen, meist zu Beginn des Buddha-Unterrichts. Dann spielten wir gemeinsam durch, wie man mit der schwierigen Situation umgehen könnte. Janis hatte z. B. Angst, Toby um die Rückgabe von Schienen seiner Lego-Eisenbahn zu bitten, weil er befürchtete, Toby könnte ihm das verübeln. Also übten wir ein später zu führendes Telefongespräch, um uns die Bedürfnisse und Beweggründe von Toby und Janis klar zu machen, und wie man beides ansprechen konnte. Dann erst rief Janis bei Toby an, während die andern aufmunternd lauschten. Und siehe da, es ging ganz leicht, wenn Janis von seinen Gefühlen und Beweggründen sprach, statt von irgendeinem Recht auf Rückgabe.

Wir begannen den Unterricht immer mit «Buddha aktuell». Darunter verstanden die Kinder, dass jeder erst einmal mitteilt, wie es ihm oder ihr jetzt geht. Die Kinder brachten aus dem Schulalltag zahlreiche Beispiele von schwer zu hörenden Botschaften mit, die wir nun mit Buddha-Ohren untersuchten, indem wir die vier Schritte der GFK (Gewaltfreie Kommunikation nach Marshall Rosenberg) anwendeten. Die Kinder notierten jeweils eine Situation auf einer Karteikarte, beschrieben dann auf einer weiteren Karte ihre Gefühle und das, was sie gebraucht hätten. Auf einer dritten Karte notierten sie ihre Vermutungen bezüglich der Gefühle und Bedürfnisse des Absenders der Botschaft. Dann legten wir die Karten aneinander. Äußerungen wie: «Mach dich nicht so breit, du Fettsack!» lösten bei einem Kind Unsicherheit aus, weil es Schutz brauchte. Vermuteten die Kinder, wie sich der Sprecher fühlte, kamen sie zu dem Schluss, er sei sauer, weil er Bewegungsfreiheit brauchte und enttäuscht, weil er sich Zugehörigkeit wünschte. Von hier aus war es nur noch ein kurzer Weg zu einer Bitte, um für Erfüllung zu sorgen. Die Kinder waren begeistert von den neuen Möglichkeiten, Botschaften zu entschlüsseln. Aktuelle Konfliktsituationen gingen sie sofort an. Einmal berichtete Marisa von einem Konflikt mit einer erwachsenen Frau in unserer Gemeinschaft, die dort einen Geschenkeladen betrieb. Diese Frau bemerkte eines Tages, dass ein Stoffkrokodil aus der Auslage fehlte. Sie brachte den Verlust mit einem kurzen Aufenthalt Marisas in ihrem Lädchen in Verbindung und forderte sie auf, das Stoffkrokodil zurückzugeben. Marisa wies den Verdacht vehement von sich. Aber jedes Mal, wenn sie an dem Laden vorbeiging, vor dem die Frau auf einer Bank saß, um kleine Engel aus Ton zu fertigen, sang sie «Wann kommt mein kleines Krokodil endlich zurück?» und sah dabei Marisa an. Marisa war zunächst nur genervt, aber es tat ihr mehr und mehr weh, diesem Verdacht ausgesetzt zu sein. Im Buddha-Unterricht erforschten wir gemeinsam, wie Marisa sich fühlte, wenn sie das Lied vom verlorenen

Krokodil hörte und was sie brauchte. Das heißt, wir gaben ihr Einfühlung. Es stellte sich heraus, dass Marisa traurig war, weil sie Vertrauen in ihre Ehrlichkeit brauchte und dass sie genervt war, weil sie mit ihrer Antwort ernst genommen werden wollte. Jetzt erst war Marisa bereit, sich mit den Bedürfnissen der Ladeninhaberin zu befassen, die wir als nächstes untersuchten. Wir vermuteten, dass sie Unterstützung bei der Wiederbeschaffung des Krokodils und Respekt für ihr Eigentum brauchte. Übungshalber spielten wir das nun anstehende Gespräch in einem Rollenspiel durch. Dann begab sich Marisa zur Ladenbesitzerin, um ihren Konflikt zu klären. Vorsorglich nahm sie noch eine Tafel Schokolade mit. Der Buddha empfahl nämlich, Menschen, zu denen die Verbindung belastet oder durch Ärger gestört ist, ein Geschenk zu machen. Bei ihrer Rückkehr strahlte sie erleichtert. Alles hatte geklappt. Nur ganz zum Schluss war es für Marisa noch einmal aufregend geworden. «Sie war ganz gerührt, als ich ihr dann noch die Schokoladentafel übergab. Wir verabschiedeten uns herzlich. Aber dann fragte sie plötzlich, ‹Sag mal Marisa, wo hast du eigentlich die Schokolade her?› Ich konnte doch nicht sagen› ‹die habe ich aus Christophs Küchenschrank genommen›.» Das Stoffkrokodil jedenfalls war danach nie mehr Thema zwischen den beiden.

Die Kinder machten mit großer Freude und Abenteuerlust mehrere dreitägige Buddha-Wanderungen. Die erste führte sie rund um das Gelände der ehemaligen Munitionsfabrik. Sie hatten zwar etwas zu trinken mit, ihre

Nahrung sollten sie aber wie Wandermönche erbetteln. Sie hatten ein Zelt mit, konnten aber auch um Obdach bitten. Um den Erfolg ihrer Bitten zu erleichtern, hatte ich ihnen als Zen-Meister eine Bescheinigung ausgestellt, in dem ich den Leser bat, die Kinder, die sich im Mönchsleben üben wollten, zu unterstützen. Bei ihrer ersten Wanderung schlugen sie ihr Zelt in der Nähe des Massengrabes bei Hesterberg auf. Sie meditierten dort auch aus Respekt vor den Opfern, aber es war ihnen dann doch zu unheimlich, so dass sie noch am Abend weiterzogen, um in der Scheune eines benachbarten Bauernhofes zu übernachten. Sie baten dort auch um etwas zu essen. Zufälligerweise hatte dort gerade eine Silberhochzeit stattgefunden. Davon waren noch etliche Hähnchenschenkel übrig geblieben, die ihnen angeboten wurden. Etwas Vegetarisches gab es nicht. Ich hatte den Kindern eingeschärft, dass ein Mönch jede angebotene Nahrung dankbar entgegennimmt und dass das Ehren des Gastgebers höher steht als der eigene Geschmack oder eigene Ernährungsprinzipien. Und so nahmen die drei Vegetarier denn die Hähnchenschenkel dankbar in Empfang und verspeisten sie.

Die nächste Nacht verbrachten sie im Liebenauer Schloss, nicht ohne zuvor unter Vorlage der Bescheinigung im Eiscafé Diana einzukehren. Der Schlossherr lud sie zum Billardspielen ein und Miriam durfte das Klavier ausprobieren. Die Kinder hatten kleine Tafeln Rittersport-Schokolade als Buddha-Geschenke dabei. Die waren natürlich nur zum Verschenken da! Es machte ihnen großen

Spaß, Menschen aus heiterem Himmel und ohne besonderen Grund damit zu beschenken und deren Reaktionen zu beobachten. Auch das gehörte zu ihrem Training, um aus dem Preis-Leistungsdenken oder dem «Ich gebe, weil du gibst» herauszutreten. Nach jeder Reise berichteten sie ausführlich über ihre Abenteuer.

Übrigens wurden die Kinder während eines Sesshins zu Buddha-Lehrlingen ernannt. Nach Abschluss der 108 Stunden Unterricht, also nach etwa zwei Jahren nahmen sie in der Zendo vor der Sangha und 60 anwesenden Verwandten Zuflucht, nachdem sie vorher vor der versammelten Öffentlichkeit Prüfungsfragen beantwortet und Texte aus dem Rezitationsheft der Sangha gesungen hatten.

Soweit erst einmal. Vielleicht kannst Du mit dem Material etwas anfangen. Ich nehme an, die Kinder haben nichts gegen ihre namentliche Erwähnung. Sie haben ja selbst schon auf Veranstaltungen wie «Mit dem Leben tanzen» darüber berichtet und ich habe schon einmal in der «Buddhismus Aktuell» das Beispiel vom verlorenen Krokodil erzählt.

Liebe Grüße und Gassho, Christoph

WAS IST TAI CHI?

Obwohl wir das Tai Chi von unseren alten Meistern übernommen haben, so erklärt Al Huang (in: Lebensschwung durch T'ai Chi): « ... können auch wir es neu erschaffen. ... Es wird in dir selbst entstehen. Dann gehört Tai Chi dir. Es ist dein Tai Chi.»[65] Dasselbe gilt ja auch für unsere Erfahrungen, die wir in der Zen-Übung machen.

Tai Chi wird auch als Meditation in Bewegung angesehen. Al Huang: «Vorbilder für T'ai Chi sind die Natur und die Bewegung der Natur.»[66]

Beim Tai Chi, wie auch beim Zen, sprechen wir vom Anfängergeist, den wir wieder entdecken können.

Der Anfängergeist bedeutet, wieder wie die Kinder zu werden. Wer atmet schon wie ein Säugling? Einfach atmen. Wer denkt, lacht, bewegt sich, hört und schaut wie ein Kleinkind? Mit all dieser Offenheit und dem großen Staunen wollen wir auch unsere Tai Chi-Übung beginnen – immer und immer wieder, ein Leben lang. Wenn wir diesen Anfängergeist wieder gefunden haben und er zum Bestandteil unseres alltäglichen Lebens geworden ist, dann kann uns das helfen auch mit unseren körperlichen Bewegungen alle Arten von schwierigen Situationen zu überwinden. So verstanden und verwirklicht, ist Tai Chi «... die Weisheit eurer eigenen Sinne, eures eigenen Körpers und Geistes, die sich zu einem Prozess zusammenschließen. Wer lediglich Tai Chi Chuan oder die Schwert-

---

[65] Al Huang. Lebensschwung durch Tai Chi. O.W. Barth Verlag, 7. Aufl., 1994 S. 75
[66] a.a.O., S. 20f

form oder den Wu-Stil übt, der ist in der Form gefangen und dem fehlt der eigentliche Geist des PU, das Gefühl eins mit allem zu sein, sein ursprüngliches Sein».[67]

Die folgende kleine Geschichte von Al Huang hilft uns das Tai Chi zu verstehen:

Man macht es einfach.

In einem Schwitzbad tobte im nächsten Becken in der Dunkelheit eine hitzige Diskussion. Man hörte sehr laute, sehr feste Stimmen. Ein junger Mann sagte: «Ich weiß was, was du nicht weißt. Dieses Land gehört zwanzig Familien, zum Beispiel der Familie DuPont, blablabla». Er hatte also alle Antworten. Zur gleichen Zeit stieg ein junger Mann in Al Huangs Becken, sah ihn an und sagte leise und sanft: «»Hi - bist du Buddhist?» Ich sagte: «Manchmal.» Und er sagte: «Machst du Yoga?» Ich sagte: «Manchmal.» Er sagte: «Ich möchte mein ganzes Leben Yoga machen. Wie macht man das?» Ich sagte: «Man macht einfach.» Er sagte: «Oh ... einfach machen! Oh, das ist herrlich!» Dieser junge Mann hatte keine Antworten, war aber offen für alle Antworten.[68]

---

[67] a.a.O., S. 20f.
[68] Al Huang. Lebensschwung durch Tai Chi. S. III

Can Garous, 2006

Es waren die Kinder der Eltern von unserer Tai Chi-Gruppe, die zum Kinder-Tai Chi kommen wollten. Diese Kinder waren einige Jahre jünger, deshalb war Mihuk, eine Mutter, erfreut, dass sie mir dabei helfen konnte. Das war vorteilhaft, denn sie kannte alle Kinder. Sie brachte auch ihren kleinen Sohn Calis mit, der glückstrahlend hin und herlief und uns nachahmte. Das war für ihn entschieden besser, als mit seinem Vater allein im Garten zu sein.

Wir übten zuerst die Tai Chi-Vorübung «Die Harmonie». In der Schöpfungsgeschichte des Tao wird diese einfache Sequenz so erklärt: «Das Feuer ist das Chi, die Energie, das Yang, das aus dir strömt. Es muss dann schnell vom Wasser, das der empfangende, gebende Yin-Schritt ist, aufgenommen werden und ausgeglichen werden. Wenn sich Yin und Yang vereinigen, wird die Geburt einer neuen, offenen Bewegung zu Holz, ein Ausdruck natürlichen Lebens und Wachstums. Dann gehst du kurz durch den Bogen des Metalls und führst dich in die Erde zurück.»[69]

Mit dieser Übung lernten die Kinder die fünf chinesischen Elemente kennen. Ihre Lieblingsübung war das Chi-Wecken, also erst einmal die eigene Energie zu wecken und dann mit der «großen» Energie zu verbinden. Sie lernten dann Bewegungsbilder für das Element Wasser, das Element Holz, das Element Feuer, die Erde und schließlich das Element Metall.

Tai Chi ist wunderbar für Kinder, denn sie können sich noch so ungehemmt der Bewegung, dem Tanz hin-

---

[69] Al Huang. Lebensschwung durch T'ai Chi. S. 153

geben. Sie tanzen wie kleine Schmetterlinge. Vor und während wir uns einem Element zuwandten, lernten wir erst einmal das Element kennen und mit allen Sinnen zu erfassen. Wir lauschten den verschiedenen Tönen von Wasser, wir badeten im Wasser, wir stellten fest, das Wasser ganz viele verschiedene Formen haben kann: Eis, Schnee, Bach und Meer. Sie erzählten, welche Wasservögel sie kennen, wie Wasser gekocht als Suppe schmeckt und alle wollten immer auch Wasser in ihrer Lieblingsform malen. Wir hörten Wasserlieder, Wassermärchen, es nahm kein Ende. Ein ganz kluges Mädchen sagte immer wieder: «Ohne Wasser gibt es kein Leben». Die anderen fanden das dann inzwischen auch.

Die Übung ‹Wasser› ist eine wunderbare Körperübung, die bei uns Erwachsenen den Rücken stärkt, die Schultern entspannt, den Atem tief einatmen und lang ausatmen lässt. Man bückt sich in die Hocke und schöpft mit den Händen das kostbare Wasser, um damit einen Baum zu pflanzen und zu bewässern. «Das Wasser ist jetzt Baum», sagte der kleine Michèl, der eine schlimme Krankheit hat, und nur wenig und ganz bestimmte Dinge essen darf. Er wollte jetzt auch ein starker Baum werden. Ja, in der Harmoniebewegung wird das Zusammenspiel aller Elemente sehr deutlich. Das begriffen die Kinder schon im Alter von 3-6 Jahren.

Als wir nach der Tai Chi-Stunde mit den Eltern, die die Kinder abholten, ein kleines Picknick machten, wollte

Michèl mit der neu gelernten Übung zeigen, warum er jetzt Wasser auch gerne trinkt und nicht Milch haben will.

Wenn ich bei den Erwachsenen zunächst alle Blockierungen von Körper, Geist und Verstand überwinden musste, dann war das bei den Kindern natürlich noch nicht nötig. Diese Kinder hatten engsten Kontakt mit den fünf Elementen, denn sie leben in der der Natur – im Tipizelt, im Bauwagen, auf dem Bauernhof, mitten im grünen Valley Vert. So heißt das lange Tal, das von der Küste hoch ins Gebirge nach Spanien führt.

Für die Kinder ist es keine Körperdisziplinierung, sondern Tanz. «Ich tanze wie die Sonne», sagte Aloe «Stimmt das so, ist das richtig?» Dann sagte ich immer: «Das ist ein schöner Tanz, Aloe. Nun zeige ich euch noch eine Art, wie chinesische Kinder die Sonne tanzen.»

Prompt ruft jemand: «Und so ist der Sonnentanz von den Schamanen, wenn wir Schwitzhütte machen.» Am Schluss wollten dann aber alle die Übung machen, wie wir sie eingeübt hatten, damit sie zu dem Holz oder zur Erde passen würde. Sie hatten gemerkt, dass das nur passt, wenn alle Elemente hintereinander und in Harmonie verbunden werden. Ich gestehe, dass ich die schönsten und nachhaltigsten Stunden meines Lebens mit Kindern verbringen durfte. Das war auch ein Grund, warum ich so gern in der Grundschule gearbeitet habe. Ich verhehle nicht, dass es auch sehr anstrengend ist, denn Kinder wollen auch Zeit und Zugewandtheit haben. Manche Stunde lief klar anders ab, als ich sie konzipiert hatte …

Ein chinesischer Tai Chi-Spruch lautet:

Übst du Tai Chi
wirst du stark wie ein Baumfäller
beweglich wie ein Kind
gelassen wie ein weiser Mensch.

Can Garous, 2006

10. DISZIPLIN

Disziplin (von lateinisch disciplina ‹Lehre›, ‹Zucht›, ‹Schule›) bezeichnet als Verhalten: Selbstdisziplin, eine Form der bewussten Selbstregulierung; Gehorsam.

Um mich dem Thema zu nähern, habe ich mir die Frage gestellt, warum mich das Wort Disziplin ‹nervös› macht. Ich spüre ein Übermaß an Zustimmung zu einem disziplinierten Leben aber gleichzeitig den Verlust des spielerischen, kreativen und leichten Anteils des Lebens. Da ist es wieder - Leben ist paradox!

Meine Fragen sind deshalb: Wie zeigt sich Disziplin im unerwachten geistigen Alltagsbewusstsein? Warum Disziplin? Wie erkenne ich, was für mich persönlich diszipliniertes Üben und Handeln ist? Was bedeutet das Wort «Disziplin» mit erwachtem Bewusstsein auf dem «Marktplatz» meines Alltagslebens? Bevor ich die Fragen beantworte, möchte ich einige Begriffe erklären.

WAS BEDEUTET FÜR ZEN-ÜBENDE DER «MARKT-PLATZ»?

Der Begriff des ‹Marktplatzes› kommt zum Beispiel in der Zen-Tradition bei den sogenannten ‹Zehn Ochsenbildern› vor. «In Japan sind die zehn Ochsenbilder (jap. Jugyu-Zu) [...] seit dem 14. Jahrhundert weithin bekannt. Sie stellen das allmähliche Erlöschen der dualistischen Weltsicht dar, die wachsende Erkenntnis, dass Subjekt und Objekt, Selbst und Anderes tatsächlich eins sind: der

Ochse als das ‹Wahre-Wesen›, der Hirte als der Mensch, der beides sucht …»[70]

Der Ochse und sein Hirte, Bild 10[71] zeigt: Betreten des Marktes mit offenen Händen. Zu dem Bild heißt es: «Die Tür seiner Hütte ist verschlossen, und selbst der Weiseste kann ihn nicht ausfindig machen. Die Gefilde seines Innern sind tief verborgen. Er geht seinen Weg und folgt nicht den Schritten früherer Weiser. Er kommt mit der Kürbisflasche auf den Markt und kehrt mit seinem Stab in die Hütte zurück … Schankwirte und Fischhändler führt er auf den Weg, ein Buddha zu werden».

‹Markt› bedeutet hier: Die Welt mit ihren Verfehlungen.

---

[70] Oliver Bottini; Das große O.W. Barth-Buch des Zen, S. 164f.
[71] Shubun (gest. ca. 1450), nach Vorbildern von Kakuan (12. Jhdt.)

«Mit entblößter Brust kommt er barfuss zum Markte.
Über und über ist er mit Staub bedeckt,
das Gesicht mit Erde verschmiert,
seine Wangen überströmt ein mächtiges Lachen.
Ohne Geheimnis und Wunder
Bringt er verdorrte Bäume jäh zum Erblühen.»

Zurück zum Begriff Disziplin. Was ist Sesshin-Disziplin? Diese Form der Disziplin lernte ich in den Sesshins kennen, die der Zen-Lehrer Eido Shimano so beschreibt: Zazen-Disziplin ist: «Kein Zazen-Zustand ist von Dauer, kein tiefes Samadhi hält für immer, und kein miserables Zazen währt ewig. Jahrelange Gewohnheit ist es, dass wir ‹gut› vorziehen und ‹schlecht› nicht mögen, dass wir Urteile fällen und Meinungen zum Ausdruck bringen. Also üben, üben, üben! Übung schließt ständiges Bemühen ein. ... Ein Trottel zu werden, heißt Mu zu üben, nur Mu um Mu, ohne Kommentare, Lobesworte, Analysen, Kritiken und/ oder Zweifel dazuzugeben. Mu, Mu, Mu - das ist die wirksamste Übung».[72]

Ich selber habe mich wirklich schwer durchgebissen, weil ich das Sitzen und das Kopfkino nur mühsam beherrschen lernte. Bewegung war mein Leben, Tun mein Mantra, innere und äußere Unabhängigkeit sollte nun in Disziplin münden. Auf der anderen Seite war ich, seitdem ich die Zen-Übung in mein Leben einfügte, wie im Rausch. Mir war, als habe sich in mir ein Feuer entzündet.

---

[72] Eido Shimano. Der Weg der wolkenlosen Klarheit. 1982

Alles war leicht und neu. Ein wunderbarer Anfang eines neuen Seins erfüllte mich. Ich ahnte, dass es richtig war, was ich tat, endlich richtig! Dieses Ahnen ist heute, wo ich diese Zeilen schreibe, zur Gewissheit geworden. Ich war auf dem Weg nach Hause, nun bin ich in meinem Herz-Geist zu Hause.

WIE ZEIGT SICH DISZIPLIN IM UNERWACHTEN GEISTIGEN ALLTAGSBEWUSSTSEIN?

Für mich war und ist Disziplin etwas Reizvolles. Disziplin ermuntert mich zu sportlichem Handeln und gibt mir einen Ordnungsrahmen. Für andere ist es Selbstdisziplin oder gar Zucht und Gehorsam. Sicher hat Disziplin auch etwas mit Kampf zu tun. Aber das geht mir ab.

Mit Sport und Spiel habe ich mich in meinem anstrengenden Leben, das reich an Problemen war und ist, «über Wasser gehalten». Vor kurzem fragte mich ein guter Freund: «Was hast du bloß angestellt, dass du so viel Karma aufarbeiten musst?» Gute Frage, die Antworten gehen in meinen Gedanken von «ich weiß es auch nicht» bis hin zu der Bemerkung einer Heilpraktikerin, die sich kopfschüttelnd meine missgebildeten Füße anschaute und sagte, «Sie haben sich zur Aufgabe gemacht, das Karma ihrer Vorfahren endgültig zu verarbeiten, stimmt's?». Ich weiß nicht, ob das Eine oder das Andere stimmt. Ist mir auch nicht wichtig. Mir sind früher manchmal schon Gedanken gekommen wie: Warum bin ich ausgerechnet

mit revolutionären Gedanken in die Partei- und Berufs-
politik gegangen? War es das Leben meines Vaters, das
mich belastete? Ich hatte doch jahrelang keine Ahnung
davon, dass mein Vater als Lagerarzt in der Nebenstelle des
Konzentrationslagers Moringen, bei uns in Liebenau, in
einem sogenannten «Arbeitserziehungslager» für mich
Unverständliches angerichtet hatte. Ich habe zwar Bilder
aus meiner frühesten Kindheit im Kopf, denn ich war drei
oder vier Jahre alt, als Männer mit brauner Uniform oft in
unserem Haus waren. Aber das war auch schon alles. Die
Männer kamen, die Männer gingen, und mein Vater schien
ein wichtiger Mann zu sein. Mehr dachte ich mir nicht
dabei. Ein weiteres Erinnerungsbild gibt es noch: Mein
Vater geht mit mir und meiner Schwester auf der Haupt-
straße im Dorf entlang, ein offener Jeep hält an, drei
uniformierte britische Soldaten springen aus dem Wagen
und nehmen meinen Vater mit. Auch dazu fehlte mir lange
Zeit jede weitere Erklärung, weil nie jemand mit uns über
«bestimmte Dinge» redete. Meine Tante und mein Onkel
sagten manchmal, er sei ein böser Mann gewesen. «Aber
darüber wollen wir nicht reden.» Folglich haben wir
Kinder gelernt, nicht zu fragen.

30 Jahre später, als ich nach seinem Tod in unser Haus
nach Liebenau zog, erfuhr ich mehr: Er war überzeugter
Nationalsozialist und gründete in unserem Heimatort
Liebenau als einer der ersten die Ortsgruppe der Nationalsozialistischen Partei. Bis zu meinem fünfzigsten Lebensjahr habe ich auch nicht gewusst, dass mein Vater Lagerarzt

war und auch Arzt in der unterirdischen geheimen Munitionsfabrik. Wir Kinder wussten nur, dass unser Vater ein angesehener Dorfarzt war. Ich erfuhr das Andere, als ich schon Abgeordnete war und gebeten wurde, einen Kranz auf dem Hesterberger Friedhof für die verstorbenen Zwangsarbeiter bei einer feierlichen Gedenkstunde am Volkstrauertag niederzulegen. An diesem Tag war ich extra früh auf den Waldfriedhof gekommen, um in Ruhe durch die Grabreihen zu schreiten. Auf den Grabsteinen las ich, dass es viele junge Menschen, Frauen und Männer waren, die dort so früh sterben mussten. Plötzlich spürte ich, dass jemand hinter mir vorbei ging und eine Stimme sagte zu mir: «Und das hat alles dein Vater Schuld». Mir stockte der Atem und als ich mich endlich umdrehte, war keiner mehr direkt hinter mir. Ich war geschockt und die Tränen liefen mir die Wangen hinunter. Das sahen meine Begleiter, kamen sofort, und um mir Zeit zu geben, gingen sie ruhig weiter mit mir, damit niemand etwas merkte. Ich schluchzte immer nur: «Das habe ich nicht gewusst». Sie sahen mich an und sagten: «Das wiederum haben wir nicht gewusst. Nun musst Du aber den Kranz niederlegen. Anders geht das nicht, Du kannst es ja schweigend machen». So geschah es auch und hinterher gingen meine örtlichen Parteifreunde mit mir in ein Gasthaus und erzählten, was sie selbst von dem Tun meines Vaters als Lagerarzt wussten. Jahrelang habe ich danach viele Bewohner von Liebenau befragt, weil ich mehr erfahren wollte. Sie alle wollten nicht reden, waren selbst befangen und wollten, dass ich nicht wieder «Staub aufwirbele». Ich las dann auch das Vernehmungsprotokoll der Staatsanwaltschaft vom Landgericht Verden, wo ihm der Prozess gemacht wurde.

Mein Vater sprach nach seiner Verurteilung kaum noch ein Wort. Im Prozess waren seine Worte: «Ich habe als überzeugter Nationalsozialist gehandelt». Uns Kindern hat er nichts gesagt, auch Jahre später nicht, als meine Eltern längst geschieden waren.

Als ich meine letzte Rede im Gemeinderat von Liebenau nach 25 Jahren Kommunalpolitik hielt, ließ ich mir den Mund nicht mehr verbieten. Auf der Tagesordnung stand die Absetzung Hitlers als Ehrenbürger von Liebenau. Ich nutzte die Geschäftsordnung und bat um ein persönliches Wort. Ich sprach aus, was gesagt werden musste. Aber ich hatte mir vorgenommen, in die Zukunft zu blicken und die Hand der Versöhnung auszustrecken.

Einige meiner Ratskollegen waren natürlich auch Kinder von Vätern, die in Liebenau mit meinem Vater zusammen ‹Partei-Politik› gemacht hatten. Diese Kollegen versuchten, mich zu überreden, lieber nicht zu sprechen. Vergebens, ich musste da durch und immerhin haben wir dann auch noch im vertraulichen Teil der Ratssitzung, ohne Presse und Zuhörer, lange über unsere Liebenauer Vergangenheit geredet. Darüber freuten sich die jüngeren Ratskollegen und viele aus der Verwaltung. Später erfuhr ich, dass es vielen Täterkindern so ergangen ist. Das tröstete mich nicht und minderte nicht mein eigenes Schuldgefühl, aber ich erkannte, warum ich mich schließlich dazu entschlossen hatte, den Weg des Heilens und Helfens zu beschreiten. Dabei geht es mir um mehr als nur das Heilen unserer Körper und den Erhalt von menschlicher Gesundheit.

WARUM DISZIPLIN?

Ich lernte im Laufe meines Lebens ganz allmählich, dass wir unserer menschlichen Gesamtheit nicht gerecht werden, wenn wir Gefühlskrankheiten, ideologische Verblendungen und spirituelle «Unterbelichtung» ausblenden. Von meinem Vater habe ich außer den plattesten Plattfüßen der Welt, auch seine wunderbaren, heilenden Qualitäten in meinem «inneren Baukasten» finden können. Er war ein vorzüglicher Landarzt und hatte außergewöhnliche diagnostische Fähigkeiten. Er verstand sein Handwerk und heilte manchmal schon mit Worten und Überzeugungskunst. Jahrzehnte nach seinem Tod sprachen die alten Leute noch voller Hochachtung von ihm und meinten wirklich den Arzt und nicht den Parteimann.

Ich fragte mich verzweifelt, wie kann ein fühlender Mensch, wie konnte mein Vater, zu solchen Taten fähig sein? Und warum gehe ich nicht denselben Weg? Das fragte ich mich auch. Die Antwort lag auf der Hand. Er war ideologisch verblendet und er hatte eine starke innere Kraft, die er missbraucht hatte. Er hatte nicht die Disziplin und nicht genug Achtsamkeit, sein Tun zu hinterfragen.

Wie blind kann ein Mensch sein? Ich dagegen hatte Glück. Mein Vater hatte es nicht.

Ein Tor zur Versöhnung mit ihm, und zum Erwachen und Erkennen, öffnete sich für mich Jahrzehnte später, als mich eine ältere Frau aus dem Dorf beim Brötchenkaufen ansprach und sagte: «Du bist wie dein Vater. Du hilfst unseren Kindern in der Schule und bist als Kommunalpolitikerin immer nur am Menschen interessiert. Du hilfst jedem und du verstehst jeden und bist immer fröhlich. Wir sind froh, dass du hier wohnst». Sie sagte «Du» zu mir, weil sie mich ja von Kindesbeinen an kannte. Ich war und blieb die Tochter von «unserem» Doktor.

Was die Frau sagte, versetzte mir einen Schock und ich schämte mich, konnte ich doch seine Schuld am Leiden, das er mitverursacht hatte, nicht vergessen. So sagte ich ihr: «Aber Sie wissen doch, dass er auch schlimme Dinge getan hat.» Sie antwortete mit einer Stimme, die irgendwie aus der Ferne kommend wirkte: «Wir haben ihn als Arzt erlebt. Er hat viele von uns geheilt». So schwieg ich und ging verwirrt aus dem Laden.

Die Bewohner von Liebenau hatten meinem Vater entweder verziehen oder schützten ihn, weil sie selbst als Parteimitglieder Schuld auf sich geladen hatten, die sie jetzt verdrängten.

Ich hatte mich aber innerlich von meinem Vater entfremdet und verstand ihn erst jetzt, als die Bäckerfrau so mit mir sprach. Ich begriff mit der Wucht der Erkenntnis, dass ich die gleichen wunderbaren Fähigkeiten wie er habe, das gleiche Feuer lodert auch in meinem Herzen, nur bin ich durch eine gütige Fügung nicht den Weg der Gewalt und Verblendung gegangen. Auf dem Weg von der Bäckerei nach Hause spürte ich endlich Versöhnung und Verstehen. Tatsächlich fand ich noch ein Foto von ihm, nahm es in die Hand und sprach mit ihm von Herz zu Herz. Ich weinte und war doch glücklich.

WIE ERKENNE ICH, WAS FÜR MICH PERSÖNLICH HEILSAMES DISZIPLINIERTES ÜBEN UND HANDELN IST?

Ja, ich wollte auch alles verändern und wollte anders leben. Ich wollte auf keinen Fall so leben wie die Generation meiner Eltern. Das trieb mich mit 18 Jahren aus dem Elternhaus. Immerhin dauerte es aber noch einige Jahre bis ich auf halbwegs sicheren eigenen Beinen stand und wusste, dass meine innere Stimme recht hatte: «Tu was, damit sich was ändert». Da war es ganz klar für mich, 1969 in Göttingen während des Studiums mit dem SDS (Sozialistischer Deutscher Hochschulbund) im ASTA politisch tätig zu werden. Ich war jung und naiv und glaubte an unsere revolutionären Möglichkeiten bis zu dem Zeitpunkt als es dann zum bewaffneten Kampf aus politischen Gründen und zu schrecklichen Gewalttaten kam.

Meine Mutter war da schon gestorben, mein Vater sprach immer noch nicht mit mir über Politik und so fühlte ich mich frei. Soweit ich mich erinnere, waren es die Briefe von Rosa Luxemburg aus dem Gefängnis, die mich «schützten». Sie wurde als Frau und politisch Kämpfende mein großes Vorbild. Dennoch kam mir die plötzliche, die simple Erkenntnis: «Wenn man mit den Mitteln der Gewalt kämpft und erschossen oder ermordet wird, dann hat man verloren. Dann kann ich ja nichts mehr für eine Umkehr des Bewusstseins tun. Es muss sich mehr und anderes verändern, und zwar gewaltfrei.» Also studierte ich erst mal zu Ende.

30 Jahre später erkannte ich die Gefahr, in der ich damals schwebte. Wäre ich mit anderen in den Untergrund gegangen, hätte ich nicht nur Schuld auf mich geladen, sondern hätte Gewalt und Macht in meinem jungen ungeschulten Bewusstsein anwachsen lassen, statt Kommunikation und Mitgefühl zu schulen, um Veränderungen herbeizuführen. Ich hätte ebenso Schuld auf mich geladen wie die Generation meiner Eltern.

Das war entschieden ein Wendepunkt meines Lebens, als ich mir sagte, du darfst nicht das fortführen, was bei deinen Vorfahren, trotz blendender Intelligenz und Begabung zum Heilen, ins Chaos geführt hat. Von da ab war ich wachsam und hatte auch Angst, mich an eine Ideologie oder eine andere Form der geistigen Verblendung anzuketten. Ich disziplinierte das Feuer der Begeisterung, das ein Leben lang in mir glühen wird. Ich beschreibe es noch heute so: In mir brennt eine Kerze, und zwar an beiden Enden. Wenn ich gut aufpasse, werde ich über sehr viel Kraft und Energie verfügen können, wenn nicht, wird mich das Feuer verbrennen. Inzwischen habe ich diese

Disziplin aufbringen können und lebe im inneren Frieden mit dem Feuer. Also führte mich mein Weg nicht in den Untergrund, sondern in die Sozialdemokratische Partei. Als Sozialdemokratin hatte ich ein Vorbild in Willy Brandt mit seiner Friedenspolitik, seinem Mut und seiner Geduld. Ich sah, dass es auch anders geht, wenn man den Weg der Machtausübung wählt.

Worte wie Demokratie, Teilhabe, Schwesterlichkeit und geistige Freiheit habe ich regelrecht adaptiert und versucht, sie zu leben. Für meine Wahlkämpfe zur Wahl in den Niedersächsischen Landtag wählte ich als innere Verpflichtung und als Versprechen das Motto: «Mit Herz und Verstand».

Was aber bedeutet das Wort «Disziplin» - mit erwachtem Bewusstsein auf dem Marktplatz des Alltagslebens? Nun, da ich Zen- und Tai Chi-Lehrerin bin und etliche weitere Wendepunkte in den letzten 35 Jahren vorbeigegangen sind, habe ich begriffen, was die Worte «Herz», «Verstand» und «Disziplin» in einem erwachten Bewusstsein bedeuten können. Schon als ich meinen Beruf als Lehrerin auf dem zweiten Bildungsweg erlernte, ging es mir darum, Veränderungen möglich werden zu lassen. Ich hatte aus meinem bisherigen Leben gelernt, was es bedeutet, Mitläuferin zu sein und nicht selbst zu gestalten. Wenn ganze Völker, ganze Teile der Welt und viele meiner Vorfahren nichts anderes getan hatten, als im Chor «Hurra» zu schreien, dann konnte etwas nicht stimmen. Wenn Menschen verhungern, sterben, Völker und Kulturen ausgegrenzt und vernichtet werden, konnte etwas nicht stimmen. Wenn die Natur überwältigt und geschädigt wird, konnte etwas nicht stimmen. Wenn Kinder und alte Menschen weniger wichtig sind als Geld, Ansehen, Leistung, Wirtschaftsaufschwung und der kalte Krieg der Ideologien, konnte etwas nicht stimmen. Wenn alle natürlichen Ressourcen aus Gier verschwendet werden und menschliche Kontakte aus Hass unterbrochen werden, dann konnte schon gar nichts mehr stimmen.

Das funkte mir mein Herz-Geist unentwegt ins Gehirn. Als junge Frau hatte ich aber keine Ahnung und kein Wissen, das ein anderes Leben möglich ist.

Von anderen Kulturen, etwa der asiatischen Lebensweise, waren wir im Westen damals total abgeschnitten. Wir lernten nur, dass wir im Westen die größten und wichtigsten Nationen sind und unsere Technik, Chemie und Physik von uns erfunden und erfolgreich angewandt wurde und wir vom Westen aus damit Macht und Einfluss ausüben können.

Heute ist mir dieses Leben unbegreiflich, damals fühlte und ahnte ich lediglich, dass ich einen anderen Weg gehen musste. Ich fühlte, dass sich Einstellungen und Lebensweisen, Erziehung und Systeme irgendwie verändern müssen. Ich wollte schon bei den kleinen Kindern damit in der Schule beginnen und ihnen das Leben erfahrbar machen in all seiner Vielfalt, mit all seinen Problemen aber auch mit allen Wundern. Die Kinder und die Lehrerinnen sollten ihre eigene Schöpferkraft ausprobieren und bei sich selber wachsen lassen können. Ich wünschte mir, dass das Lernen so gestaltet wird, dass man gemeinsam, aber auch allein, zu einem gesellschaftlichen Wesen heranreifen kann. Die Kinder sollten erfahren, dass ein Leben in Würde, mit Toleranz und Freundschaft gemeistert werden kann. Als Mädchen hatte ich Respekt und Anerkennung vermisst. Es gab mich einfach nicht als eigenständiges kleines Wesen, das sich selbst kennen und lieben lernen konnte. Obwohl ich in einer Hausgemeinschaft mit Cousinen und Cousins und Tante und Onkel und Mutter auf dem Land alles hatte, was die anderen Kinder damals nicht hatten, fehlte mir etwas. Wir lebten gut, wurden gut erzogen und ausgebildet. Wir hatten mehr als alle Menschen im Dorf und fühlten uns sorglos und privilegiert. Dennoch waren wir Kinder irgendwie unfähig, uns damals schon emotional, kulturell oder politisch zu einer eigenen Persönlichkeit zu entwickeln. Ich litt darunter, wusste aber nicht warum. So übernahm mein fröhliches und komisches Wesen die Oberhand und machte mich unangreifbar. Der Clown in mir, den ich später finden sollte, war eine Erlösung. Lediglich meine liebe Mutter hatte erkannt, dass ich mehr Ruhe brauchte und mehr Verantwortung für mich selber hätte übernehmen können. Aber sie war zu schwach und zu ausgelaugt von der Anstrengung, zwei Weltkriege zu durchleben und zwei Scheidungen. Sie starb mit 63 Jahren, als ich 25 Jahre alt war. Ich habe sie nie wirklich kennen gelernt. Sie hat bis dahin alle meine wirklich wichtigen Veränderungen im Leben unterstützt und mich geschützt. Dafür liebe ich sie und danke ich ihr.

Mit der Arbeit als Lehrerin und Schulleiterin endete dann auch mein Traum, alles sei möglich. Obwohl Eltern, Schüler und manchmal auch die Stadtverwaltung an einem Strick zogen. Ich begriff, dass es möglich war, im Kleinen viel von meinen Vorstellungen praktisch erlebbar zu machen. Unsere Schule wurde wirklich anders, ebenso das Schulleben. Die Schülerinnen und Schüler haben mir das später bestätigt, auch einige Eltern. Dennoch musste ich begreifen, dass etwas im System nicht stimmte, dass etwas in unserem Verhalten nicht stimmte und, was für mich am erschütterndsten war, dass etwas mit unserer Lebenseinstellung nicht stimmte. Also war meine nächste naive Idee: «Ich muss an die Schaltstellen der Macht». Das ging so, wie bisher in meinem Leben. Ein bisschen mehr tun als andere, neugierig sein und ja sagen, wenn ein Angebot kommt. Das kam dann natürlich auch. Ich erhielt die Aufforderung, für den Landtag zu kandidieren und bekam auch einen sicheren Listenplatz. Damals gab es noch nicht die Frauen-Quote, aber in Niedersachsen waren wir schneller als andere. Schließlich hatte ich schon 15 Jahre Kommunal- und Parteipolitik auf dem Buckel und wusste, wo es lang ging.

Und wieder ging es um Disziplin. Auf dem «Marktplatz des täglichen Lebens» (Tiziano Terzani) gibt es immer eine Möglichkeit, noch eine «Runde auf dem Karussell zu drehen», und das tat ich unermüdlich in meinem neuen Beruf. Meine Aufgabe als Politikerin, die ich mir stellte und die von meiner Umgebung akzeptiert wurde, wollte ich auch gut erfüllen. Da war er wieder, der sportliche Aspekt.

Da ich nun begriffen hatte, dass es sich in der Politik um eine wichtige Schaltstelle in der Gesellschaft handelte und ich ja auch meine eigene Vision vor Augen hatte, war ich an den Repräsentationspflichten, die der Beruf auch mit sich bringt, nicht interessiert, aber ich tat es und kann und will die vielen Schützenfeste und Verbandsversammlungen gar nicht mehr zählen. Ich scherzte immer, wenn ich sagte: «Oh, fragt mich nach irgendeiner Kneipe in Niedersachsen. Ich kenne sie bestimmt». Im Gegensatz zu meinen Kollegen verweilte ich auch länger als nur für ein Grußwort, weil ich das fair fand – und das war anstrengend!

Es war ein Fehler, weil meine Disziplin eindeutig zu streng war. Ich hätte nicht alle Einladungen, nicht alle Veranstaltungen, nicht alle Weiterbildungsmaßnahmen und Sitzungen von Anfang bis Ende besuchen sollen. Nach zehn Jahren kollabierte mein Immunsystem und mein ganzer Körper. Das passierte, nachdem ich schon gesagt hatte, dass ich nicht wieder kandidieren werde, sondern ins Privatleben gehen würde. Ich wollte endlich nicht mehr funktionieren, endlich nicht mehr als öffentliche Person auftreten, endlich wieder Zeit für Freundinnen, Freunde, Bücher und Reisen haben, endlich Zeit für den Partner und die Familie haben. So stellte ich mir das vor. Das hat mein Körper wohl anders verstanden. Ich war fast ein Jahr lang schwer krank und brauchte lange, um wieder gesund zu werden.

Also nichts mit lustig, stattdessen brauchte ich viel Disziplin, um wieder gesund zu werden, und ein neues, privates und anderes Leben für mich selbst zu finden. Dabei landete ich beim Zen und Tai Chi und erkannte meine spirituelle Seite. Das habe ja im ersten Kapitel beschrieben.

Nun lebte ich also endlich auch meine spirituelle Seite im Leben: Es ist eine Gnade und es ist Quell von unendlicher Lebendigkeit, Freude und innerem Frieden! Und, jawohl, auch Disziplin gehört dazu und ist in diesem Sinne eine Achtsamkeitsübung. Wenn das Leben im Fluss ist, kann man alles tun ohne Befehl, ohne Zeitvorgabe, ohne Zielvorgabe. Dann heißt Disziplin zur rechten Zeit, am rechten Ort, das zu tun, was gerade dran ist. Pünktlich sein ohne Stress, Aufgaben beenden ohne das Ende zu erreichen, aufhören, wenn es keinen Spaß mehr macht, lachen, wenn die Fröhlichkeit aus dem Herzen perlt und weinen, wenn das Herz schwer ist. Ein Leben ohne Anhaftung und Grenzen!

«Zurück auf dem Marktplatz!» So schrieb ich am 19.4.2013 in mein Tagebuch: Alles mystische Erleben ist vergangen, es ist kein Ziel mehr da. Ich bin dankbar, Rosine im November 2011 wieder gefunden zu haben. Wer ist Rosine und wie fand ich sie? Ich fand Rosine, als ich mich endlich entschloss, mit einer Clowns-Ausbildung als Klinikclown zu beginnen. In einem Kinderhospiz wollte ich dann ehrenamtlich arbeiten. Ja, ja ich weiß, das ist mit 71 Jahren ein bisschen spät und das zeigte sich dann auch in einem Gespräch mit dem Ausbildungsdozenten. Dieter bestätigte mir aber auch, dass ich den Clown schon lebe und ihn während dieses Clown-Workshops erweckt und wieder gefunden hätte. Die Ausbildung passe aber nicht zu meinem Lebensalltag mit Reisen hin und her und Zen-Schulung und so fort. Dieter hatte damit natürlich recht, denn ich hätte dann jeden Monat einmal nach Deutschland kommen müssen und hätte erst nach ungefähr drei Jahren die Ausbildung abgeschlossen. Aber ich wäre nicht ROSINE, das ist mein Clown-Name, den mir die Gruppe gab, was vielleicht heißen sollte «innen rot, Sozi, außen schrumpelig, der Falten wegen». «S'passd, « sagt man hier im Badischen. Ich fand den Namen großartig. Also, ich wäre nicht Rosine, wenn ich mich nicht sofort mit dem Gedanken getröstet hätte: «Gut, so geht es wohl nicht, aber irgendwann im Leben darf ich vielleicht als Clownin mit sterbenden Kindern zusammen sein». Rosine ist der Kern meines Herzens, ich habe sie gefühlt, sie ist so lustig, so lebensfroh, sie sagt laut und deutlich zu allem und allen: «Das Leben ist schöööööön». Sie gehört zum Marktplatz, sie ist der Marktplatz. Ich bin sie, sie ist ich. So steht Frau am Ende auf dem Marktplatz und begrüßt das Leben, so wie es ist.

Am 17.4.2013, als ich nach meiner Knie-Operation im Krankenhaus lag, fand ich meinen Grabspruch:

Rosine hüpft im Grab herum
Als Bärbel, Barbara, Ho Shin
Sie freute sich des Lebens
Macht's ebenso und seid gewiss
Ein andres wird's nicht geben

11. WENDEPUNKTE IM LEBEN

Persönliche Wendepunkte, private, berufliche, emotionale, religiöse, politische und kulturelle, sind herausragende Ereignisse, die tief einschneiden in das Gewohnte. Zu diesen möchte ich auch das spirituelle Erwachen – Samadhi zählen, denn ohne dieses «Aaaaaah-ha» gäbe es auch im Lebensalltag keine Veränderung.

Für mich haben diese Wendepunkte ganz einzigartige Merkmale: Sie treffen unvorbereitet ein, sie bringen absolute Unruhe in das bisherige Leben, sie sind begleitet von einem starken Motivationsimpuls und fordern unweigerlich eine Veränderung des Bisherigen. Sie sind weder gut noch schlecht, sie stürmen wie ein ungebetener Gast ins Leben, können nicht verdrängt werden und fordern Berücksichtigung.

Eigentlich kommt der Begriff «Wendepunkt» aus der Mathematik und hört sich dann so harmlos an, wie wir es in der Schule gelernt haben: Ein Wendepunkt ist ein Punkt in einer Kurve, wo sich die Richtung der Kurve ändert. Das heißt, wenn die Kurve vorher nach rechts gekrümmt war, krümmt sich die Kurve hinterher nach links. In meinem Leben gab es diverse Wendepunkte wie sicherlich im Leben vieler anderen Menschen auch. Nachdem ich mich nun zehn Kapitel lang mit meiner spirituellen und persönlichen Lebensreise beschäftigt habe, möchte ich nun einige Wendepunkte genauer erzählen. Ich beginne mit dem spirituellen Erwachensprozess. Wenn wir

Zazen üben, dann ist unser erstes und wichtigstes Ziel, unseren Herz-Geist zu schauen. Dies setzt voraus, dass wir vom bloß rationalen Bewusstsein, anders gesagt, von der Begrenzung auf das Denken wegkommen, in die Stille. Der Ort, wo wir diese Zentrierung und diese Stille zunächst erfahren können, ist im unteren Rumpfbereich, in unserem Energiezentrum lokalisiert, chinesisch «Tanden» genannt. Der Ort der totalen Stille, wobei der Körper und Geist «leer» sind, also in unserem Bewusstsein keine tätige Rolle mehr spielen. Wenn sich kein Gedanke regt, der Geist leer ist, wir aber doch in einem Zustand äußerster Wachheit sind, dann sind wir im absoluten Samadhi. «In dieser Stille oder Leere liegt die Quelle jeglicher Art von Tätigkeit verborgen. Diesen Zustand nennen wir das reine Dasein.»[73] (Das positive Samadhi habe ich im Kapitel 5 beschrieben.)

WAS IST DAS «ABSOLUTE SAMADHI»?

Vorweg sei gesagt, dass man sich Samadhi-Erfahrungen nicht erarbeiten oder anlesen kann, sondern sie können durch unsere Zen-Übung, nämlich beim Meditieren, erreicht werden (siehe oben). Aber das ist nicht die einzige Möglichkeit, denn Samadhi-Erfahrungen können uns auch zu jeder anderen Zeit überraschen.

Kinder berichten oft davon, ohne zu wissen, was das ist und finden sie nicht so überraschend wie wir Erwach-

---

[73] Katsuki Sekida. Zen-Training, Herder 4. Auflage, 1975, S.11

senen. Sie sind eben noch nah dran und haben noch keine Konzepte vom «befreiten Geist». Sie werden noch nicht von ihrem eigenen Geist umhergezerrt. Das nennen wir «die wahre Freiheit des Geistes».

Meister Hakuin beschreibt im Lobgesang des Zazen, im «Hakuin Zenji Zazen Wasan»:

«Wenn wir uns ganz der Suche hingeben (er meint der Meditation) und unmittelbar unsere eigene Natur erleben, dann ist unser eigenes Wesen nichts anderes als die Natur des vollendeten Nichts und wir sind erhaben über des Denkens Spiel. Weit öffnet sich das Tor der Einheit von Ursache und Wirkung, und der einzige Weg tut sich auf: Geradeaus hin, kein zweiter und dritter. Wer ihn beschreitet, der nimmt an als Gestalt die Gestalt des Gestaltlosen, und sein Kommen und sein Gehen geschieht nirgends, denn wo er ist. Der nimmt an als sein Denken das Denken des Nicht-Denkens, und sein Singen und auch sein Tanzen sind Stimme der Wahrheit. Der Himmel des Samadhi ist grenzenlos und frei, und es leuchtet der volle Mond der vierfachen Weisheit.»

So rezitieren wir in den Sesshins morgens und abends. Hakuin drückt in seiner Art und Weise aus, was jeder Mensch, der ein absolutes Samadhi hatte, auf seine eigene Art beschreibt, nur eben mit seiner wunderschönen bildhaften Sprache. Im Samadhi ist der Geist ganz still. Es gibt keine Zeit und keinen Raum. Man fühlt auch seinen Körper nicht mehr. Beim Atmen sind alle Muskeln entspannt. Und der Geist setzt eine völlig andere Brille auf. Wenn das absolute Samadhi kommt, fühlt man sich voller Frieden und Heiterkeit und mit Würde ausgestattet, intellektuell wach und klarsichtig, die Gefühle sind rein und empfindsam. Ja, so kann es sich tatsächlich auch in einer Meditation anfühlen: Kein Knieschmerz, kein Kopfkino, keine Langeweile, einfach nur nichts, «Mu».

Shunryu Suzuki Roshi rät uns: «Genieße diese Briefe aus deiner ‹Heimat› und komme zurück zu deinem täglichen Leben und zu deiner Achtsamkeit.»[74]

Ein sehr weiser Vorschlag, denn wer im Samadhi hängen bleibt, weil es doch so schön ist, verliert den Kontakt zu seinem alltäglichen Geist. Das ist eine der sogenannten «Zen-Krankheiten», die eine Lehrerin aber sehr schnell erkennt und nicht durchgehen lässt.

Hat man ein absolutes Samadhi gehabt, vergisst man es nie wieder. Einige meiner eine ersten Samadhi-Erfahrungen: Als junges Mädchen lag ich auf einem Teppich, das tat ich gern, wenn ich Musik hörte. Im großen Wohnzimmer waren mein Cousin und Freunde aus dem Internat, die zu Besuch waren. Sie unterhielten sich und legten dann eine Schallplatte auf. Ich weiß nicht mehr, ob Bach oder Händel. Plötzlich verschwanden alle Sinneseindrücke um mich herum und auch ich war weg. Nein nicht weg, ich war der Klang ... - Tönen, schwingen, schwerelos alles durchdringend schwebte ich als Klang im Universum. Als die Musik aufhörte, war ich ganz sanft auf dem Boden «gelandet». Ich lag noch eine Zeitlang da, fühlte die warmen Sonnenstrahlen auf meinem Rücken und die Stille um

---

[74] Zit. n.: David Chadwick: Shunryu Suzuki oder die Kunst ein Zen-Meister zu werden, O.W. Barth 1999

mich herum. Die Jungen waren inzwischen in den Garten gegangen, dort hörte ich ihre Stimmen.

Eine weitere Samadhi-Erfahrung hatte ich beim Schnorcheln. Ich verbrachte ein paar Tage mit meinem Mann auf einer kleinen Koralleninsel vor der Küste von Honduras. Auf der Insel standen nur zwei kleine Blockhäuser im «Urwald». Wir wollten im Riff schnorcheln. Ein junger Mann kam mit seinem kleinen Boot und zeigte uns, wie das geht. Ich hatte Angst, wollte das aber nicht zeigen. Wie immer im Leben, bin ich dann brav und gehorche aufs Wort, um es bloß richtig zu machen. Ich glitt also als Erste ins Wasser, er rief mir etwas auf Spanisch zu, mein Mann übersetzte und schon war ich unter Wasser. ... Plötzlich war ich «weg», ich war Fisch, Wasser und Stille, ich tat alles, was Wasser tut, was Fische tun und fühlte mich frei, körperlos und fließend - eins mit den Korallen, den Algen, mit allem. Irgendwann bemerkte ich etwas neben mir, das nicht Wasser war, das war mein Mann, der sich unruhig bewegte. Da war ich wieder Bärbel und schwamm auf der Wasseroberfläche. Der Junge half mir ins Boot und meinte zu mir, dass er nicht glaube, dass das mein erstes Schnorcheln sei. Ich hätte mich wie ein Fisch bewegt. Er schwärmte. Ich antwortete: «Das war ich ja gar nicht, ich war das Wasser, der Fisch und die Korallen». Da sah er mich lange schweigend an und sagte: «Si, Seniora».

Mit 11 Jahren musste ich täglich zwei Stunden mit dem Schulbus zur «höheren Schule» in die Kreisstadt fahren. Das machte überhaupt keinen Spaß. Es war immer so früh am Morgen. Alle im Haus schliefen, außer der Köchin, die mir das Frühstück machte. Der Bus hielt meist noch im Dunkeln und nahm mich mit auf die lange Fahrt nach Nienburg ins Mädchengymnasium. Die Schule hieß Hindenburgschule und ich fühlte mich von Anfang an fehl am Platz. Ich kannte niemanden und wollte auch niemanden kennenlernen. Ich wollte wie meine Schwester und meine Cousine und ihr Bruder ins Internat. Die lange Busfahrt wurde allerdings zu einem wunderbaren Erlebnis, wenn es regnete. Dann saß ich da und schaute die Regentropfen an. Sie liefen und liefen und liefen, mal schnell und mal langsam, die Scheibe hinunter. Manchmal war es richtig spannend, weil einige Tropfen erst dicker werden mussten, um den Luftzug vom fahrenden Bus zu überwinden oder um kleinste Stäubchen an der Busfensterscheibe wegzuschieben. Diese Beobachtungen waren so intensiv, dass ich sie ein Leben lang nicht vergessen werde. Ich war dabei immer ein Regentropfen. Ich spürte keine Zeit und keinen anderen Gedanken.

Heute Morgen weckte mich in aller Frühe hier in meiner Klinik, «Mer Air Soleil» in Collioure, ein heftiger Regenschauer. Ich lag im Bett und freute mich darüber, dass es so schön warm und gemütlich war. Draußen war alles, was gestern noch strahlend in allen Mittelmeerfarben geleuchtet hatte, grau und formlos. Plötzlich kam ein Gewitter. Ich schaute durch das Fenster und wollte wieder in mein Regentropfen-Samadhi schlüpfen. Das klappte aber nicht, weil ein kleiner Vogel auf der Fensterbank ein-

einhalb Meter von mir entfernt Schutz gesucht hatte. Er saß im Wasser, hat sich tief geduckt, so dass ich nur einen winzig kleinen, spitzen Schnabel sehen konnte. Ich rätselte, was das wohl für ein Vogel sein könnte, wollte mich aber nicht bewegen. Dann erkannte ich, dass er lange Schwanzfedern hatte. Also kein Sperling, sagte ich mir. Hin und wieder ging ein Zucken durch den kleinen Körper und selten schüttelte er die noch nicht voll ausgebildeten Flügel. Dabei zog sich der kugelrunde Kopf noch tiefer ins Federkleid und der Schnabel war kaum noch zu sehen. So saßen wir beide da und trauten nicht, uns zu bewegen; er wohl wegen des immer stärker werdenden Regens, denn dicke Sturzbäche kamen nun auf ihn herunter, weil die Regenrinne wohl ein Loch hatte. Ich traute mich nicht, mich ihm noch mehr zu nähern, weil ich ihn nicht vertreiben wollte. Es wurde nach einer langen Zeit heller und heller und ich erkannte den Vogel, es war ein Jungvogel, eine Drossel. Inzwischen war ihr Federkleid ganz strubbelig, als ob die Federn zusammengeklebt waren. Unter dem Vogel stand und floss das Wasser entlang. Er saß jetzt regelrecht in einem kleinen See. Während ich noch nachdachte, ob der Kleine wohl noch die Kraft hatte wegzufliegen und mich umschaute, war er dann plötzlich weg. Ich war froh, der Regen ließ auch wieder nach, und zwei Stunden später strahlte die warme Mittelmeersonne und alles trocknete sehr schnell. Sicher auch mein kleiner Vogel, der seine erste schwere Prüfung gut überstanden hatte. Nein, ein Samadhi war das nicht, aber eine intensive Begegnung.

Tiefe dunkle Stille. Ein Müllwagen rollt heran. Es ist Viertel nach fünf. Von diesem Moment an wird die Stille unterbrochen durch das gedämpfte Motorengeräusch. Plötzlich ist alles verändert. Es gibt Bewegung unten im Vorhof der Klinik. Ich schaue aus dem Fenster und sehe wie sich in einem «Tanz» alles verändert. Der Wagen hält an, geräuschlos springen Männer ab. Alles sieht so eingespielt aus. Der Motor brummt leiser, die Signallichter blinken und leuchten. Viele Männer arbeiten so präzise zusammen, als wären sie eins. Jeder Handgriff sieht ganz leicht und abgestimmt aus. So werden ganz viele Mülltonnen angefasst, gedreht, bewegt und gehoben. Es gibt die großen, die einen braunen Deckel haben und die kleineren mit dem gelben Deckel. Die Männer spielen mit den Müllbehältern. Es ist ein Tanz. Jede Bewegung sitzt. Ich bin mittendrin im Geschehen. Eine Tonne wird hergeschoben, wandert in die Hand eines anderen Mannes, der Deckel wird geöffnet, mit einer Hand drehen sich Tonne und Mann einmal im halben Kreis, die Tonne wird von einem Schieber am Müllwagen aufgenommen und mit einem Schwung geleert. Jeder Handgriff sitzt. Es gibt überhaupt keinen Stau, keine ungelenke Bewegung, kein Wort. Danach nimmt der Mann die Tonne wieder in die Hand und dreht sie in eine andere, passende Position, damit die bereits ausgestreckte Hand eines anderen Mannes sie wegrollen kann. Alles bewegt sich weich und rund und nahezu geräuschlos. Mich erinnert diese drehende Bewegung an meinen Rollstuhl. Auch dabei musste ich lernen, dass es nur klappt, wenn ich jede Bewegung, die mein Körper macht, absolut mit dem Rollstuhl abstimme. Dann stimmt die Richtung, dann quietscht nichts, dann kann ich ungefährdet mit einem Bein aufstehen und mich auf ein anderes Möbelstück setzen. Die Bewegungen von Körper und Rollstuhl tanzen dann auch miteinander und das kann ich fühlen. Der Rhythmus ist gefunden. Und genau so konnten auch die Mülltonnen sehr schnell und fast geräuschlos wieder an ihrem Platz ankommen. Dann sind alle Männer wieder an und in dem Müllwagen und das Geräusch des wegfahrenden Autos wird immer leiser. Ich höre den Müllwagen wegfahren, sage im Halbschlaf: «Oh das ist der Müllwagen» und schlafe weiter. Auch das Blinklicht verschwindet, als der Wagen um die Ecke fährt. Tiefe dunkle Stille, der Tanz ist beendet.

AQUARIUM

Um den Blick in den Sonnenaufgang länger zu behalten, habe ich alles versucht, um in meinem Doppelzimmer zu bleiben, welches ich aber allein behalten wollte. Das hätte ich mir sparen können, denn nun, nach dem Umzug, habe ich den Sonnenaufgang im Panoramafenster des gegenüber liegenden Hausteils im Osten und außerdem den Sonnenuntergang im Westen am Abend. Seit gestern habe ich mir nun ein neues Einzelzimmer in der Klinik «erkämpft». Ich nenne es «Aquarium». Endlich allein ganz am Ende des «Zentrums für Gesundmachung», wie es übersetzt heißt. Wenn das Fenster geschlossen ist, fühle ich mich wie ein zufriedenes, geschütztes Wesen, das durch riesige Panoramafenster sowohl auf einen kleinen Berg blickt, der mit Kiefern und Zedern bewachsen ist und wunderschön weich und grün aussieht, wie auch auf eine sich endlos lang ziehende Bucht.

Dieser Küstenstrich sieht tagsüber gelb aus mit kleinen bunten Häuschen und einem fernen Gebirgsstreifen dahinter. Nachts schmiegt sich die Bucht wie eine glitzernde, bunte Perlenkette am Horizont entlang und umschlingt das schwarze Meer. Am Ende der Bucht blinkt ein Leuchtturmfeuer. Tagsüber kann man dann den Horizont und das blaue Meer ebenfalls sehen.

Heute leuchtet das Meer wirklich blau mit einigen rötlichen Strichen, die wohl die Untiefen, vielleicht aber auch Wolkenspiegelungen sind. Weiße Segelschiffe haben ein leichtes Spiel. Wir hatten in den vergangenen Tagen Winde und Stürme, die ein ganz anderes Bild des Mittelmeeres boten. Aufgewühlte, schäumende Wogen knallten hier unter unseren Fenstern erst an die Felsriffe und auch an das kleine Strandstückchen, auf dem bei gutem Wetter viele Taucher sind. Schaue ich von meinem Bett aus direkt nach unten, dann sehe ich ein Hotel mit Restaurant. Es ist in den Ockerfarben des Südens gestrichen, hat ein leuchtend rotes Dach und darauf thronen drei Zinnen, die aus den bunten Steinen gemauert sind, die man hier überall an den Flussufern finden kann, oder aus «herrenlosen» Ruinen mitgehen lässt. Dieses Prunkstück leuchtet tagsüber im Sonnenschein, wie gerade jetzt, und nachts wird es

bestrahlt von den schönen schmiedeeisernen Straßen-
lampen. Auch deren Licht leuchtet nicht neonweiß oder
kaltblau, sondern warm orange. Nun wundert es mich
nicht, dass ich den Küstenstreifen in so herrlichen Farben
sehen kann in der Nacht.

Die Fenster sollte man besser tagsüber schließen,
glaube ich, denn unser Haus liegt direkt an der Küsten-
straße mit dem Namen «Rue Imperial», die hier die Küste
aus Collioure kommend weiter nach Port Vendre führt.
Und so lag ich also heute bei Morgenröte in meinem fürst-
lichen Bett mit Blick aus dem Fenster und fühle mich in
der absoluten Stille, die ich beim Schnorcheln in der Kari-
bik schon einmal empfunden habe. Ob sich die Wasser-
wesen alle so wunderbar geborgen und leicht fühlen? Ich
hoffe es.

UND DANN KNIPST IRGENDETWAS DEN SCHALTER UM, DENN ES GEHT SO NICHT WEITER.

Wenn unser Leben beginnt, dann dauert es eine ziemlich lange Zeit, bis man raus hat: So kann es nicht weiter
gehen, ich muss etwas verändern. Das ist noch nicht so
während unserer Kinder- und Jugendzeit. Denn dann
werden wir erzogen und beschult. Das ist die vorrangige
«Beschäftigung» des kindlichen Wachstumsprozesses. Wir
lernen ununterbrochen, und unser Körper verändert sich
auch ständig. Insofern sind die ersten 20 Jahre in unserem
Kulturkreis und unserer Gesellschaft nicht so recht

geeignet, selbstbestimmt Wendepunkte zu organisieren. Wir alle erleben zwar «schicksalhafte» Veränderungen auch während dieser Zeit, die wir aber nicht selbst in den Griff bekommen können, auch nicht dürfen. Andere, bis hin zum Staat, sind noch für uns zuständig. Dennoch kann ich erkennen, dass sich gerade in dieser Zeit bei mir Verhaltensmuster gebildet haben, die mir helfen, mit Veränderungen umzugehen. Ich habe mir zum Beispiel immer etwas Neues ausgesucht: Eine neue Schule, eine neue Arbeit, einen neuen Ort zum Leben, oft auch neue Menschen, mit denen ich zusammen leben wollte. Weil ich neugierig bin und mich sehr schnell überall einfügen kann, klappt das auch eine Zeit lang. Die Zeitspannen des Stillstands oder der Sesshaftigkeit waren später oft nicht viel länger als ein Jahrzehnt. Wenn einige Parameter stimmten, dann war ich schon bereit, etwas ganz anderes zu machen.

In den vorherigen Kapiteln wimmelt es nur so von Wendepunkten. Einige wichtige persönliche Wendepunkte werde ich nicht beschreiben, also habe ich mir solche ausgesucht, die uns alle betreffen könnten. Wendepunkte können auch eine Verdichtung eines Prozesses und Geschehens sein. Zum Beispiel, die Zeit vor dem Knie, die Zeit ohne Knie, die Zeit danach: «Les pieds sont sacrés», Füße sind heilig, sagt eine Pflegeschwester im Schwimmbad der Klinik in Collioure zu mir und trocknet sie gründlich und sanft ab, obwohl ich im Fuß keine Schmerzen mehr habe. Das ist einfach gut für jemanden, der so anders gebildete Füße hat wie ich. Ich werde meine Füße deshalb auch weiterhin noch mehr wertschätzen. Es gab Zeiten in meinem Leben, da habe ich meine Füße vollkommen «ignoriert», weil sie nicht in jeden Schuh passten und ich Einlagen brauchte.

Ein Moment der Erkenntnis kam, als ich mit 50 Jahren bei der Bodengymnastik meine Füße «entdeckte». Plötzlich musste ich weinen, weil ich sie vergessen hatte, und schwor mir, sie nun als Teil meines Körpers zu respektieren. Zu der Zeit war ich als Workaholic am Ende einer Legislaturperiode in einer psychosomatischen Klinik, um mich kurz zu erholen. Dieser Moment war für mich und meine Füße ein einschneidender Wendepunkt, denn ich hatte nun Füße und sie trugen mich weiter im Leben. Einen weiteren Wendepunkt erlebte ich 2013, also dieses Jahr. Die Frage lautet nun: Wer hat am Karfreitag bei meinem Unfall den Schalter umgelegt? OK, es war mein Fuß und eine Luftwurzel unter den Blättern, die einen Fall aus zwei Metern Höhe verursacht haben, mit dem Ergebnis, dass ich das Laufen komplett von neuem lernen musste. Wie sieht Laufenlernen im Schnelldurchgang aus? Als Kind war das doch anders, erinnere ich mich dabei. Und so war es nach dem Unfall. Zunächst liege ich erstmal ziemlich bewegungslos vier Tage und fünf Nächte auf dem Rücken in einem weißen Krankenhauszimmer. Schnell kreisen meine Gedanken dann ausschließlich um: Schmerzverhinderung möglich? Appetit oder nicht? Schlafen oder nicht? Verdauung oder nicht? Der Körper fordert meine komplette Aufmerksamkeit. Dann beginnt das kaputte

Knie, den rechten Fuß und das rechte Bein ruhig zu stellen. Nun ist dieser Körperteil schon mal ausgeknipst, wenn er sich nicht gerade mit Schmerzen oder Krämpfen meldet. Und weiter geht's: Nach der OP gibt es eigentlich keine Veränderung, außer dass alle sagen, das Knie ist wieder repariert und in drei bis vier Monaten könne ich auch mit dem Tai Chi wieder anfangen. Für mich bleibt die Zeit danach aber ebenfalls ausgeknipst, also denke ich, «es gibt nun Wichtigeres ...».

Von nun an sendet das Bein immer nur die Nachricht: Pass bloß auf, damit nicht irgendetwas kaputt geht. Erfreulicherweise denken das die meisten Menschen, die mich einen Tag später in die nächste Klinik schaffen, auch. Mein sozusagen ausgeknipster Körperteil fordert dennoch alle Aufmerksamkeit von mir. Ohne dass ich etwas bemerke, erschlaffen inzwischen Muskeln, Sehnen und Knochen und Fleisch und was-weiß-ich sonst noch alles. Stattdessen haben erst der Rollstuhl, dann ein «déambulateur», den deutschen Namen kenne ich nicht – auf jeden Fall ist das ein Gestell, mit dem ich auf einem Bein vorwärts hüpfen kann – mir eine Art Fortbewegung ermöglicht. Das hat natürlich zur Folge, dass das ruhende Knie heilt und die Narbe sich schließt, was ja schon mal gut ist, den Rest des Beines aber weiter im Schlafzustand beließe, wäre da nicht die gesammelte Frau/Mannschaft der Therapeuten. Der «déambulateur» wird nach ungefähr sieben Wochen von zwei Krücken abgelöst und schließlich von einer einzelnen Krücke und endlich von einer kleinen

Stütze. So, das Ganze heißt dann Laufen lernen. Weiter bin ich noch nicht, der Rest, das Wichtigste, geschieht in drei Tagen, wenn ich wieder nach Hause entlassen werde. Da soll dann irgendwann auch mein Knie, mein Fuß und mein Kopf begriffen haben, dass man zum Laufen zwei Beine braucht.

Meine größte Überraschung ist, dass zum Beispiel der Fuß einfach nicht begreifen will, dass er jetzt eigentlich laufen könnte und dass das Knie sich einbildet, es könne gerade diese Treppenstufe nicht mehr stemmen. Kluge Gedanken verraten mir aber, dass es wie immer der Kopf ist, der den Schalter nicht wieder angeknipst hat.

Wenn Babys laufen lernen, dauert es zwar länger als bei mir, wenn man die ganzen Vorübungen hinzuzieht, aber da spielen Kopf und Körper toll zusammen. Was für ein Wunder! Eigentlich könnten wir uns jeden Morgen bei unserem Körper bedanken.

Ich sprach von einem verdichteten Prozess des Laufen-Lernens als Folge eines Wendepunkts und stelle nun fest, dass das stimmt. Vor dem Knie, während des Nicht-Knies und nach dem Knie ist alles ganz anders als bisher in meinem Leben. Wenn es mir gelungen ist, jeder Phase die ihr angemessene Aufmerksamkeit zu schenken und dabei trotz aller Anstrengung fröhlich, mutig und tapfer zu bleiben, dann war das ein Beispiel für eine gelungene Wende.

Ein Rettungsanker war dabei natürlich auch wieder: Ich schreibe jetzt das Buch, wozu ich vorher angeblich keine Zeit hatte. Und beim Schreiben stelle ich fest, dass es ganz simple Fragen gibt, die geeignet sind, ein Wendepunkt sein zu können. Fragen wir sie uns ernsthaft oder nur mal eben so?

Zum Beispiel:

Will und kann ich mit anderen leben oder bin ich lieber alleine?

Womit will ich mein Geld verdienen oder was ist meine Berufung?

Welchen Stellenwert billige ich meiner arbeitsfreien Zeit zu?

Wie möchte ich im Alter leben?

Wie möchte ich sterben?

Wenn man alle diese Fragen in den Alltag integrieren will, kommt es zu Wendepunkten. Es geht nämlich nicht anders. Ich beginne mit der ersten Frage und versuche, sie für mich zu beantworten.

Will und kann ich mit anderen leben oder bin ich lieber alleine? Nun gut, diese Frage habe ich mir ehrlicherweise bis vor einigen Jahren nie ernsthaft gestellt. Das war schade, denn es hätte mir auffallen können, dass ich schon als kleines Mädchen immer den Wunsch hatte, allein zu spielen, was ich auch tat: Stundenlang Ballübungen machen, stundenlang im Sessel lesen, stundenlang den Erwachsenen beim Bridgespielen zuschauen, stundenlang alleine auf der Ulme sitzen, im Bett alleine Karten spielen, und so könnte es weitergehen. Ich war glücklich damit!

Das heißt nicht, dass ich nicht auch gern mit anderen Kindern Völkerball gespielt hätte oder wir Theaterstücke auf Oma Gustes Dachboden einstudierten und dann aufgeführt haben. Dabei war ich keineswegs unglücklich! Aber am liebsten war ich eben allein.

Später habe ich daran nicht mehr gedacht und mich deshalb jahrelang bemüht, alles mit den anderen und wie die anderen zu machen. Nun gut, das klappte recht passabel wenn auch nicht ohne Anstrengung, wie es mein Leben zeigte. Dann startete ich einen ersten Versuch, allein zu sein, mich wirklich zurückzuziehen: Als ich 70 Jahre alt wurde, bin ich mit dem festen Vorsatz nach Liebenau, meinem Geburtsort, gefahren, dort ein kleines Fest zu feiern. Das Treffen sollte signalisieren: Leute, danke für gemeinsame Zeiten und alles Gute, und: «Ich bin denn mal weg». Das habe ich natürlich auch dem Sinne nach ungefähr so gesagt: Ihr Lieben, von jetzt an könnt ihr mich vergessen. Ich möchte mich bei euch für eure Lebensbegleitung bedanken. Nun bin ich eine alte Frau, die vielleicht noch ein paar Jahre fröhlich leben möchte, keine Verantwortung mehr übernimmt, ihre Zeit so einteilt, wie es ihr passt und das tut, was ihr Spaß macht. Ich lud nur die Leute ein, die mir immer zur Seite standen, um dieses hektische Leben zu leben, das ich hatte: meinen Mann, unsere Haushälterin und ihren Mann, die mein Sohn als «unsere Hausfrau» bezeichnete, als er noch kleiner war und gefragt wurde: «Wo ist denn die Hausfrau?». Er antwortete dann: «Unsere Hausfrau ist gerade nicht da, aber meine Mutter kommt gleich». So kamen also Thea mit Mann und unsere Nachbarn. Dann waren da meine Sandkastenfreundin Gerda und ihr Mann, mein Zenlehrer Christoph mit seiner Frau, mein Sohn mit seiner Frau und Elke und Heinz, liebe Freunde von meinem Mann Dietrich und mir. Alle kannten sich irgendwie, waren aber sonst nicht miteinander in engem Kontakt gewesen. Wir haben wunderbar gespeist, und dann viel und lustig geklönt. Am Schluss konnte ich nur noch sagen: « Danke, adieu». Eine Woche lang habe ich mich mit weiteren guten Freunden aus meinem Wahlkreis getroffen, um adieu zu sagen. Aber klar, das war natürlich nur ein schöner Wunsch. Ich bekam den Absprung nicht hin. Also beschränkte sich meine «Alleinseins–Sehnsucht» auf innere Dialoge mit mir selbst und mit gelegentlichen Gesprächen mit engen FreundInnen und meiner Familie.

Meinen nächsten Anlauf startete ich zwei Jahre nach dem 70. Geburtstag. Da war ich wieder mehrere Wochen allein in Can Garous, weil Dietrich in Honduras war. Ich war, wie gesagt, gerne allein. Ich nannte den Versuch: Sein im Nichtstun und schrieb mir dazu die folgenden Gedanken auf: Und nun fühle ich, dass damit nun Schluss sein muss. Ich fühle, dass ich den Rest meines Lebens lernen werde, allein zu sein.

Ich habe in den vergangenen Tagen gespürt, dass ich nur noch funktioniere, wenn ich alles langsam und ruhig machen kann. Das betrifft meinen Körper – Verdauung,

Schlaf, Gleichgewicht, Kondition – das betrifft Achtsamkeit, die anstrengend wird.

Das zeigt sich in der Angst vor Aufgaben, die zu schwer sind, vor Menschen, die mir die kostbare Zeit nehmen, vor dem Autofahren, weil es zu stressig ist.

Und nun weiß ich, das ich meine Gefühle, die ich leben möchte, wie tiefe Seligkeit, Ergriffen-Sein, Mitfühlen, wunderbare Langeweile und Nichtstun, unbeschränkte unzensierte Rede und Fröhlichkeit, nicht immer gelebt habe. Und das betrifft auch das Gefühl von wunderbarer herzlicher Verbundenheit mit Menschen, die auch ihr Herz öffnen im Gespräch. Das alles will ich jetzt leben.

Diese Gedanken sind sicherlich der Nährboden für einen Wendepunkt und für die damit verbundene Unruhe, die dann entsteht, wenn ich diese Gedanken realisieren will.

Im selben Jahr wollte ich meinem Sohn Alexander folgenden Brief schreiben, den ich dann nicht abgeschickt habe:

Stell dir ein Gefäß vor mit einer weiblichen menschlichen Form. Dieses Gefäß hat sich im Laufe des Seins randvoll bis zum Bersten angefüllt. Es steht kurz vor dem Zerbrechen, weil es dem Druck nicht mehr standhalten kann. Plötzlich entdeckt es tief unten im Boden einen kleinen Pfropfen, der ein noch kleineres Loch verschließt. Längst vergessen und der Besitzerin nicht bekannt. Aber auch vergessene und verschlossene Tore kennen ihre eigenen Möglichkeiten und so lockerte sich peu à peu der

Pfropfen und unbemerkt fließt etwas heraus. Schließlich hat sich das Gefäß fast entleert und fühlt wieder den freien Raum; fühlt die Kraft des Materials des Körpers, die es entwickelt hatte, um dem Druck standzuhalten. Das Gefäß fühlt das Echo der Erfahrungen der Geschehnisse der langen Jahre. Es kennt alle seine Reaktionen auf das, was kommt. Das Gefäß fühlt Licht, Kraft und die Stille in dem leeren Raum, in sich. Es findet Gefallen an dem, was jetzt in die leere Form hineinfließt. Die Wahrnehmungen sind klar und durchsichtig; die Gefühle sind intensiv und rein; die Willensregungen sind erkennbar, nachvollziehbar und angemessen; das Bewusstsein handelt im Einklang mit dem Rhythmus des All-Seins. Leichtigkeit, Freude, Frieden und Liebe fließen nun anstrengungslos in die Form, die still ihrer endlichen Form entgegengeht.

Und wieder übernahmen Unsicherheit und Zweifel die Führung, denn ich wusste nicht, wie ich das anstellen sollte, ohne meine liebsten Menschen um mich herum zu verletzen. Der Wendepunkt war ganz offensichtlich noch nicht erreicht. Das wird auch die Fragen betreffen, die ich mir auch noch gestellt habe. Eins weiß ich aber aus Erfahrung genau, die Wendepunkte werden weiter kommen.

Wie möchte ich im Alter leben? Ist die nächste Frage, die wir uns alle stellen sollten. Aber wann beginnt eigentlich das Alter?

Dazu fand ich den folgenden Tagebucheintrag vom 8.9.2012: Im Alter gibt es so etwas wie eine körperliche Übelkeit, die entsteht, wenn alles schnell gehen muss, wenn Dinge und Situationen nicht sofort erledigt werden können, wenn zu viele verschiedene Aufgaben nebenher gemacht werden wollen, wenn es ein Ergebnis, ein zu erfüllendes Ziel zwingend gibt, und wenn vor allem Andere die Machbarkeit voraussetzen, die ich aber erst überprüfen möchte. Das nervt und muss aufhören.

Tagebucheintrag am 16.9.2012 (Dietrich ist einige Wochen in Honduras und ich bin allein): Es hat jetzt einen Monat gedauert, bis ich wieder bei mir angekommen bin. Ja, Can Garous ist der Platz, an dem man zu sich kommen kann. Langsam bröselt sich alles zurecht. Ich erkenne, wo ich meine «Arbeitsstellen» habe. Ich sehe auch, dass alle Konflikte, die ich mit anderen habe, von mir ausgehen. Ich kann hektisches Leben nicht mehr ertragen, bin regelrecht allergisch dagegen und das zeigt sich dann an körperlichen Reaktionen: Verdauung, Wachzustände mitten in der Nacht, Übelkeit, weil ich aus dem Gleichgewicht komme und schließlich Angst davor. Ähnliche «allergische Reaktionen» zeigen sich, wenn um mich herum alles laut ist.

Nun erlebe ich hier in der Einsamkeit auf unserem Berg, dass ich unbewusst alles viel langsamer mache und mir fällt immer der Moment auf, an dem ich Arbeit oder Tätigkeiten unterbreche, weil ich ja gleichzeitig auch noch das Nächste, was ansteht, machen will. Es gelingt mir immer besser, mich davor zu schützen und eins nach dem anderen zu machen. Das Ergebnis ist: Ich schaffe alles, von dem ich glaubte, dass ich dazu viel mehr Zeit brauchen würde in der gleichen Zeit und ich freue mich, dass die ruhigen Phasen ein wirklicher Genuss sind. Und ich schaffe wirklich alles, was ich mir vorgenommen habe.

Eben habe ich vergessen, dass ich Alexander anrufen sollte, stattdessen saß ich versunken im Liegestuhl und genoss den wunderschönen Anblick des Canigou (Bergmassiv in den Pyrenäen) an diesem Herbsttag und den glänzenden grünen Wald, die Stille, den blauen Himmel und unsere Hündin Schlappi auf der Mauer im Knie-Knick-Sitz. Wunderbar! Und als Alexander sich nach 18 Minuten meldete, konnte ich lachen und war richtig froh, dass mir das passiert war. Ich merke, dass ich gar nicht mehr so streng mit der Zeit umgehen muss. Ich erkenne, Reaktionen meiner Umwelt passen sich meinem inneren und äußeren Zustand an, und der wiederum hängt von meiner Lebensgestaltung in Ruhe und Langsamkeit ab.

Von wegen «Altersnotstand»? Meine Frage war: Wie möchte ich im Alter leben? Die Antwort habe ich mir ja gerade selbst gegeben und sogar aufgeschrieben. Aus dem erkennbaren Notstand, dass das Leben selbst sich im Alter verändert, erwächst das Neue und ich stelle mir nur noch die Frage: Wie bringe ich mir das selbst bei?

Ich schrieb es natürlich wieder auf; ich muss immer alles Schwierige aufgeschrieben sehen oder jemandem erzählt haben, wenn ich Klarheit haben will. Dieses Mal habe ich den Brief auch abgeschickt.

Fortschritt Nr. 1 des Wendeprozesses.

«Du fragst, wie es mir geht» - Wie bringe ich mir das selbst bei? Ich schrieb mir selber: Stell Dir eine große Welle vor, so wuchtig und scheinbar unendlich, dass Du glaubst, das kann doch nicht wahr sein. Selbige hat mich an den öden Strand gespült, an dem es nur das Sein im Alter gibt und für Tun keine Kraft und keine Motivation mehr da ist. Stell dir mal vor, dass auf diesem heißen, sandigen und trockenen Strand alles grünt und jubelt und wächst und lebt und singt und IST. Stell Dir weiterhin vor, dass ich langsam spüre, nun beginnt die Probezeit des Nichtstuns. Wer hat den Schalter umgelegt? Was hat mich erkennen lassen, dass alles ohne mein Tun wunderbar zufrieden ist? Aber: Wie bringe ich mir das selbst bei?

Es ist natürlich alles schon in mir beantwortet worden. Ein Blick in die letzten Monate genügt, um zu sehen, wie sich der Kreis schließt. Es waren die unzähligen lieben Familienmitglieder aus nah und fern, die ich wieder gesehen hatte, manche nach sehr langer Zeit, andere kannte ich noch gar nicht. Das waren vor allem die jüngeren Generationen, Nichten und Neffen und deren Kinder, die begeistert von mir und meinem Leben waren, die mich bisher nicht kannten, und mir zeigten: Du bist OK. Plötzlich gab es auch für mich ein neues Kennenlernen von Familie. Bis dahin glaubte ich, keine Familie zu haben.

Aber dennoch oder vielleicht deshalb bildeten diese Erlebnisse so etwas wie einen Abschluss für mich. Es gab ein inneres Wissen, welches mir sagte: Lass sie ziehen, du hast ihnen alles gezeigt und gegeben, was für sie wichtig sein könnte. Den gleichen Impuls hatte ich bei allen anderen Gästen: Bei meinem politischen «Ziehsohn» Sebastian und seinem Freund Jens, der sich gerade als Bundestagskandidat zerreißt. Sie lassen mich alles wieder durchleben, was längst erledigt ist für mich.

Und hier, in Can Garous, werden meine Schüler plötzlich von allen Winden weggetragen oder machen aus anderen Gründen eine Zen-Pause. Ich mag es mir gar nicht laut sagen, aber es freut mich: Lass sie ziehen, du hast ihnen alles gezeigt und gegeben, was für sie wichtig sein könnte. Und ich kann trotzdem ja sagen zu meiner immer größer werdenden Tai Chi-Gruppe: Lass sie bleiben, solange sie es noch brauchen.

Innerlich sage ich mir selber reinen Herzens, mit dem Gedanken an Dietrich, der vorgestern nach Honduras abgeflogen ist und Ende September wiederkommt: Möge es ihm dort gut gehen. Im Dorf wissen alle, Feste werden mit Barbara bis auf weiteres nicht mehr möglich sein. Es ist ihr zu laut und zu heiß. Ist das nun der echte zweite Schritt in das Alter im Alleinsein?

Wie sieht das in dir aus? Kommt deine nächste Frage. Und ich antworte mir: Frag mich, ob ich müde bin; ja, aber es macht Spaß. Ob ich mich langweile beim Nichtstun; nein, ich schlurfe genüsslich arbeitend vom Garten in das Haus, mit Schlappi in den Wald, lese wenig und nur das, was ich sonst nicht gelesen hätte, weil ja anderes noch für Gespräche oder ein Teisho wichtig sein könnte, esse wenig, weil es seit Wochen mehr als 30 Grad heiß ist, fahre nur noch Auto, wenn es unbedingt sein muss.

Ich erwarte, dass mich das alles nach einigen Wochen hoffentlich zu der Erkenntnis bringen wird, wie ich mein Leben nach einem wunderbaren, aufregenden, erfolgreichen und lustvollem Leben so organisiere, dass ich das Nichtstun leben kann und doch keinen meiner lieben Freunde und Schüler und Familienmitglieder ins Entsetzen bringe.

Als ich das meiner Zen-Freundin und Dharma-Schwester Regina gestern am Telefon mitteilte, sagte sie: «Ich bin völlig überrascht, aber ich verstehe Dich. Wenn du sprichst, steigt in mir folgendes Zitat von Lin-chi (Rinzai) hoch:

«Wunderbar in alle Richtungen antwortend, hat er nicht eine Spur hinterlassen. Er raffte sein Gewand und reiste südwärts und blieb dann in Ta-ming. Indem er immer noch den kupfernen Krug und die eiserne Schüssel benutzte, verschloss er sein Zimmer und redete nicht mehr. Wie die Kiefern alterten und die Wolken stillstanden, fand er grenzenlose Zufriedenheit in sich selbst.»

In dieser Zeit antwortete ich Thomas, meinem Dharma-Nachfolger: «Du fragtest in den letzten Mails, wie es mir geht. So geht es mir und in meinen Augen siehst Du ein Lächeln, in meinem Herzen ein kleines Licht, das noch nicht ganz leuchtet und doch ganz viel Zufriedenheit und inneren Frieden ausstrahlt. Es geht mir gut!»

Die noch übrig gebliebene Frage, «Wie möchte ich sterben?», werde ich im Kapitel 14 beantworten.

Alles, was ich bisher an Wendepunkten in meinem Leben erleben und wahrnehmen durfte, ist aber unvollständig berichtet, weil ein für mich persönlich ganz entscheidender Wendepunkt noch fehlt. Es ist ein politischer Wendepunkt, von dem ich nur hoffen kann, dass ich ihn noch in meinem Leben erleben kann: Die Energiewende.

ENERGIEWENDE

Dazu ein Tagebucheintrag vom März 2011: Heute haben Millionen Menschen in Deutschland den Mut gewählt. Mut hatten sie, weil sie sich getraut haben, sich zu vertrauen. Sie haben sich auf den Weg in eine neue Zukunft gemacht. Heute haben sich in Deutschland nicht wenige Menschen vorgenommen, das Unvorstellbare, das Unerwünschte, das unendlich Schwere zu wagen: Die Energiewende hinzukriegen. Es gehört viel Mut dazu, mit dem Segelboot gegen einen Öltanker anzutreten, ihn umzulenken und ihn auf einen anderen Kurs zu bringen. Das ist jetzt unsere Aufgabe, das ist jetzt unser aller Vorsatz. Wir müssen unsere Vision in die Tat umsetzen. Wir müssen alle davon überzeugen und zur Mitarbeit motivieren.

Und in diesem Sinne schrieb auch Carolin Emcke am 20.4.2011:

«Heute haben sich unendlich viele Menschen zusammengeschlossen, haben sich die Hände gereicht und gesagt: Wir müssen es versuchen, wir haben Angst vor dem Versagen, wir wollen es aber wagen, wir glauben daran, dass es klappt, wir

müssen diese letzte Chance ergreifen, die wir noch haben. Wir
tun es für uns, für unsere Kinder und deren Kinder. Wir wollen
im Einklang mit dem Ganzen, mit der ganzen Welt und allen
Wesen Schritt für Schritt in eine neue Welt gehen. Wir brauchen
den Glauben an das Unglaubliche, damit Veränderung noch
möglich ist. Das Undenkbare ist wieder denkbar geworden, die
zynische Schwerkraft all derer in der Politik und Medien, die
Utopien nur nach ihrer Wahrscheinlichkeit beurteilt und ver-
werfen wollte, ist gebrochen. Denen, die ihre Chancen nicht
mathematisch kalkulieren, die ihrem Denken keine Grenzen
setzen, die ihren Glauben nicht an der Wahrscheinlichkeit aus-
richten, ob in China oder anderswo ... gebührt nicht nur Res-
pekt, ihnen gebührt auch Dank.»[75]

Am Ende des Kapitels Wendepunkte möchte ich mich dem
anschließen, was Stephen Batchelor zu einem weiteren
Wendepunkt, nämlich der Wende zu einem spirituellen
und modernen Buddhismus, sagt: «Was ist buddhistisches
Handeln heute? Der Buddhismus ist eine Philosophie des
Handelns und der Verantwortung. Er liefert den Rahmen
mit Werten, Ideen und Methoden, die die Wendepunkte
und Entwicklungen von unseren persönlichen Fähigkeiten
unterstützen. Er kann uns einen Weg zeigen, zu Handeln
und Risiken einzugehen, andere Vorstellungen zu entwickeln und auch künstlerisch tätig zu sein. So können wir
immer alle äußeren Veränderungen angemessen und ver-
antwortlich in unseren Alltag integrieren.»

---

[75] In: DIE ZEIT, Nr. 17, vom 20.4.2011

Das gilt dann auch für mich: Im Vertrauen auf den Dharma werde auch ich die noch fehlenden Wendepunkte erkennen und vollziehen, bis mein Leben beendet ist.

Es bleibt mir nur, mutig dem zu vertrauen, was ich in Kapitel 3 (Dharma) im Abschnitt Zweifel versucht habe, zu erklären. Buddha schildert uns im Kalama-Sutra, wie schmerzhaft plötzlich oder auch langwierig und nicht weniger anstrengend, Entscheidungen reifen, bis es zu einem Wendepunkt im Leben kommen kann.

Damit Wendepunkte im Leben eine tief greifende Veränderung bewirken können, hin zu mehr innerer Freiheit und äußerer persönlicher Sicherheit in unserer schnelllebigen und verwirrenden modernen Welt möchte ich einen Ort – den «Offenen Raum» – vorstellen, der uns allen zur Verfügung stehen würde, wenn wir ihn in unserem Leben Raum geben würden.

12. DER OFFENE RAUM

Der folgende Text folgt dem frei gehaltenen Teisho (Nr. 133) vom 28.1.2012: Suche nach dem «offenen Raum.

In unserem Leben haben wir das meiste genau determiniert: Was, wie, ob und wann wir etwas machen. Es gibt keinen «offenen Raum» mehr. Ich spreche nicht von Freizeit oder Ruhephasen! Den offenen Raum, den ich meine, können wir überall finden oder platzieren. Das ist der kurze Moment, den wir auch im Alltag und im Beruf brauchen, denn in diesem offenen Raum entstehen Gedankenblitze. Ich nenne sie ‹Blitzlicht der Kreativität›.

Dieses Blitzlicht ist der Bote von etwas Neuem, etwas Anderem in unserem Leben. Es durchzuckt uns unerwartet und verblüfft uns. Vergangenheit und Zukunft sind ebenso ausgeblendet wie das Denken. Es gibt dann nur das Jetzt und das Blitzlicht. Tage, Stunden usw. sind dann unwichtig. Stattdessen gibt es einen offenen Raum, der verbunden ist mit unserem Unterbewusstsein.

Das ist nämlich hellwach und funkt uns eine Nachricht zu. Es sprudelt etwas, wie aus einer Quelle, in unser Tagesbewusstsein. Es entsteht eine Schöpfung, die über diesen Korridor vom Herzen zum Verstand quillt. Was da entsteht, ist etwas zutiefst Persönliches.

Es betrifft nur uns in dem Moment und ist oft etwas Simples oder Kleines wie:

  - eine Idee, was wir tun könnten
  - ein Lösungsschritt für irgendein Problem
  - ein Wunsch, uns etwas zuzutrauen
  - eine Entscheidung, etwas Anderes oder
    etwas auf andere Weise zu machen

Auf jeden Fall ist das, was da kommt, immer ein «Blitz», ist immer eine Überraschung, ein Aha! Ist rein und klar, frei von Kritik und Vorverteilung, ist stark und überzeugend, ist die IDEE, ist unsere Idee und ist definitiv der allererste schöpferische Gedanke (im japanischen Zen als «nen» bezeichnet) einer folgenden Gedankenflut und mündet in einen Prozess oder in eine Handlung.

Spüren wir, dass dieser Schöpfungsgedanke etwas Kostbares ist? Was machen wir damit? Zutexten? Wegschieben? Hinterfragen? Moralisieren? Verurteilen? Misstrauen? Und was passiert dann? Wir werden in Sekundenschnelle kleiner, ängstlicher, zweifelnder und landen hart im Alltag, um wieder so weiter zu machen wie bisher. Und schwups, ist der offene Raum wieder zu!

Was hat das alles mit Zen zu tun? Im Koan Fall Nr. 6, Hekiganroku, Ummon's Jeder Tag ist ein guter Tag, heißt es: «Ummon sagte zu seinen versammelten Mönchen: ‹Ich frage euch nicht nach dem Tag vor dem 15. eines Monats. Ich frage euch auch nicht nach dem Tag nach dem 15. eines Monats. Los, gebt mir eine Antwort zu diesen

Tagen›. Er wartete nicht und gab sich selbst die Antwort: ‹Jeder Tag ist ein guter Tag›.»

Dieser Aspekt ist im Zen äußerst wichtig. Wir nehmen ihn ernst, weil er unser Leben nachhaltig verändern kann. Er ist eine der wichtigsten Lebenshilfen. Vor kurzem feierten wir auf der ganzen Welt den Eintritt in das neue Jahr 2012. Und wirklich fast alle Menschen werden sich etwas für diesen Neuanfang vorgenommen haben. «Im kommenden Jahr möchte ich ...» Klasse! Doch wir wissen Bescheid, es hat fast nie geklappt. Wenn schon nicht wir, dann sollen die Anderen im neuen Jahr wenigstens etwas anders machen. Klappt natürlich auch nicht. (Irgendjemand soll zurücktreten, die Regierungskoalition soll sich vertragen, meine Kinder sollen ...)

Dabei stimmt es. Jede Sekunde, jede Minute, jede Stunde, jedes Jahr und in jedem neuen Leben, hoffen einige Religionen, die nicht an die Wiedergeburt glauben, kann sich mein Leben komplett ändern! Wie versuchen wir, das «Neue» dann durchzuführen? Gewöhnlich haben wir uns dafür wirklich eine ‹tolle Strategie› entwickelt: 1. Wir nehmen uns etwas vor: Idee, Wunsch, Befehl, Vision. 2. Wir planen, wie das gehen könnte. 3. Wir verkünden es uns und unserer Umgebung laut (leider). 4. Wir kämpfen gegen unsere bisherigen Gewohnheiten, die Umstände und unsere Zweifel. 5. Wir haben bald längst den Kontakt zu unseren inneren Bedürfnissen verloren. 6. Wir specken den Vorsatz ab, verzagen, verschieben, verwässern und geben auf. - Und das war's dann wieder einmal.

Warum? Weil der Punkt Null fehlt! Das ist der offene Raum, in dem das Andere entstehen kann. Der Raum, in dem unsere Intuition wohnt. Dort entstehen die Blitzlichter, und zwar zur rechten Zeit, denn dort ist der rechte Ort.

Halten wir in unserem täglichen Leben, diesen offenen Raum als festen Bestandteil bereit, dann haben wir einen Korridor, der uns direkt mit unserer Intuition und unserem Herz-Geist verbindet. Wir sind über diese Brücke direkt mit der wunderbaren Kraft und Kreativität des universalen Geistes verbunden. Mehr noch, wir sind der universale Geist. Dann schöpfen wir aus dem Vollen etwas Neues, etwas Anderes, was uns ganz persönlich bei unserer Arbeit, in unserem beruflichen und privaten Leben weiterhelfen kann.

Dazu brauchen wir keine vom Kalender verordnete Sylvesternacht, wie immer sie auch gestaltet wird! Also, wenn ihr im Leben nicht weiterkommt, etwas schief läuft oder euch etwas fehlt, seid gewiss, ihr findet die Lösung in eurem ureigensten, inneren offenen Raum. Dazu braucht ihr keinen speziellen Ort, keine Zendo, keine Kirche, keine festgelegte Minute, keine Meditation, kein Gebet, keinen Traum, keine Therapie, keinen Ratschlag, kein Gutachten, kein Musikstück ..., denn es ist etwas in euch und in jedem Menschen, das immer bereit ist, euch zu begleiten: Der offene innere Raum mit Anschluss zum universellen Geist.

Wenn der sich mit einem Blitzlicht meldet, denkt er nicht an Zeit, Ort oder Umstände. Das Blitzlicht kommt immer zur rechten Zeit und am rechten Ort. Wenn das geschieht, dann haltet inne und fallt hinein. Schaltet alles Denken ab und lauscht. Das Blitzlicht wird sich materialisieren als Satz, als Bild, als Ton oder als Idee, als Gefühl ... - und bevor euer Verstand und das Denken einsetzen, vertraut ihr und genießt diese Sekunde. Nehmt Kontakt auf, begrüßt die neue Kreation und befragt sie, wenn ihr Fragen habt. Sie antwortet immer! Habt Geduld.

Dieses frisch geborene ‹Wesen› muss genauso behandelt werden wie ein frisch geborenes Baby, dass auf den Bauch und ans Herz der Mutter gelegt wird. Ihr seid Vater/Mutter des materialisierten Blitzlichts. Vertraut und traut euch, weitere Schritte zu gehen. Wie im Leben beginnt dann die Arbeit: Üben, erziehen, kennen lernen, verfeinern, umformen, was auch immer dazu gehört. Und: ganz wichtig, bedankt euch bei euch, dass ihr den offenen Raum offen gelassen habt. Dann kann Jeder Tag ein neuer guter Tag werden, mehr will Ummon euch nicht sagen.

Mitsommer und Vollmond
Alle Konzepte zerfließen
In Fülle und SEIN

Dieses Haiku schrieb ich, unter der Mitternachtssonne in Schweden. In der strahlend hellen Mittsommernacht sah ich Sonne und Mond zu einem Zeitpunkt, den es eigentlich nicht gab in meinem Verstand. In diesem Moment fielen alle meine erlernten Vorstellungen – schwups – in sich zusammen und tagelang habe ich glückselig vor mich hin in endloser Freiheit gelacht. Trotz kaputtem Hintern vom Rudern, vollgestopftem Magen nach ewigem Essen, Alkohol schon ab Mittag, Sprachproblemen und Schlafmangel, war ich nicht frustriert, irritiert oder ungeduldig mit mir und den Umständen. Früher hätte ich mich fertig gemacht.

Es ist genug. Ich sage mir oft, es ist wirklich alles genug und in Ordnung. Es gibt nichts zu erreichen. In jedem Augenblick kann ich ALLES sehen, hören und fühlen. Ich kann mit allem in Verbindung stehen oder mich auch entscheiden, keine momentane Verbindung mit Anderem aufzunehmen.

Ich weiß immer mehr. Zen, der Übungsweg der Achtsamkeit, der LIEBE, der FREIHEIT, der Eigenverantwortung, hat mich dahin geführt, alle Lebenserfahrungen in einem Punkt zu sammeln und sie im Lichte des SEINS zusammenzuschmelzen. Trotzdem weiß ich auch, dass ein Leben lang die Suche, die Einsamkeit, der Zweifel und eigene Begrenzungen zu meinem Alltag gehören, denn das ist mein Leben. Mein offenes Herz begrüßt alles und liebt alles, auch mich selbst. In Dankbarkeit für Hülle und Fülle.

13. ALLEIN SEIN IM SEIN

Da ist nie zwei

Geist und Welt sind nicht getrennt

Die Welt ist ein Geist

Huang-Po

Das Sein ist unsere Seinswelt – eine Erscheinungswelt – eine Scheinwelt des lediglich Phänomenalen. Schlicht ausgedrückt: Das ist unser Leben im Hier und Jetzt. Diese Welt, in der wir leben, ist unser real geltendes Sein. Der Zen-Begriff dafür ist Soheit. Soheit ist die sich manifestierende Leerheit.

Die Leere – Shunyata, oder auch Nirvana, genannt – ist dagegen für uns nicht real erkennbar und somit das Ziel des Erwachens, wenn wir uns auf den Zen-Weg begeben.

Von Zen-Meister Nansen gibt es folgende kleine Geschichte:

Rikko Taifu unterhielt sich einmal mit Nansen Osho und sagte: «Jo Hoshi hat gesagt: ‹Himmel und Erde und ich sind aus derselben Wurzel. Alle Dinge und ich sind aus der gleichen Substanz.› Ist das nicht phantastisch?»

Nansen zeigte auf eine Blume im Garten und erwiderte: «Heutzutage sehen die Menschen diese Blume wie im Traum.»[76]

---

[76] Nansen schaut die Blume an. (Fall Nr. 40 im Hekiganroku) In: Katsuki Sekida, Zen-Training. Herder. Freiburg, 1993. S.206

Setcho, der Autor vieler Gedichte im Hekiganroku, bespricht diese Geschichte mit folgendem Gedicht:

«Hören, Sehen, Berühren und Wissen (unsere Sinne) sind nicht eins und sind eins; Berge und Flüsse sollten wir nicht im Spiegel betrachten.

Der frostige Himmel, der untergehende Mond – um Mitternacht;

Durch wen sollen die heiteren Wasser des Sees die Schatten in der Kälte widerspiegeln?

Nansen sagt zu Rikko Taifu (ein hoher Regierungsbeamter):

«Sieh in die Blume. Es heißt, der Tathagata (der einfach IST) schaute die Buddha-Natur mit bloßem Auge. Kannst du sie sehen?» Rikko hatte Vertrauen in seine Einsicht, aber als er die Blume anschaute, konnte er in ihr nicht die Buddha-Natur sehen, sondern nur eine Pfingstrose. Nansen schloss die Unterhaltung ab mit dem Satz: «Heutzutage sehen die Menschen diese Blume wie im Traum.»[77]

‹Wahres Erkennen› oder auch ‹tiefes Schauen› hat man, wenn man die Soheit in allem sehen kann.

Dieses Kapitel habe ich «Allein sein im Sein» genannt. Es stellt sich nun die Frage: Sind wir allein im Sein? Oder auch die Frage, was heißt «allein» sein?

Wir kennen den wichtigen Unterschied zwischen dem Ausdruck «allein sein» und «einsam sein». Wir können uns allein fühlen, wir können auch allein sein und können

---

[77] a.a.O., S. 208

doch zufrieden und glücklich sein. Sind wir einsam, dann fehlt uns etwas. Wir wünschen uns dann, nicht einsam zu sein. Das ist kein Gefühl der Zufriedenheit und des Glücks. Einsam sein ist kein schönes Gefühl und das gilt für alle Menschen, denn wir alle brauchen Beziehung, Liebe und Gemeinsamkeit. Sind wir einsam, so sind wir nicht glücklich. Leider stimmt aber auch nicht, dass es in jedem Fall glücklich macht, wenn wir mit anderen Personen zusammen sind. Im Zusammensein gibt es eben ebenfalls keine Zufriedenheits-Garantie. Es handelt sich hier um einen ganz unzuverlässigen Zustand. Wir fühlen uns ständig: mal so - mal so, aber nie so, wie wir es wollen, und wir fragen uns, woran liegt das? Nun wissen wir bereits, dass es eine «Spannung» gibt, die wir Dualismus-Zwei-Sein nennen wollen. Wir sind zwar einzigartige Lebewesen aber dennoch Teil des Ganzen. Das ist die Bühne, auf der sich unsere Lebensgeschichte abspielt.

Ein ganz anschauliches Beispiel erleben wir im Familienleben. Wir finden keinen gesicherten Platz, der uns willkommen sein lässt. Gespräche über die eigene Familie enden oft mit Aussprüchen, die jemanden trösten sollen, der mit seiner Familie alles andere als glücklich ist, wie: Du kannst nichts für deine Familie, oder: Familie ist keine Garantie für harmonisches Zusammenleben usw. Noch bedenklicher: Ich habe mir meine Familie schließlich nicht selbst ausgewählt! Das klingt so, als ob die Familie Schuld daran hat, dass wir unglücklich sind. Aber stimmt das? Ist es nicht doch ein Zustand, der aus dem Gefühl heraus entsteht, dass wir es meistens nicht schaffen, Eins zu sein mit den anderen, das wirklich auch nicht können, es uns aber wünschen? Es ist in der Tat ungeheuer schwer, sich im Familienverbund wohl zu fühlen aber auch uns selbst zu schützen, uns selbst anzuerkennen, uns zu behaupten und ebenso auch die anderen Familienmitglieder zu respektieren und in ihrer Einzigartigkeit zu tolerieren. Da tun sich ganz natürliche Grenzen auf: Immer gibt es das ICH und das WIR oder gar das IHR. Bis zum Lebensende werden wir uns diesen Grenzen stellen, denn das ist Leben.

Es sei denn, wir haben uns mit unserem Ego versöhnt und können andere neben uns ertragen und mit ihnen in Frieden leben.

Gibt es aus diesem Dilemma einen Ausweg? Ja, denn wir erleben Momente des perfekten Zusammenspiels zwischen Körper, Geist, Verstand und unseren Sinnen in uns selbst. Wir können das auch Eins-Sein nennen. Ich sprach in fast jedem Kapitel davon. Wenn wir uns dessen mit Achtsamkeit bewusst werden, dann klappt es auch, Eins-zu-sein mit allem anderen. Ein Beispiel: Heute, noch lange vor Sonnenaufgang, werde ich wach und plage mich mit einer Art «Kopfgrippe» herum, die ich mir vor einer Woche im Flieger von Bremen nach Girona geholt haben muss. Seitdem geht es mir richtig schlecht und ich liege auch viel im Bett: Schmerzen überall im Kopf bis nun auch in die Bronchien hinein, leichtes Fieber und alles, was Frau so kennt bei Erkältungen. Dann passiert das, was ich mir so langsam neben den klassischen Heilversuchen mit Medikamenten anerzogen habe: Ich überlege, soll ich das «Leiden» mit einer Meditation ‹wegbeamen›? Ist eine Kontemplation wohl doch vielleicht besser? Oder wiederhole ich alles, was ich gestern und vorgestern schon tat - aber dieses Mal als Achtsamkeitsübung? Das tat ich schließlich. Ich brühte den Gesundheitstee für Hals, Nasen und Ohren auf, setze mich auf die Bettkante und badete mein Gesicht in dem Dampf und Duft, den ich nur erahnen konnte. Dann spürte ich den Atem, wie er ganz sanft mit dem Dampf und den Duftkügelchen von der Nase allein angezogen wurde. Er fand seinen Weg bis in die Stirnhöhle und den Rachenraum. Der feuchte warme Nebel löste die verklebten Augenlider und streichelte meine Gesichtshaut. Alles öffnete sich, alles sog genussvoll die heilende Feuchtigkeit und den Atem auf und ließ ihn schließlich langsam und befreiend durch den geöffneten Mund hinaus.

Einatmen – empfangen – ausatmen, das bestimmte die folgenden Minuten. Als der heiße Tee dann trinkbar wurde, wiederholte sich das Zusammenspiel: Schluck für Schluck für Schluck bis ungefähr ein Liter Flüssigkeit im Körper alle kranken Zellen erreicht hatte. Weiter in heilendem Dampf wurden Schmerzen aufgelöst und alle Blockaden und Verkrustungen ebenfalls. Nun konnte ich husten, den Nasenschleim ausschnupfen, die verkrusteten, klebenden Augenlider sanft abreiben, die Haut langsam trocknen – alles landete in zig Taschentüchern und Lappen. Als ich auf die Uhr schaute, war nicht mehr Zeit vergangen, als wenn ich eine Meditation gemacht hätte. Ich staunte und wusste plötzlich: es gibt auch ein Kopfgrippen-Samadhi.

Ich legte mich wieder zurück ins Bett und bin ruhig, dankbar und sanft eingeschlafen. Ich spürte die Einheit von allen Körperteilen, dem Tee, der Bettkante und dem Atem. Mein Immunsystem fühlte sich gestärkt und genoss die Ruhe. Morgens wachte ich erfrischt und gestärkt auf und wusste aber, dass es noch einige Tage so weitergehen würde. Natürlich lässt sich nichts so einfach «wegbeamen», aber wir können achtsam handeln und dabei im nicht-dualistischen Zusammenspiel mit dem sein, was gerade ansteht.

Als weitere Hinweise zum Umgang mit diesem Dilemma des Getrennt-Seins biete ich einige Textstellen von den alten Patriarchen und Buddha an:

Der 6. Patriarch Hui-neng (jap.: Eno, 638-713) erklärte seinem Schüler Chih-tao die dualistische Betrachtungsweise, die uns Menschen so viel Leid verursacht, wie folgt: «Wenn wir über unsere Welt reden, müssen wir dualistisch reden: gut – böse, früher – später, Leben –Tod, ja – nein, denn es gibt kein Wort, das die Gegensätze vereint ausdrückt. Deshalb denken wir auch in Bezug auf unsere Existenz in Gegensätzen. Geist ist gut, Materie ist schlecht [...] In der «Wahren» Sichtweise sieht man viele Dinge, die die Gegensätze vereint darstellen. Es gibt aber auch [...] das Sowohl-als-auch, das Weder-gut-noch schlecht.»[78]

---

[78] Zit. n.: Sokei-an. Kommentar zum Plattform-Sutra des Meisters Hui-Neng, S. 255.

Der Buddha sprach, so beschreibt es Sokei-an, von vier Kategorien, die wir Menschen üblicherweise verwenden:

1. gut und nicht schlecht
2. schlecht und nicht gut
3. sowohl gut als auch schlecht
4. weder gut noch schlecht.

Im Buddhismus nennt man dies die «Vier Positionen des Denkens». Doch man muss, um das ABSOLUTE zu erfassen, einen Standpunkt finden, der in keine dieser Positionen passt. Das erlernen wir mit Hilfe der Zen-Lehrer und des Zen-Weges, weil uns dieser Standpunkt im Laufe unseres Lebens verloren gegangen ist.

Als mir Ho An, mein Dharmanachfolger, sein erstes Buch zum Anschauen sandte, las ich die Überschrift: Wo bin ich denn hier gelandet?

In dem Buch beschreibt er seine ENT-WICKLUNG zum Erwachen. Dieses Bild gefällt mir sehr. Ja es stimmt, wenn wir als Baby ziemlich unsanft durch den Geburtskanal gerutscht sind, ins Licht fallen, nackt und kalt und in fremder Umgebung sind, dann ist das schon zum Schreien unangenehm. Da unsere Erinnerung aber nicht so weit zurückreicht, können wir diesen Anfang des Lebens als Formwesen nur vermuten. Das Wunder der Geburt ist uns ebenso wenig in unserer Erinnerung, wie der Sterbeprozess am Ende des Lebens. Wir beginnen in unserem einzigen Leben also wirklich etwas ganz außergewöhnlich Neues.

Wenn wir uns später dann mit Hilfe spiritueller Übung ent–wickelt haben, landen wir wieder in unserem Herzen.

Mein Lehrer Christoph Hatlapa Roshi, der Vater von sechs wunderbaren Kindern ist, sagte immer: In den ersten Stunden und Monaten sind wir noch ganz mit dem Universum verbunden, sind wir noch zu Hause und erst dann werden wir Anna oder Janis.

Wir fallen also ins Leben und müssen heftig kämpfen, damit wir uns mit der Hilfe unserer Eltern anpassen. Und, weil es nun mal so ist, bleibt es so bis zum Ende. Erst erleben wir das mit unserer Familie, dann geht es irgendwie weiter, aber immer sind wir mitten in irgendeiner Gruppe, also nie ganz allein. Überall sind wir Gruppenmitglied: In der Ausbildung oder am Arbeitsplatz und über allem schwebt das Staatsgebilde und die Weltgemeinschaft. Mit ungefähr drei Jahren wird uns langsam bewusst, was es heißt, ein Einzelwesen mit eigenem Namen und eigener Form, mit eigenen Sinnen und eigenen Gefühlen zu sein. Und schon gibt es Ärger, Abgrenzungen, Verbundenheit oder Auseinandersetzungen mit der Familie und anderen.

Es entstehen Mangel, heftiges Opponieren, stilles oder lautes Leiden und ewig unerfüllte Wünsche. In diesem Zustand fehlt dem ICH das WIR. Sind wir aber Teil eines WIR, dann fühlt sich das ICH ständig bedroht. Merkwürdigerweise vergessen wir schnell die schönen Erlebnisse und Gefühle, die wir natürlich auch als Kinder hatten.

EGO ODER WAS?

«Wenn ich bin, was ich bin, weil du bist, was du bist, und wenn du bist, was du bist, weil ich bin, was ich bin, dann bin ich nicht ich, und du bist nicht du.» So beschreibt Rabbi Hillel ein Menschenleben mit dualistischer Betrachtungsweise. Wir können es drehen und wenden so oft wir wollen, es gibt kein Entrinnen. Oder doch? Kann der Mensch allein sein im Sein?

Ich widme mich nun zuerst dem Menschen, der nicht ohne andere Menschen leben kann und sollte – also uns. Wir sind Individuen. Unser Ego hat zwar einen ungeheuer starken Überlebenstrieb und triezt uns damit ganz gewaltig, wenn es glaubt, nicht zu seinem Recht zu kommen oder wenn es glaubt, dass es ausgelöscht wird, aber es agiert oft nicht vernünftig und deshalb leiden wir dann. Das wissen wir zwar – wie ich es weiter oben beschrieben habe – trotzdem müssen wir bis zu unserem Sterben als denkende Formwesen damit umgehen. Die gute Nachricht ist, wir können das lernen. Das sagt uns der erwachte Buddha, unser Lehrer.

Haben wir den Buddha-Weg bereits erfolgreich beschritten und sind «erwacht», dann stellen wir diese Fragen nicht mehr! Denn wir haben «unsere Heimat» gefunden und leiden nur noch, wenn das Knie schmerzt. Klar, wir sind dann weiterhin Formwesen, die auch alle Merkmale des Menschseins behalten!

Wie geht jetzt dieses Erwachen? Ama Samy beschreibt den Prozess des Erwachens so: «Im Erwachen des Zens erwacht der Buddha zum Buddha [...]. Und es ist ein Erwachen zur Leerheit. ‹Form ist Leerheit, Leerheit ist Form› [...] An zweiter Stelle kann Leerheit als die Offenheit interpretiert werden, die Offenheit deines Geistes.»[79]

Wir sind dann offen für das Grenzenlose, das Jenseitige. Im Sein, in diesem Moment, sind wir dann offen für die Welt und offen für die Anderen. – Nein, das stimmt nicht ganz, denn wir sind ja eigentlich die unendliche Offenheit, die die ganze Welt mit einschließt. Wir kommen also zurück zu uns selbst, wir kehren heim. Dort gibt es weder ein Ich noch ein Selbst, das getrennt ist von allen anderen. Ama Samy nennt es das «Ich allein». Wir sagen im Zen: Das Selbst und die Welt sind dann Nicht-Zwei, also nicht dual. Hierbei geht es nicht um eine Theorie! Es geht auch nicht um eine Meinung! Erwachen zeigt sich vielmehr deutlich im Handeln. Wenn wir erwacht sind, verändern sich unser Handeln und unser Sprechen.

«Im Handeln und Antworten wird das Erwachen verwirklicht», sagt Samy. «Solches Handeln der Buddhaschaft wird im Leben durch Transzendenz verwirklicht: Durch Sein, durch Einheit, durch das Gute, die Wahrheit und die Schönheit. Buddha zu sein ist das Handeln des Einsseins, Wahrseins, Gutseins, Gerechtseins, Schönseins. Diese Transzendentalien sind das Gesicht der Leerheit.»[80]

---

79 Ama Samy. Erwachen zum ursprünglichen Gesicht. S. 74
80 a.a.O. S. 75

Bei Meister Eckhart sind die Transzendentalien nicht nur Mittel des Erkennens, sondern die Wirklichkeit von allem, was wirklich verwirklicht ist.

Im vierten Kapitel zitierte ich das Gedicht, mit dem der Mönch Myo sein Erwachenserlebnis beschreibt. Das Koan dazu heißt: Denke nicht gut und böse! Was ist in diesem Augenblick dein ursprüngliches Gesicht?

Sein Erwachen geschah folgendermaßen: Der Mönch wollte dem 6. Patriarchen die Symbole der Dharma-Nachfolge, die Robe und Essschale «abjagen», weil der sie seiner Meinung nach nicht verdient hätte, er könne ja nicht einmal lesen und schreiben und, und ... Nach einer beschwerlichen und langen Suche fand Myo den 6. Patriarchen Eno auf einem Berg. Eno sah Myo, legte seine Robe und die Essschale nieder und sagte: «Bitte nimm sie. Sie sind Symbole von Glauben und Vertrauen. Sind sie das, was du suchst?» Myo war schockiert: War es das, wofür er Mönch geworden war und sein ganzes Leben lang gearbeitet hatte? Daraufhin findet er zu sich selbst und sagte tränenüberströmt: «Ich kam wegen des Dharma, nicht wegen der Robe. Ich bitte dich, lehre mich als deinen Diener».

Eno, der wahre Meister, erwiderte: «Denke nicht gut und böse! Was ist in diesem Augenblick dein ursprüngliches Gesicht, dein Gesicht, bevor deine Mutter und dein Vater geboren wurden?» Plötzlich erkannte Myo alles und erwachte.

So berichten es die alten Koan-Texte. In der Koan-schulung fragt die Zen-Lehrerin unter Umständen auch noch: Was ist deine letzte Wirklichkeit? Wer bist du in Wahrheit? Wer bin ich?

Ama Samy sagt: «Aus Bekehrung und aus dem Erwachen zum eigenen Selbst entspringt die Einsicht in die Nicht-Dualität, nämlich die Verwirklichung der Nicht-Dualität; daraus wieder entsteht innere Freiheit und Mit-gefühl. Am wichtigsten ist dabei, dass man sich selbst so annehmen kann, wie man ist und sich vergeben kann. Das Ego wird geduldiger und mit Freude von uns angenom-men. Man ist sich nicht mehr der eigene Feind».[81]

Nun stelle ich mir die Frage: Kann ich allein sein im Sein und glücklich sein und nicht einsam sein? Es ist einen Versuch wert, finde ich!

Mit der Erfahrung einer alten Frau, die alles, wie sie glaubt, gelebt gehabt zu haben, setze ich darauf, dass, wenn ‹ich› und ‹wir› im Frieden sind, wenn es keinen Kampf mehr gibt, wenn es stattdessen Respekt, Liebe, Verstehen, Kommunikation, statt Wolfsgeheul gibt, wenn die «Giraf-fensprache», wie die Gewaltfreie Kommunikation es uns lehrt, uns zu eigen ist, dann kann das erwachte Herz auf dem Marktplatz des Lebens sein ALLEIN-SEIN leben.

Wie weit aber bin ich selbst mit diesem Wunsch für mich bisher gekommen?

---

[81] Ama Samy, a.a.O. S.98

FINDE DAS KOSTBARSTE - ALLEIN SEIN IM SEIN

Das schrieb ich Christoph, meinen Dharma-Lehrer, am 11.3.2013: Trau dich, allein zu sein, denn in dir ruht der kostbarste Schatz. Auch, wenn du ihn bereits in der LEERE gefunden hast oder im Leben intellektuell begriffen hast, ist das erst der erste Schritt auf dem Weg. Finde ihn im Hier und Jetzt, such hier und jetzt, nur da kannst du ihn finden. Dich erwarten grenzenlose Freiheit, Liebe und Frieden. Du wirst dich vergessen in der Glückseligkeit. Du wirst es nicht einmal bemerken. Du wirst Leid, Hunger, Angst, Kummer und Pein, ja selbst das Sterben, VERSTEHEN ohne es zu bemerken.

Diese Zeilen, die ich vor zwei Jahren schrieb, nun zu lesen (lieber Christoph), berühren mich heute zutiefst. Meine Güte, habe ich das geschrieben? Und jetzt stecke ich erst mittendrin im Suchen. Wieso hat das so lange gedauert?

Ich verstehe die Zeilen heute jedoch anders, nämlich: Die Suche führt nach innen – und ob der Schatz ein Schatz ist, weiß ich noch nicht so recht. Klar war aber immerhin die Erkenntnis: nur ich selber konnte mir das Gesuchte geben. Und das kam so: Im vergangenen halben Jahr ist etwas wirklich Wichtiges passiert. Es gab einen ‹Hammerschlag› nach dem anderen. Ich erkenne zwar die verschiedenen Ereignisse und die verschiedenen Versuche, diese zu überstehen, aber es stand immer die Frage dahinter, was ist es eigentlich, was mich gerade aus der ‹alten› Bahn geworfen hat? Es gab keine Antwort, aber Fragen über Fragen: Ist es der Tod von Leuten, die mir persönlich wichtiger waren als andere mir nahe stehenden Menschen? Ist es das Sterben überhaupt? Sind es meine vielen Sterbebegleitungen parallel zueinander? Sind es die vielen Reisen und Veränderungen, die damit verbunden waren? Sind es die vielen unbekannten Leute – auch in Australien (wo ich aus familiären Gründen war) – oder sind es die körperlichen Herausforderungen? Ist es plötzlich aufkommende Traurigkeit in mir? Ist es mein eigenes Altern, verbunden mit Schwäche und Körperbeschwerden? Sind es die Aufgaben als Zen-Lehrerin und Tai Chi-Lehrerin? Habe ich zu viele Leute, die ich begleite, mit denen ich eine richtig gute persönliche innere Verbundenheit spüre, die ich aber trotzdem nicht immer um mich haben könnte? Suche ich etwas ganz Anderes? Habe ich in dem Bewusstsein, immer Verantwortung zu übernehmen, wieder einmal nicht losgelassen?

Das alles erkannte ich nun im Januar 2013 und schrieb es an Christoph, aber es war nur ein Schritt in die richtige Richtung. Es folgten weitere Beobachtungen.

Mein innerer Auftrag – Wie sah er damals aus? Und wie sieht er heute aus? Schließlich, wie wird er aussehen?

Sein – Leben und Nichtstun? Sein – Leben und Bedeutungslosigkeit?

Sogar früher schon trieb es mich um, etwas zu verändern. Das wollte ich damals meinem Sohn und anderen mitteilen, schickte aber den Tagebucheintrag vom 8.9.2012 nicht ab:

Das Sein im Nichtstun: Ich fühle nun, dass ich seit frühester Kindheit von der Idee getrieben war, zu helfen, und mich selbst dabei vergaß.

Meine Mutter hatte niemanden, mit dem sie reden konnte oder wollte und sie fand, ich sei alt genug, um Verantwortung für mich und meine ältere Schwester zu übernehmen. Sie sagte das nicht direkt, aber erzählte mir Dinge, die man sonst mit Erwachsenen bespricht und die ich nicht selbst beurteilen konnte, weil ich zu jung war. Tagsüber arbeitete sie im Büro der Ziegelei. Abends war sie müde.

Ob meine Schwester ähnliche Erfahrungen machte? Wer weiß das heute noch. Auf jeden Fall versuchte ich mit dem anstrengenden Leben als Scheidungskind, ohne Vater (ich wünschte mir immer einen) und mit einem Leben ohne eigenes Zuhause (wir lebten ja in der Großfamilie bei Tante und Onkel) fertig zu werden, indem ich immer vernünftig sein und gut funktionieren wollte. Ich wollte meiner Mutter beistehen. Ich fühlte mich nicht als Tochter oder Kind. Wenn ich das heute schreibe, erkenne ich eine große Gefühls-Leere in mir.

Also sorgte ich immer für gute Stimmung. Erwachsene, die in unserer Umgebung lebten, schilderten mich nach langen Jahren ebenso: «Du warst immer ein Sonnenschein und Hilfe für deine Mutter». Das fand ich wichtig und für all das wollte ich von ihr bewundert und geliebt werden. Aber ich sprach es nicht aus, weil ich ja ‹vernünftig› war. Das war mein innerer Auftrag. Dabei spielte sich in meinem Kopfkino die Endlosschleife ab: Nie wieder abhängig sein von den Umständen, nie wieder danke sagen müssen, nie wieder arm sein. Und es gab einen weiteren inneren Auftrag: Besonders Kindern wollte ich helfen, damit sie selbst und ihrem eigenen Rhythmus entsprechend erwachsen werden können. Sie sollten sich selbst finden und nicht so sein wie die Erziehung, Kultur, Gesellschaft und Moral das vorschreiben.

Viel zu selten habe ich so gelebt, wie ich es mir wünschte, nämlich allein Ball zu spielen, allein Bücher zu lesen, allein ein Zimmer zu haben. Allein auf der Wiese zu liegen und in den blauen Himmel zu schauen. Allein träumen und auf einer Wolke zu sitzen. Aus tiefstem Herzen lachen, tanzen und fröhlich sein.

So habe ich lange Jahrzehnte weiter gelebt im Zwang des So-macht–man–das. Dieses Leben war dann bis zu meinem 70. Geburtstag sehr ereignisreich. Ich habe alle Qualitäten und alle Fähigkeiten, eine unverwüstliche Gesundheit und ausreichende Intelligenz in mir gefunden, um alle meine Aufgaben, die ich mir gestellt hatte, zu lösen. Und nun fühle ich, dass damit nun Schluss sein muss.

Das Leben sollte anders möglich sein, das war meine tiefste Überzeugung. Das schrieb ich kurz vor meinem Knie-Unfall ebenfalls meinem Dharma-Lehrer und wollte mir und ihm sagen: Nun ist auch dieser Wendepunkt in meinem Leben erreicht. Diesen Wendepunkt in meinem Leben versuchte ich dann, von allen Seiten und auf allen Ebenen, anzuschauen. Ich spürte meine Hemmungen und meine Unentschlossenheit und schaute weiter tief in mein Herz.

EINSSEIN und FREISEIN

Folgendes schrieb ich im August 2012 ins Tagebuch, als mein Mann einige Wochen in Honduras war: Es kann vielleicht auch ein Fingerzeig sein für meine innere Ungeduld im Zusammenleben mit anderen. Klar ausgedrückt: Allein zu sein ist für mich keine Bedrohung und Strafe, sondern der Inbegriff der Freiheit. Und das will ich nun gerade erkunden, solange ich hier allein bin. Can Garous ist genau der Platz, der alles ermöglicht: Weit und breit kein Mensch, weit und breit nur sprachlose Wesen, Begleiter, die unerschütterlich SIND. Das Leben zeigt sich hier in allen Formen rein: Der Baum ist der Baum, der Himmel der Himmel, die Vögel, Früchte, der Mond und die Sonnenaufgänge, die Mücke und der Sturm, das Wasserschleppen für die durstigen Pflanzen, die Hundehaufen von Schlappi und die Stille in der Stille - alles ist rein und ständig verfügbar. Hier ist alles richtig für mich, weil niemand da ist.

Das war eine ungeheuer spannende Aussage, die nicht einer depressiven Haltung entsprang. Und ich schrieb weiterhin: Wie finde ich die Brücke, die zum Alleinsein führt? Wie kann ich sie überschreiten, ohne die anderen zu verletzen und zu verlieren? Wenn der Satz oben stimmt: «Finde ihn (den Schatz) im Hier und Jetzt, such hier und jetzt, nur da kannst du ihn finden», dann sagt mir eine innere Stimme: Es ist vielleicht kein «Schatz», aber du traust dich, etwas anzusehen, was du schon als kleines Mädchen und dann immer wieder nur geahnt und nicht wirklich gewusst hast.

Ich möchte allein sein und natürlich sehe ich sofort nichts anderes als Stress. Natürlich gibt es Stress, wenn ich mein Leben verändern möchte. Und natürlich werde ich etwas zerstören, aber es wird auch etwas Neues entstehen, und zwar am gleichen Ort, mit den gleichen Menschen, mit meiner Umgebung. Nun scheint der letzte Zug aus läppischen Altersgründen bald abgefahren zu sein, sagte ich mir. Und weiter: Früher radierte ich den Wunsch, allein zu sein, einfach weg. Der Gedanke, allein zu sein schien mir so ungewöhnlich und entgegen aller gesellschaftlichen Gepflogenheiten zu sein, dass mir nichts anderes einfiel, als den Weg der ständigen Veränderung zu beschreiten. Ich hatte ständig wechselnde Berufe, Ideologien, Vorlieben, Wohnplätze, täglich wechselnde Beschäftigungen und Personen um mich und mir damit jeweils vorgemacht: Nun habe ich das Richtige gefunden. Einfach schrecklich anstrengend, das sehe ich heute ganz klar.

Als ich schließlich beim Zen landete und auch da, wie in all meinen Bemühungen ‹erfolgreich› war, da passierte zunächst in meinem spirituellen Leben auch nichts anderes als es bei meiner Suche nach Liebe, Geborgenheit, Schöpfungskraft, Gesundheit und Zufriedenheit passierte: Es genügte nicht, das bin ich nicht.

Alles war nur ein Ritt mit hervorragendem Gepäck durch mein Leben. Ich spielte mit meinen Gefühlen, sozialen Rollen, Beziehungen und meinen intellektuellen Fähigkeiten wie ein Clown mit viel zu vielen Bällen. Alles das bedeutet natürlich Stress für mich und Stress für alle, die es mit mir zu tun haben.

Dann plötzlich nach all den Hammerschlägen ging alles Schlag auf Schlag weiter und ich erkannte, dass meine Unsicherheit, Zweifel, Ängste und Schwierigkeiten zunahmen. Wenn meine Lebens-Umstände sich im Bereich von Zorn, Wut, Aggression und Erniedrigungen befanden, geriet ich in Panik. Das gilt für mich persönlich wie auch für mich als Mitglied der Gesellschaft. «Diesen Stress halte ich jetzt nicht mehr aus! Ich kann ihn nicht mehr wegrödeln!», sagte ich mir immer wieder. Die Erkenntnis ist bitter genug.

Allein sein im Sein: Endlich bin ich alt genug und satt genug, um mir genau das, was ich so dringend brauche, zu geben. Ich war immer allein in mir glücklich, und möchte die letzten Tage meines Lebens frei und allein sein!

Gleichzeitig ist sonnenklar, dass da kein Ausziehen hilft, kein Umziehen, keine neuen Bekannten oder andere Gegenden, keine neue Beschäftigung, kein Kloster, kein Altersheim, nichts. Es ist, wie es ist. Ich muss da durch.

Neu war aber auch die plötzliche Erkenntnis: Dieses Leben kann überall entstehen, selbst in der Familie, im Tun, in der spirituellen Arbeit, in der Partnerschaft, hier in Can Garous. Es gibt noch so viel, was gelebt werden möchte. Genau diese Gespräche werde ich mit meiner Familie, meinem Mann, meinen Freunden, Schülern und mit mir führen müssen, bis ich es selbst glaube ... – und leben kann, sagte ich mir auch ständig.

LEBEN IN BEDEUTUNGSLOSIGKEIT

Während des langen Klinikaufenthaltes, wie üblich am frühen Morgen, erkannte ich schließlich: Es gibt nichts zu konservieren, nichts zu erreichen ... – nur zu sein.

Ich spürte, so kann eine nahtlose und enge Verbindung entstehen zu allem und allen, aber vor allem mit dem gegenwärtigen Moment. Unendlich sind dann die Möglichkeiten, Bedeutung wahrhaftig zu erleben im Kontext mit dem Moment, der Zeit, der Umgebung, den Dingen und den Lebewesen in der Welt der Phänomene. Das ist der Moment, wo die eigene Bedeutung im Einssein verschwindet. Fragen wie: was war ich, was hab ich geleistet, was hab ich nicht erreicht, was hab ich versemmelt und wie werde ich sein? schließen sich dann aus. Denn in diesem einen Moment zählt nur die augenblickliche Erscheinung, die dann sichtbar ist, die dann mitspielen kann im Tanz des Lebens: So geschieht es auch der kleinen Welle im Mittelmeer, die gerade um 6 Uhr 45 im Morgengrauen, gezogen, geschoben, getragen und bewegt wird von dem ganzen großen Wellentanz.

Sie fragt nicht nach Zeit, Ort, Art oder Form, weil sie so wie sie ist, perfekt ist. Und schwups, rollt sie unterhalb meiner Klinik, «Mer, Air, Soleil» in Collioure, sanft an den Strand und löst ihre Form auf. Ist sie nun ein Rinnsal, viele Tropfen, die im Sand versinken oder am Fels hängen bleiben? Wird sie wieder ins Meer zurückgezogen? Unbedeutend!

Selbst die wichtige Frage: «Wer bin ich?» Oder: «Was ist meine Bestimmung?», ist bedeutungslos geworden.

Reif für die Insel? Am 25.5.2013 sagte mein listiger Mann Dietrich bei einem Besuch am Krankenbett zu mir: «Wenn du ehrlich bist, weißt du, dass du reif für die Insel warst». Woraufhin am nächsten Morgen, beim Rezitieren des Herz-Sutras, die Erkenntnis kam: Die Insel ist alles, also Marktplatz, also Krankenhaus, also Parlament, also Internat, also Sesshin und Schützenfest ...

Ein Wendepunkt?

14. STERBEN

Eines lege ich euch allen ans Herz:
Leben und Tod sind eine ernste Sache.
Schnell vergehen alle Dinge.
Seid ganz wach,
niemals achtlos, niemals nachlässig.

So lautet der uralte Ruf, der am Ende eines jeden Tages, nach der letzten Meditation, in den Zen-Klöstern erschallt.

In Kapitel 11, ‹Wendepunkte im Leben› habe ich einige Fragen aufgezeigt, die sich meines Erachtens dazu eignen, Wendepunkte zu charakterisieren. Die letzte Frage war: Wie möchte ich sterben? Ich weiß natürlich, dass das Sterben wie übrigens auch der Lebensanfang, das Geboren werden – nicht so richtig planbar ist (ich schließe mal die bewusste Selbsttötung aus). Mit meinem Sterben habe ich mich aber schon beschäftigt, seitdem ich Zen praktiziere. Ich habe auch sterbende Menschen begleitet und einen Einführungskurs bei der Hospizgruppe in der Akademie Loccum gemacht. Mich interessierten Bücher und Berichte aus der Forschung und Wissenschaft und ich verglich die zahlreichen Informationen, die es gibt, um eine Patienten-verfügung zu machen. So war es immer in meinem Leben, ich will immer alles ganz gründlich wissen, um es zu erkennen und dann handeln zu können. Manchmal glaube ich, dass das außer Neugier vielleicht auch mein fehlendes Selbstvertrauen ist.

Als Zen-Lehrerin fragen mich häufig SchülerInnen oder deren Angehörige und Freunde um Rat, wenn Sterben zum Thema in ihrem Alltag wird. Einige wollen mir nur etwas erzählen, um nicht allein mit ihren Erfahrungen und Sorgen zu sein. Und dann geht es einfach nicht, wenn ausgerechnet ich «keine Ahnung» habe. Dabei handelt es sich oft um ganz praktische oder auch formale Fragen.

Immer wieder stelle ich fest, dass Tod und Sterben in unserer Gesellschaft noch nicht wirklich präsent sind. Es gäbe ja auch, wenn man tief schauen gelernt hätte, viele andere Gründe zum Abschied nehmen und zum Trauern. Wir verabschieden uns von Menschen, von lieb gewonnenen Ideen und Gedanken, von Arbeitsstätten und Wohnorten und vielem mehr. Bei jedem Abschied müssen wir unsere «Energie des Verlangens» zurücknehmen, sagt Lorne Ladner, und: «wir verbrennen unsere Energie des Verlangens und destillieren die reine, liebevolle Zuneigung [...], die dann bestehen bleibt»[82].

In der Zen-Übung lernen wir, von uns selbst Abschied zu nehmen (von unserem Ego). Mit diesem Abschied holen wir Energie zurück und setzen sie frei in Mitgefühl und Liebe. Wir sprechen dann von «innerer Freiheit», die nicht mehr an allem anhaftet.

Wenn wir einen lieben Menschen verloren haben, dann erleben wir die Essenz eines äußerst schmerzhaften Trauerprozesses. Wenn der Abschied gut verläuft, dann können wir die Energie, die zu der verstorbenen Person

---

[82] Lorne Ladner. Die verlorene Kunst des Mitgefühls. Diamant Verlag, 2005, S. 107

floss, zu uns zurücknehmen. Dann werden Verlangen und Sehnen langsam stiller und übrig bleibt Wertschätzung gegenüber der geliebten Person und Dankbarkeit für das, was uns die Person gab. Übrig bleibt unsere «wahre» Liebe. Auch ich musste das schmerzlich lernen.

Als 25-jährige wurde ich ganz unvorbereitet und allein mit dem Sterben meiner Mutter konfrontiert. Ich erkannte erst langsam und mühevoll, wie wichtig es ist, dass das Sterben und der Tod in das Licht des Alltäglichen gestellt werden müssen. Wir sollten uns mit dem Sterben und dem Tod so viel und so unaufgeregt wie möglich befassen, damit sie ihren Schrecken verlieren und wir angemessen handeln und auch trauern können.

Als Dietrich und ich nach Frankreich zogen, war dann auch der Zeitpunkt gekommen, wo ich mich für eine Patientenverfügung entschied und ein Testament machen wollte. Ich war nicht krank und begann ja einen völlig neuen Lebensabschnitt, fühlte aber, jetzt kannst du dich auch auf das Lebensende vorbereiten. Das war eine sehr hilfreiche Arbeit. Nach reiflicher Überlegung entschloss ich mich, den Gesetzestext des Bundesjustizministeriums als Grundlage zu übernehmen.

Ich bat meinem Mann, dessen Tochter Marcia und meinem Sohn Alexander für ein Wochenende nach Can Garous zu kommen und dann ausschließlich und in aller Ruhe über meine Patientenverfügung und das Sterben zu sprechen. Unsere beiden «Kinder» haben sich sofort in den Flieger gesetzt, obwohl beide beruflich sehr angespannt waren. Sie erklärten sich auch bereit, mir als Bevollmächtigte und Betreuer beim Sterben zu helfen, mein Mann ebenfalls. Dafür bin ich ihnen nach sieben Jahren immer noch sehr dankbar. Sie meinten allerdings alle, dass das doch viel zu früh sei.

Es war für uns alle nicht sehr einfach, sich plötzlich mit dem Tod und dem Sterben auseinanderzusetzen. Wir haben hinterher aber gesagt, dass es uns allen gutgetan hat, jetzt zu wissen, was wir eigentlich selbst wollen und nun auch zu wissen, was die anderen sich wünschen. Wir blickten nun ruhiger und gelassener dem Zeitpunkt des Sterbens entgegen. Ich treffe heute immer wieder Menschen, die mir sagen: «Eigentlich müsste ich auch ein Testament oder eine Patientenverfügung machen». Und die mich auch um Rat bitten, das dann aber doch wieder verschieben. In einer Patientenverfügung kann man auch seine persönlichen Wertvorstellungen niederschreiben. Das war neu für mich. Ich finde das gut, denn es hilft allen, den Ärztinnen und dem Pflegepersonal in der Palliativklinik oder auch im Hospiz, sowie allen, die auch nur kleinste Entscheidungen für mich treffen müssen, wenn ich nicht mehr selbst entscheiden kann.

So schrieb ich dann am 29. Mai 2006: Meine Wertvorstellungen: Auch wenn ich mich mit 66 Jahren weit unter dem durchschnittlichen Sterbealter von Frauen befinde, so möchte ich doch auf alle Fälle mein Sterben und die Folgen davon für meine wundervolle Familie so geordnet vorbereiten, wie es mir zum jetzigen Zeitpunkt möglich ist. Ein weiterer Grund ist, dass ich mich selbst auf das Sterben so vorbereiten und damit so vertraut machen möchte wie möglich, um es als einen ebenso wichtigen Abschnitt meines Lebens zu erleben, wie die Geburt und das Leben selbst. Als Zen-Lehrerin hat der Sterbevorgang außerdem eine herausragende Bedeutung, weil er ein Übergang zum Sein ohne Körper ist. Ich glaube fest daran, dass das Leben, das mir meine Eltern ermöglicht haben, ein Geschenk ist und sich damit für mich eine Chance und eine Aufgabe verbindet. Diese Aufgabe sehe ich auch darin, selbst im Sterben gelassen und freudig Abschied zu nehmen. Nach buddhistischer Auffassung ist es dazu wichtig, jeden Schritt soweit wie möglich bewusst zu gehen, das Leben nicht künstlich technisch zu verlängern und angstfrei den Körper zu verlassen. Dazu ist es nötig, dem natürlichen Sterben Zeit und Raum zu geben und dem Geist eine Chance, sich vom Körper zu trennen. Wie schon oben erwähnt, ist es nach buddhistischer Auffassung ebenfalls wichtig, dass der Körper nach Eintritt des Todes 24 Stunden unberührt ruhen kann, bevor er für die Feuerbestattung vorbereitet wird.

Ich habe bisher ein abwechslungsreiches Leben geführt. Schon seit meinem 60. Lebensjahr habe ich das Gefühl, es fehlt nichts. Ich bin erfüllt und dankbar für alles, was ich erleben musste und durfte. Auf meinen Sohn und die noch hinzugekommene Stieftochter bin ich sehr stolz. Sie geben mir die Gewissheit, dass die nächste Generation gerüstet ist für den Erhalt der Lebensgrundlagen für Mensch und Natur. Mein Mann ist auf meinem spirituellen und praktischen Weg ein wichtiger Begleiter und Partner gewesen. Wir leben hier in Can Garous in engster Verbindung zur Natur, dadurch hat sich unser Lebensabend entscheidend verändert. Dies würde ich so vielen Menschen wie möglich gönnen. Es gibt daher nichts, was mich hindern könnte, jederzeit in Gelassenheit zu Sterben. Die Errichtung von Hospizeinrichtungen in Deutschland habe ich während meiner politischen Zeit als Abgeordnete des Niedersächsischen Landtages sehr unterstützt und mich ausgiebig informiert. Ich habe private Sterbebegleitung aktiv und auch spirituell praktiziert. Geblieben ist der Wunsch, dass Sterben und Krankheit in unserer Gesellschaft einen höheren Stellenwert als normalen Abschluss des Lebens erfahren möge. Aber dies setzt neben den Bemühungen des Staates eine bewusste Bereitschaft auch von dem Einzelnen und der Gesellschaft voraus. Ich danke allen, die mir beim Sterben im Sinne der Patientenverfügung behilflich sein werden.

DAS STERBEN MEINER MUTTER UND MEINES BRUDERS

In meinem Leben habe ich recht früh von meinen Eltern Abschied nehmen müssen – aber beide Male war es kein «gelungener» Abschied. Meine Mutter lag monatelang zu Hause und wusste, dass ihre Krebskrankheit nicht heilbar war. Als das klar war, unterbrach ich meine Abendschule und Berufstätigkeit in Göttingen und fuhr zu ihr, um sie zu pflegen. Das war auch deshalb gut, weil ich schwanger war. Der Vater meines Kindes war wenig begeistert und wollte das Kind nicht haben. Trotzdem heirateten wir, weil unsere Eltern das richtig fanden. Meine Mutter verschonte ich mit meinen Sorgen. Sie sollte in Ruhe sterben können. Das war natürlich eine Illusion, denn sie ahnte, dass diese Heirat und Ehe nicht glücklich werden konnte. Aber sie spielte mit. Heute frage ich mich, warum haben wir alle nicht miteinander reden können? Aber so war das 1965, da sprach man eben über manche Dinge nicht, wenigstens in unserer Familie! Mein Sohn wurde im Mai geboren, der Vater war immer noch nicht bereit, dabei zu sein, und meine Mutter lag schon sehr geschwächt im Bett. Wir alle spielten uns das Theaterstück «heile Familie» vor. Ich übernahm die Rolle der pflegenden Tochter und glücklichen Mutter. Ich wollte auch meinen jüngeren Bruder «schützen», der erst 20 Jahre alt war und in Bielefeld eine Lehre machte. Also sagte ihm keiner, wie aussichtslos eigentlich alles war. Einen Tag vor seinem 21. Geburtstag ist unsere Mutter dann gestorben. Obwohl ich Tag und Nacht bei meiner Mutter war, waren wir beide doch allein. Sie lag in ihrem Zimmer und aß und trank wochenlang nicht mehr. Hin und wieder kam eine Schwester, die sie wusch. Mein Vater versorgte sie mit Medikamenten und fuhr zwei Wochen vor ihrem Tod in Urlaub. Bei einem der wenigen Arztbesuche sagte er dann zu mir: Ich fahre jetzt drei Wochen weg. Mutti wird wahrscheinlich sterben, bevor ich zurückkomme. Aber du bist stark, du schaffst das schon. Gib ihr das Morphium weiter. Da half kein Weinen und so blieb ich versteinert zurück. Meine Tante und mein Onkel waren auch verreist.

Es kam, wie er es sagte. Meine Mutter bat mich eines Abends, ihr doch alle Tropfen aus der Morphiumflasche zu geben: «Ich war jetzt so lange tapfer und mag nicht mehr. Gib mir alle Tropfen auf einem Zuckerstück und einem Schluck Wasser». Ich drehte mich um, nahm das Fläschchen und gab ihr nicht alle Tropfen, was sie aber nicht sehen konnte. Ich konnte es einfach nicht. Ich konnte auch nicht denken. Alles war nur wirr in mir. Sie schaute mich an und fragte: «Ist da alles drauf.» Ich log sie an. Sie nahm das Zuckerstück und würgte es runter, denn seit langem konnte sie schon nicht mehr essen. Dann legte sie ihren Kopf wieder hin und sagte: «Gute Nacht». Ich sagte auch: «Gute Nacht», und ging tatsächlich aus dem Zimmer raus, als wäre nichts geschehen.

Mitten in der Nacht wurde sie wach und war im Delirium, beschimpfte mich und wollte, dass ich die Polizei hole. Den Rest der Nacht habe ich nicht mehr im Gedächtnis. Morgens kam der Krankenwagen aus dem Stolzenauer Krankenhaus und der Chefarzt saß persönlich mit drin. Bei dem hatte ich vor drei Monaten mein Kind entbunden. Er war das erste menschliche Wesen, das in dieser Situation mitfühlend handelte. Er nahm mich in den Arm und sagte: «Warum hast du nicht vorher Bescheid gesagt, es wird jetzt alles gut. Er hatte meine Mutter ins Koma versetzt und nahm sie mit ins Krankenhaus. Dort ist sie dann während eines Besuchs von mir gestorben. Und wieder wusste ich nicht, was geschah und was ich tun sollte. Die Schwester stellte den Tod fest und sagte, ich solle nun nach Hause fahren.

So war das damals. Hinterher haben die Familie und andere die Beerdigung und alles organisiert, ich kann mich nur an weniges erinnern. Alte Freunde von meiner Mutter nahmen mich an dem Tag der Beerdigung zur Seite und sagten: Deine Mutter war ein ganz wunderbarer Mensch, so kannst du sie in Erinnerung behalten. Ich spürte und wusste, dass das stimmte.

MEIN BRUDER

Als mein Bruder zu Beginn dieses Jahres in Australien starb, habe ich alles «richtig» gemacht. Wir lebten seit seinem 21. Lebensjahr weit voneinander entfernt. Nach dem Tod meiner Mutter war er nach Australien ausgewandert. Wir hatten immer eine sehr intensive Herzverbindung und liebten uns sehr, was eigentlich komisch klingt, denn unsere Wege trennten sich damals für immer. Wir sahen uns nur noch sieben Mal. Viermal reiste ich nach Australien, dreimal besuchte er uns. Jedes Mal wünschten wir einander ein glückliches Leben und fühlten uns wie Zwillinge des Herzens, auch wenn eine halbe Weltreise uns trennte. Im vergangenen Jahr kam er mit seiner jüngsten Tochter Charlotte, 20 Jahre alt, nach Europa. Keiner wusste, dass er bereits an einem unheilbaren Gehirntumor erkrankt war, er selber auch nicht. Die beiden besuchten die ganze Familie und Freundinnen von Lelle, so nannten wir ihn, in München, in Marburg, in Can Garous, in Eggenstein, wo ich gerade war und waren auch in Norddeutschland. Auf dieser Rundreise sahen sie fast alle Nichten und Neffen, Cousinen und Cousins. Für uns alle war es entweder ein Wiedersehen, aber auch ein neues Kennenlernen, weil unsere Familien sonst kaum noch Kontakt miteinander hatten. Wir alle hatten eine wunderbare Zeit miteinander. Einen Monat später rief ich ihn an seinem Geburtstag an, da konnte er schon nicht mehr richtig reden. Der Tumor hatte das Sprachzentrum erreicht. Er ging ins Krankenhaus und kam mit der Diagnose heraus, dass man nichts mehr machen könne. Noch im Krankenhaus rief er mich an und bat mich zu kommen. Ich flog sofort hin und wir haben fast zwei Monate auf der Farm, auf der sein Sohn Orson mit seiner Freundin lebt, und mit seinen beiden Töchtern Charlotte und Emma mit ihrer Lebenspartnerin Leah, eine wunderbare Zeit verlebt. Wir alle haben uns zu einer neuen Familie zusammengeschlossen und jeden Tag zu einem Tag des Festes gemacht. Orson sagte immer: «Wir feiern das Leben unseres Vaters, so lange es geht.» Ich habe meinen Bruder noch nie so glücklich, so ruhig und so gelassen gesehen.

Die Palliativschwestern, die uns halfen, sagten: «Wenn man das Haus betritt, fühlt man Liebe und Freude. Das ist so selten».

Als ich mich von Lelle verabschiedete, weil ich wieder abfliegen musste und wollte, hatten wir alles gesagt, alles gefühlt und waren traurig aber nicht unglücklich. Ich habe ihm dieses Gedicht zum Abschied geschenkt:

Abschiedsgedicht für Lelle

Ich kann dich gehen lassen, weil ich dich liebe
wir können uns verabschieden, weil wir nie getrennt waren
jetzt nicht getrennt sind
und nach unserem Tod nicht getrennt sein werden.
Wir sind ein Herz-Geist
 und werden uns immer begleiten können.
Wenn ich nach Europa geflogen bin,
 schau in den Himmel und du wirst mich sehen,
wenn du nicht mehr leben wirst,
 höre ich deine Stimme im Gesang des Vogels
wenn du das frisch gemähte Gras
 unter deinen Füssen spürst, spürst du auch mich
wenn ich ein Mango-Eis esse,
 welches du jeden Abend vor dem schlafen isst,
 bin ich bei dir.

Wir werden uns überall wieder finden, denn wir kommen aus dem Eins und kehren ohne unsere Körper wieder dahin zurück.

Mach dir keine Sorgen, wie es uns gehen wird, wir alle hier, die wir uns gefunden haben, um dich zu begleiten, werden unseren Weg weiter gehen und uns dabei unterstützen.

Das war am 5.11.2012 und wir beide saßen ganz allein auf der wunderschönen Veranda und blickten in die Weite des Yarra Valley, das war sein Lieblingsplatz. Er hörte intensiv zu, als ich das Gedicht sprach und sagte mit liebevoller Stimme: «Ja, so ist es gut». Nur noch mit großer Anstrengung konnte er manchmal kurze Sätze sagen. Und auch für mich ist es heute noch gut und jeden weiteren Tag, den ich hier mit ihm noch verbringen werde.

Am Heiligen Abend riefen Marcia, mein Mann Dietrich und ich ihn noch ein letztes Mal an und sangen falsch und fröhlich: «Oh Tannenbaum ...». Wir hörten sein Lachen, das war dann unsere letzte Begegnung. Er starb im Januar. Seine Kinder baten mich, eine Abschiedsrede zu schicken, die sie dann verlesen haben. Ich schrieb:

«Lieber Lelle, liebe neue Familie: Charlotte, Emma, Leah, Gillie and Orson, liebe Freundinnen und liebe Freunde und hi to everybody . Als Charlotte mich fragte, ob ich nicht eine kleine Ansprache für die Zeremonie per Mail rübersenden könne, sagte ich sofort: «gerne». Nun merke ich, dass das mit meinen englischen Sprachkenntnissen gar nicht so einfach ist. Aber ich bin sicher, ihr alle werdet meine Worte verstehen, weil sie aus dem Herzen kommen: Lieber Lelle, Du wirst ja auch Alex genannt, ich spreche jetzt im Namen von all Deinen deutschen Freundinnen und Freunden. Ich grüße Dich von Deiner Schwester Vreni mit ihrer Familie, von Dietrich und unserer Familie, von Uwe, von Jockl und Witha und deren Familie. Es sind so viele, die in den letzten Monaten sehr eng mit Dir verbunden waren. Im Namen aller soll ich mich bedanken für die schöne Zeit, die wir noch mit Dir und Charlotte im Sommer in Deutschland und Frankreich verbringen durften.

Darüber hinaus erinnern wir uns auch an wunderbare, lustige und komische Zeiten, die wir zusammen mit Dir in Europa oder auch hier in Australien erlebt haben. Diese Erinnerungen kann uns niemand nehmen. Sie sind in unserem Herzen und dort bleiben sie auch.

Ich persönlich blicke zurück und sehe meinen kleinen Bruder. Er stolperte immer zufrieden und lachend in unserem großen Haus zwischen allen Erwachsenen und großen Cousinen und Schwestern durchs Leben und war immer da. Ich kann mich nicht an einen Streit erinnern, an dem Du, Lelle, beteiligt warst. Diese wunderbare Eigenschaft hast Du Dir bis zu Deinem Tode erhalten können. Ich kenne wenige Menschen, die so viele Freunde haben wie Du. Und ich sehe Dich vor mir, als wir uns hier trafen und wochenlang in der Wiggley Bottom Farm deinem Wunsch entsprechend deine letzten Lebenstage zu einem Fest des Lebens machten. Herzlichen Dank, Gillie, für deine Gastfreundschaft! Dabei wurden wir eine «neue Familie», die sich wirklich alle Mühe gab, Deinen Wunsch zu erfüllen. Dabei halfen uns auch viele liebe Freunde und Nachbarn.

An deinen Augen konnten wir erkennen wie sehr du, lieber Lelle, diese Wochen genossen hast. Aber natürlich waren wir alle und auch du traurig, denn wir wussten, dass diese Zeit kurz bemessen war.

Ich sehe Dich im Helikopter sitzen als wir die «12 Apostel» besuchten und freute mich über dein Lächeln, als ob du sagen wolltest, «Wenn der Pilot wüsste, dass ich so schwer krank bin, hätte er mich nie einsteigen lassen».

Ja Lelle, so habe ich dich in Erinnerung, du konntest still genießen, du liebtest auch die stillen Minuten beim Lesen deines letzten Buches 1Q84. Du gingst um das Haus herum und hast mit allen Sinnen Farben, Formen, Düfte und Geräusche aufgesogen. Du konntest nicht mehr sprechen aber das Essen genießen.

Orson sagte einmal zu mir, als ich mir Sorgen machte: «Let him, he is having a shower of his senses.»

Du hast uns alle immer sehr liebevoll angeschaut und uns nie getadelt, wenn wir etwas nicht so richtig machten. In dem Sinne warst Du ein ganz lieber Vater und Bruder, der jeden von uns und alles verstand. Ich erinnere mich, dass Du spät abends, als ich «old woman» schon ins Bett gegangen war, mit Mia Walzer getanzt hast und mit ihr Lieder gesungen hast. Alles war ein Fest für Dich und dafür haben wir Dich geliebt.

Ihr Lieben: Orson, Emma, Leah, Charlotte und Gillie ihr habt von morgens bis nachts einen großartigen Job gemacht! Dafür möchte ich mich im Namen aller deutschen Familienmitglieder und Freunde bedanken.

Mein Herz ist voll. Ich bin traurig, dass du, lieber Lelle, gehen musstest, obwohl du anfangen wolltest zu leben.

Mein Herz ist voller Liebe, weil ich weiß, dass wir auch jetzt und weiterhin miteinander verbunden sind.

Ihr Lieben alle, schaut in Eure Hand und seid ganz still, dann werdet ihr das kleine Lächeln von Alex sehen und mit ihm verbunden sein.

Bärbel

WIE STARB DER BUDDHA?

Es ist unendlich lange her und doch finden wir ausreichende Stellen im Pali-Kanon, die das Sterben des Buddhas schildern. Und wieder werden unsere Erwartungen nicht erfüllt, denn auch der Buddha starb, wie ihr und ich sterben werden. Es gibt kein «heiliges» Sterben, obwohl es unendlich viele Möglichkeiten des Sterbens gibt, so vielfältige, wie es verschiedene Lebensentwürfe gibt. Wenn wir uns dessen bewusst werden, dann haben wir schon viel erkannt. Im Buch von Stephen Batchelor fand ich: «Der Buddha starb, erschöpft und krank in Begleitung von Ananda und Anuruddha, seinen Cousins und Anhängern aus Sakiya. [...] Im Laufe dieser Regenzeit wurde Siddhatta Gautama ‹ ... von einer schweren Krankheit ergriffen, mit so starken Schmerzen, als ob er gleich sterben würde.› (D. 16, ii. 99-101) Er erholte sich davon, war aber sehr geschwächt. ‹Ich bin erschöpft›, sagte er zu Ananda. ‹Mein Körper macht nur weiter, weil er mit Gurten festgebunden ist, wie ein alter Karren.› Ananda bedrängte ihn, sich mit einer letzten Rede an den Mönchsorden zu wenden. ‹Was erwartet der Mönchsorden von mir?›, erwiderte Buddha. ‹Ich habe den Dhamma ohne Unterschied zwischen einer ‹äußeren› und ‹inneren› Lehre gelehrt. Ich bin nicht jemand, der eine geschlossene Faust hat in Bezug auf das, was ich lehre. Wenn da jemand denkt: ‹Ich werde die Führung des Ordens übernehmen, dann lass ihn so etwas sagen. Ich denke nicht in solchen Kategorien. Ananda, ihr sollt leben wie die Inseln für euch selbst, bei euch selbst Zuflucht nehmen, Zuflucht suchen, mit niemand anderem als Zuflucht, mit dem Dhamma als Insel, mit dem Dhamma als eurer Zuflucht, mit keiner anderen Zuflucht›. [...] Als die Regenzeit vorüber war, bat Gotama Ananda, die Mönche zum Giebel-Haus in Vesali zu rufen, wo er sich von ihnen verabschieden wollte. Er trieb sie dazu an, den achtfachen Pfad zu ‹lernen, zu praktizieren und zu kultivieren›, den er entdeckt hatte, ‹so dass aus Mitgefühl für die Welt und für das Glück und Wohl vieler, diese Art Lebensführung noch lange Zeit existieren wird›. (D. 16, ii. 119-20) Er endete mit der Ankündigung, dass er nicht erwarte, noch länger als ein paar Monate zu leben.»

Und so wanderten sie langsam zurück nach Malla, wo der Buddha sterben wollte. Sie kamen bis nach Fazilnagar.

Batchelor schreibt weiter: «In Fazilnagar nahm Gautama sein letztes Mahl ein, ‹ [...] es war zartes Schweinefleisch aus dem Hause eines Mannes namens Cunda, eines Schmieds›. Von dem Augenblick an, als es ihm gereicht wurde, scheint Gotama vermutet zu haben, dass mit dem

Essen etwas nicht stimmte. ‹Gib mir das Schweinefleisch›, sagte er zu seinem Gastgeber, ‹und die übrigen Speisen den anderen Mönchen.› (D. 16, ii. 1) Als das Mahl vorüber war, sagte er zu Cunda: ‹Du solltest alle Überreste des Schweinefleischs in einer Grube vergraben.› Danach wurde er von einer schweren Krankheit ergriffen mit blutigem Durchfall, die er achtsam, ohne zu Klagen erduldete. Er sagte lediglich zu Ananda: ‹Lass uns nach Kusinara gehen›, was unter den gegebenen Umständen klingt wie: lass uns von diesem Ort verschwinden.»

(Es gab überall auch Feinde von Buddha, man stritt sich außerdem um die Nachfolge nach seinem Tod.) Indem Gotama darauf bestand, dass ihm allein das Schweinefleisch serviert werden sollte und alle Reste vergraben werden sollten, verhinderte er, dass Ananda etwas davon aß. Demnach mag Gotama seinen Tod beschleunigt haben, damit seine Lehre überlebte. [...] Es kann sein, dass einer seiner vielen Feinde Ananda vergiften wollte, was der effektivste Weg gewesen wäre, denn Ananda war bekannt als der ergebene Diener von Gotama, der in seinem Gedächtnis alles aufbewahrte, was Buddha gelehrt hatte. [...] Als sie in Kusinagara ankamen, sagte Gotama zu Ananda, dass er ihn zum Sal-Hain der hiesigen Bewohner von Malla am Rande der Stadt bringen solle. Dort bat er ihn, ihm ein Bett zwischen zwei Sal-Bäumen zu bereiten. Im Wissen, dass er nicht mehr lange leben werde, erklärte Gotama, auf welche Weise er kremiert werden wolle und was mit den Überresten geschehen solle. Für Ananda war das zu viel. Er brach tränenüberströmt zusammen. ‹Weine und klage nicht›, sagte Gotama. ‹Hab ich dir nicht gesagt, dass alles Angenehme und Schöne der Veränderung unterworfen ist? Wie könnte es sein, dass etwas das zusammengesetzt ist, nicht vergeht?› (D. 16, ii. 144) Nun war es soweit und der Buddha holte seine Schüler zu sich, um sich zu verabschieden. Es war spät in der Nacht, [...] als sich Gotama an die kleine Gruppe anwesender Mönche wandte und sagte: ‹Wenn jemand noch einen ernsthaften Zweifel an dem hat, was ich gelehrt habe, dann ist jetzt die Zeit, Fragen zu stellen.› (D. 16, ii, 154-5) Die Mönche verharrten schweigend.

‹Wenn ihr aus Respekt mir gegenüber schweigt, dann wendet euch mit euren Fragen wenigstens aneinander›. Immer noch sagte keiner ein Wort. Gotama sprach: ‹Dann müsst ihr alle erwacht sein. Hört zu: Bedingte Dinge lösen sich auf, geht mit Sorgfalt den Pfad!› (D. 16, ii. 156). Dann wurde Buddha still. Das waren seine letzten Worte.»[83]

ASIATISCHE GESCHICHTEN ÜBER DAS STERBEN

«Einmal kam eine Frau zu Buddha mit ihrem gerade verstorbenen Kind auf dem Arm und bat ihn, ein Wunder zu wirken und das Kind ins Leben zurückzuholen. Der Erleuchtete erklärte sich dazu bereit, jedoch unter der Bedingung: Die Frau solle ihm zuvor eine Hand voll Reis von einer Familie bringen, die noch nie vom Tod betroffen wurde. Die Frau eilte los, ging von Haus zu Haus, doch

---

[83] Stephen Batchelor. Bekenntnisse eines ungläubigen Buddhisten. Herder 2012. S. 274ff.

wohin sie sich auch wandte, überall hatte es schon Tote gegeben. Da kehrte sie niedergeschlagen zu Buddha zurück. Aber sie hatte verstanden, und er ‹der vorüberging›, tröstete sie: Nun waren sie beide auf dem Weg.»[84]

«Ein alter Mönch fühlt seinen Tod nahen. Er legt sich nieder und verkündet, dass er in den nächsten Stunden sterben werde. Alle seine Schüler versammeln sich an seinem Sterbelager. Nur ein einziger, der ergebenste aber, eilt nicht zu seinem Meister, sondern auf den Markt, um einen Kuchen zu holen, von dem er weiß, dass der sterbende Mönch ihn besonders liebt. Aber er bekommt ihn nicht und muss ihn erst wieder backen lassen, was einen ganzen Tag beansprucht. Endlich ist es so weit, und er läuft zurück, in der Hoffnung, doch noch rechtzeitig zu kommen, und kaum steht er in der Zellentür, da schlägt der Mönch die Augen auf und murmelt: «Endlich! Und wo ist der Kuchen?» Er lässt sich ein Stück reichen und verzehrt es mit großem Genuss.

Seine Schüler schauen ihn verwirrt an. Einer fragt: «Meister, wie lautet deine letzte Lehre? Verkünde uns etwas, was wir nie vergessen werden». Der Meister lächelt und spricht dann langsam und deutlich jedes Wort betonend: «Dieser Kuchen schmeckt vorzüglich». Seine Lehre lautet, lebt jetzt, lebt im Augenblick. Es gibt keine Zukunft. Seid euch dessen bewusst. Jetzt in diesem Augen-

---

[84] Terziani, Tiziano. Noch eine Runde auf dem Karussell. S.260

blick schmeckt der Kuchen vorzüglich. Sogar der Tod hat keine Bedeutung mehr – im Augenblick noch nicht.»[85]

Im Mahabharata gibt es eine Episode, die das eigenartige Verhältnis der Menschheit zum Tod zusammenfasst.

Die fünf Pandava-Brüder, aus ihrem Königreich vertriebene Prinzen, lebten einige Jahre schon im Wald. Als sie einmal lange und erfolglos einem Hirsch nachgesetzt waren, gelangten sie zu einer Lichtung und blieben dort keuchend und durstig stehen. Der Jüngste stieg auf einen Baum, erblickte in der Ferne einen Teich und sagte zu den Brüdern, er gehe Wasser holen. Die Zeit verstrich, aber der Jüngling kam nicht zurück. Der Zweitjüngste ging ihn suchen, und auch dieser blieb fort. Und ebenso geschah es mit dem dritten und vierten Bruder. Da machte sich der Älteste, nun allein geblieben, auf den Weg zum Teich. Dort erwartete ihn ein schrecklicher Anblick: Seine vier Brüder lagen tot am Ufer des kühlen, kristallklaren Wassers. Aber man sah keine Spuren eines Kampfes, auch keine Fußspuren, außer den ihren. Verzweifelt, aber doch durstig, streckte er eine Hand ins Wasser, um zu trinken.

«Halt», hörte er jemanden rufen. «Das ist mein Teich. Nur wenn du meine Fragen beantwortest, darfst du trinken. Trinkst du ohne zu antworten, wirst du sterben, so wie deine Brüder gestorben sind.» Die Stimme kam von einem Storch, der seine Herausforderung nun wiederholte: «Beantworte meine Fragen, und du darfst trinken.» Der

---

[85] a.a.O., S.352

Älteste willigte ein. Die ersten Fragen waren leicht und der Prinz konnte sie leicht beantworten. Dann wurde es ernst: «Sag mir, was ist die überraschendste Seite des menschlichen Lebens?», fragte der Storch.

«Dass der Mensch zwar sieht, wie der Tod um ihn herum zahllose Leben hinrafft, aber nie daran denkt, dass er selbst auch an die Reihe kommen wird», antwortete der Prinz, indem er die Leichname seiner Brüder berührte. Die Antwort war richtig. Der Zauber war gebrochen, und die vier Brüder, von denen keiner geglaubt hatte, dass der Tod auch ihm drohe, kehrten ins Leben zurück.»[86]

Martin Buber berichtet:

«Wie Sussja starb.

Vor dem Ende sprach Rabbi Sussja: «In der kommenden Welt muß ich nicht verantworten, dass ich nicht Mose gewesen bin; ich muss verantworten, dass ich nicht Sussja gewesen bin.»[87]

Gian Domenico Borasio schreibt in «Über das Sterben»:

«Was heißt eigentlich Spiritualität (in der Medizin)? Der Arbeitskreis Seelsorge der Deutschen Gesellschaft für Palliativmedizin hat 2006 folgende Definition vorgeschlagen: ‹Unter Spiritualität kann die innere Einstellung, der innere Geist wie auch das persönliche Suchen nach Sinngebung eines Menschen verstanden werden, mit dem er

---

[86]   a.a.O., S. 349f
[87]   Martin Buber. Hundert chassidische Geschichten. Manesse 2003, S. 26

Erfahrungen des Lebens und insbesondere auch existentiellen Bedrohungen zu begegnen versucht.›

Diese Ressource zu aktivieren, sie für Patienten und ihre Familien erfahrbar zu machen, ist eines der wichtigsten Ziele der spirituellen Begleitung am Lebensende.»

WIR KÖNNEN AUCH MIT KINDERN ÜBER DEN TOD UND DAS STERBEN REDEN

Hier eine weitere Geschichte von Eknath Easwaran, ein indischer, 1999 verstorbener Mystiker, die ich bei Tiziano Terziani in: «Noch eine Runde auf dem Karussell» fand:

«Als er ein kleiner Junge war, und mit dem Tod eines Verwandten nicht zurechtkam, forderte sie (seine Mutter) ihn auf, sich auf einen breiten Lehnstuhl zu setzen und sich mit aller Kraft festzuhalten. So klammerte er sich an die Armlehnen, während sie versuchte ihn wegzureißen, was ihr auch gelang. Und der Widerstand hatte ihm wehgetan. Nun forderte sie ihn auf, sich noch einmal auf den Stuhl zu setzen, nun aber keinen Widerstand zu leisten. Sie hob ihn sanft auf und nahm ihn in die Arme. «So ist es auch mit dem Tod. Du kannst wählen, wie du aus dem Leben scheiden willst. Denk immer daran.»

15. DIE GLÜCKLICHEN

Glück erlebt man in Momenten,
in denen sich die Aufmerksamkeit
auf etwas Angenehmes richtet.

Daniel Kahnemann

Buddha erkannte, wie Lorne Ladner schreibt, «*[...] nicht nur, dass jeder im Leben zahllosen Formen von Leid ausgesetzt ist, sondern auch das Glück, das von äußeren Umständen abhängig ist, nur eine armselige und unsichere Art von Glück ist*».[88]

WAS IST GLÜCK?

Sprechen wir das Wort aus, so gibt es sofort ein Ziehen in der Herzgegend. So ungefähr wie: Es ist zu schön, um wahr zu sein. Denn es gibt aber wie immer die andere Seite der Medaille, da kommen dann Gedanken wie: Glück ist etwas für Phantasten und Glücksritter. Beides stimmt natürlich, denn auch im täglichen Leben, nicht erst im Paradies, können wir glücklich sein.

Daniel Kahnemann, amerikanischer Psychologe und Wirtschaftsnobelpreisträger, erforscht, ob das tatsächliche Erleben ein weiteres Glücksmaß neben anderen ist. Er bejaht das. Offenbar sind wir im Moment in unserer west-

---

[88] Lorne Ladner. Die verlorene Kunst des Mitgefühls. Diamant Verlag. 2005, S. 69

lichen Gesellschaft auf der vergeblichen Jagd nach immer mehr Glück.

Immer mehr Forschungsbemühungen weltweit befassen sich damit, Glück ins Rampenlicht zu bringen. Es gibt die Fragen: Wann macht Arbeit glücklich? Entscheidet der Job mit über das Lebensglück? Was passiert im Gehirn, wenn man glücklich ist? Was kann ich tun, um glücklich mein Leben selbst in die Hand zu nehmen? Sind Frauen glücklicher als Männer? Sind andere Kulturen glücklicher als wir? Verlängert Glücklichsein unser Leben? Kann Glück mich heilen? Ich könnte die Liste unendlich fortsetzen.

Im Augenblick findet man auf allen Kanälen, in allen Medien, in allen öffentlichen Kundgebungen, dass das Glück wieder «entdeckt» wird.

Glück kann sogar die Maßeinheit für ein ethisches und modernes Leben sein. So gibt es das jährliche weltweite Ranking des «Happy Planet Index». Und was ist das? Der Happy Planet Index (HPI) ist ein Maß für die ökologische Effizienz der Erzeugung von Zufriedenheit. Dabei werden Werte für Lebenszufriedenheit, Lebenserwartung und der ökologische Fußabdruck kombiniert. Der Happy Planet Index wurde im Juli 2006 von der New Economics Foundation in Zusammenarbeit mit Friends of the Earth in Großbritannien entwickelt.

Im Gegensatz zu etablierten volkswirtschaftlichen Indizes wie Bruttoinlandsprodukt (BIP) oder Human

Development Index (HDI) bezieht der Happy Planet Index (HPI) das Kriterium der Nachhaltigkeit mit ein.

Die Anzahl der erwarteten «glücklichen Lebensjahre», (die durchschnittliche Lebenserwartung) wird mit der Lebenszufriedenheit multipliziert, (eine Kombination von subjektiv eingeschätzten Werten und objektiv erhobenen Fakten) und dann durch den ökologischen Fußabdruck dividiert.

$$HPI = \frac{\text{Lebenserwartung } \mathbf{x} \text{ subjektives Wohlbefinden}}{\text{ökologischer Fußabdruck}}$$

Costa Rica belegte 2012 beim HPI den ersten Platz, gefolgt von Vietnam. Die Vereinigten Staaten stehen in dieser Liste auf Platz 105, noch hinter einigen Entwicklungsländern. (Der Index wurde aber von Robert Stavins, einem Wirtschaftswissenschaftler der Harvard University, kritisiert, weil er seiner Meinung nach lediglich die ideologische Voreingenommenheit seiner Autoren widerspiegelt.)

Immerhin nahm in Deutschland (Platz 51 beim HPI) im Januar 2011 eine Enquete-Kommission des Bundestages die Arbeit auf, welche nach einer möglichen neuen Messzahl für Wohlstand und Fortschritt suchen soll, jenseits der Wachstumsfixierung des bisher alles beherrschenden Maßstabs, dem Bruttosozialprodukt, sowie der bisher nicht bzw. ungenügend berücksichtigten Kosten, z. B. des Naturverbrauchs oder des Artensterbens. Die Kommission setzt sich aus siebzehn Abgeordneten aller Fraktionen sowie siebzehn Fachleuten zusammen.

Wenn also ein Land wie die USA, weit hinter Ländern wie zum Beispiel Kirgisistan oder Bangladesch steht, bedeutet dies nicht, dass die US-Amerikaner unglücklicher als Kirgisen oder Bangladescher wären oder gar eine kürzere Lebenserwartung als diese hätten. Die USA stehen im Gegenteil auf dem Happy Life Expectancy-Index auf Rang 10 (weit vor den genannten Ländern), verbrauchen aber zur Erzeugung dieses hohen Lebensglücks überdurchschnittlich viele Ressourcen.

Neben dem HPI kennen wir auch das sogenannte «Bruttonationalglück» (BNG) aus Bhutan. Das ist der Versuch, den Lebensstandard in breit gestreuter, humanistischer und psychologischer Weise zu definieren und somit dem herkömmlichen Bruttonationaleinkommen, einem ausschließlich durch Geldflüsse bestimmten Maß, einen ganzheitlicheren Bezugsrahmen gegenüberzustellen.

Einen ähnlichen Weg wie Bhutan gingen Ecuador und Bolivien mit der Verankerung des indigenen Prinzips des Sumak kawsay («gutes Leben», span.: «buen vivir») in der ecuadorianischen Verfassung von 2008 und der bolivianischen Verfassung von 2009.

Ehre, wem Ehre gebührt, sagt ein altes Sprichwort, wobei natürlich nicht alle Menschen glauben, dass beim HPI (Happy Planet Index) und beim BNG (Bruttonationalglück) der Begriff Ehre angebracht sei. Lassen wir die Erstplatzierten selbst sprechen: Costa Rica – Pura Vita – belegt auf dem Happy Planet Index Platz 1. In diesem Land gelten andere Prioritäten neben der Wirtschaftlichkeit.

1996 war ich mit meinem Mann in Honduras. Dort trafen wir den chilenischen Forstmann Dr. Leonardo Espinoza, der dort auch für die Gesellschaft für Technische Zusammenarbeit, GTZ, arbeitete. Sein Projekt hieß «Soziale Forstwirtschaft» und sollte in Honduras beginnen. Er erzählte uns begeistert, dass Costa Rica bereits im Jahr 1994 einen ganzheitlichen und nachhaltigen «Gesellschaftsvertrag» für Soziale Forstwirtschaft beschlossen habe und in diesem Sinne arbeite. Laura Chinchilla heißt die derzeitige Präsidentin des Landes Costa Rica. Sie übernahm 2010 als erste Frau das höchste Amt des Staates. Laura Chinchilla sagte in einem Interview: «Es gibt kein Geheimnis, warum wir so glücklich sind, denn wir wissen, dass es unsere Liebe zur Natur ist». Und sie sagte schlicht und klar weiter: «Leben im Glück ist eine einfache Gleichung:

1. Zufriedenheit mal Lebenserwartung geteilt durch den ökologischen Frieden mit der Natur.

2. Schutz der Natur. Alles ist bei uns unter Schutz gestellt und hat Priorität. Die Eingeborenen leben weiterhin ungestört nach ihrer Tradition im Urwald, wo sie immer gelebt haben. Sie bekommen aber, wie alle anderen Kinder auch, eine vom Staat finanzierte Bildung; eine Schule im Urwald, denn ‹Bildung fördert Glück›, fügt die Präsidentin von Costa Rica hinzu.

BHUTAN - BRUTTONATIONALGLÜCK STATT BRUTTOSOZIALPRODUKT?

Laut Wikipedia wurde der Ausdruck «Bruttonationalglück» 1979 von Jigme Singye Wangchuck, dem König von Bhutan geprägt, als ein indischer Journalist sich in einem Interview nach dem Bruttoinlandsprodukt von Bhutan erkundigt hatte. Der König wollte damit zum Ausdruck bringen, dass er sich einer Wirtschaftsentwicklung verpflichtet fühle, die Bhutans einzigartiger Kultur und ihren buddhistischen Werten gerecht werde. Bhutan hat zu diesem Zweck mit der Kommission für das Bruttonationalglück eine Staatskommission eingesetzt.

Während konventionelle Entwicklungsmodelle das Wirtschaftswachstum zum herausragenden Kriterium politischen Handelns machen, nimmt die Idee des Bruttonationalglücks an, dass eine ausgewogene und nachhaltige Entwicklung der Gesellschaft nur im Zusammenspiel von materiellen, kulturellen und spirituellen Schritten geschehen kann, die einander ergänzen und bestärken. Die vier Säulen des Bruttonationalglücks sind: Die Förderung einer sozial gerechten Gesellschafts- und Wirtschaftsentwicklung, die Bewahrung und Förderung kultureller Werte, der Schutz der Umwelt und gute Regierungs- und Verwaltungsstrukturen.

Bruttonationalglück lässt sich nur schwer objektiv messen und unterliegt einer Reihe von subjektiven Werturteilen. Dies ist aber bei üblichen Wirtschafts- und Sozialmodellen gleichermaßen der Fall. «Die entscheidende Frage ist, wer definiert die Eckpunkte des Bezugsrahmens? Es ist die Art und Weise der politischen Willensbildung insbesondere der Diskussion im Rahmen der Verfassungsgebung von 2008 in Bhutan, die eine große Bedeutung hat», sagte der König.

Als mein Zen-Lehrer Christoph mit einigen aus unserer Sangha einer Einladung folgend in Bhutan war, war er ganz begeistert. So manches Teisho durften wir uns anhören und staunen.

Immer wieder stelle ich fest, ich weiß viel zu wenig über andere Kulturen und Menschen aus der ganzen Welt. Es gibt so viel anderes zu bestaunen, stattdessen ersticken wir in Katastrophen- und Sensationsnachrichten und in Werbung.

Am meisten berühren mich aber Informationen und Beispiele über gelungene Lebens- und Gesellschaftsformen, von denen ich glaube, dass sie in unserer jetzigen Zeit keine Chance hätten. Wenn alles so einfach, so demütig, so stressfrei klingt, dann ahne ich tatsächlich manchmal auch, dass wir mit Hilfe von vernetzten Anstrengungen doch noch, in diesem Jahrhundert, das Ruder herumreißen können. Schlicht gesagt: Ein anderes Bewusstsein und eine andere Lebenseinstellung hin zu Mitgefühl, zu einem Miteinander, zu Mitfreude und Unkompliziertheit – das wäre doch die Mühe wert.

Bhutan ist noch keine Konsumgesellschaft im westlichen Sinne und will es auch nicht werden. Deshalb ist ein wichtiger Faktor, eine Balance zu schaffen, zwischen Körper und Geist, Erziehung und Bildung.

Vor wenigen Wochen sah ich im Fernsehen bei ‹Arte› eine Dokumentation über Bhutan und das Bruttonationalglück. Es wurden dabei sehr viele Einwohner befragt, warum sie glücklich sind. Natürlich gab es viele Gründe, die vorgetragen wurden, aber immer wieder hörte man Sätze wie: «Es ist genug; ich brauche nicht mehr; ich kann das tun, was ich gerne mache, ich fühle mich frei und wohl, meine Familie ist mir das Wichtigste [...]». Das war schon auffällig. Noch mehr verblüfft war ich darüber, dass fast alle interviewten Personen englisch sprachen.

«Selbst die Hirten sprechen englisch», sagte der Reporter und das läge daran, dass auch in Bhutan, wie wir schon von Costa Rica erfuhren, jedes Kind eine verbindliche und ausreichende Schulausbildung erhält, also lesen, rechnen, schreiben und Englisch lernt. Leider gilt das nicht für die vielen Gastarbeiter, die aus Bangladesh dort zeitweise arbeiten.

Deutschland liegt mit Platz 51 im Happy Planet Index ziemlich weit hinten. Das können wir nicht verstehen und hören es auch nicht gern! Wir sind doch so gut als Exportweltmeister und haben uns einen «guten» Ruf erarbeitet. Stimmt, aber ist das wirklich alles, was uns glücklich machen kann? Und gilt die Feststellung wirklich für alle, die in unserem Land leben: Für die Alten, die Flüchtlinge, die Ausgegrenzten, die nur manchmal arbeiten dürfen, diejenigen, die schon lange nicht mehr arbeiten können, für diejenigen, die nicht lesen und schreiben können, für die Pflegebedürftigen, für diejenigen die im Secondhandladen einkaufen und deren Kinder keinen Schulausflug machen können....? Stellen wir uns eigentlich diese Fragen?

Und nun kommt die weitere Frage: wie steht es mit dem Glücklich-Sein derjenigen wenigen Menschen, die viel, die alles haben? Sind sie leidfrei oder werden sie krank und neurotisch, weil sie erdrückt werden vom Stress, vom Konkurrenzkampf und von der Angst vor dem Verlust der Anerkennung ihrer Leistung?

Aus meinem Leben kenne ich den zweifelhaften Vorzug, schon einmal zu fast allen Teilen der oben Genannten gehört zu haben, und stelle nun fest, dass ich nirgends echt und nirgends glücklich war. Immer fehlte etwas. Nun bin ich alt und ‹Expertin› im Glücklichsein.

GLÜCK IST ... – WAS SAGEN WEITERE «EXPERTIN-NEN»?

Ein asiatischer Kultusminister sagte: «Glück und Traurigkeit müssen wie Yin und Yang ausgeglichen sein».

US-Ökonom Joseph E. Stiglitz ist Nobelpreisträger und Bestsellerautor, er sagt: «... der Preis für Ungleichheit in der Gesellschaft ist, wie in den USA, nicht Glück, sondern Streben nach hohem Bruttosozialprodukt, also Unzufriedenheit, weil es trennt und nie ausreicht ...»

Wilhelm Schmidt, Philosoph: «Glück ist, wenn wir in Beziehung leben können».

Philippe Pozzo Di Borgo, Autor des Buches und Filmes «Ziemlich beste Freunde: Ein zweites Leben», rät uns, Stille zu praktizieren, und sagt: «‹Glück› liegt in der Gegenwart».

Ähnlich lauten auch die Anweisungen für die Meditation in unserer Zen-Übung: Werdet still und seid euch des besonderen Augenblicks bewusst!

«Glück hat viel zu tun mit geistiger Gesundheit», sagt Tania Singer, Neurowissenschaftlerin[89]. Sie plädiert für eine neue Balance zwischen Konsum und sich kümmern. «Wir brauchen eine gesunde Balance zwischen Leistung, Macht, Konsum – und sich kümmern, an-andere-denken, mitfühlen.»

Aufgrund ihrer Forschungen hat sie herausgefunden, dass man das Gehirn wie jeden anderen Muskel auch fit machen kann: Das seien menschliche Potenziale, die jedem Menschen zur Verfügung stünden, aber zurzeit nicht aktiviert würden, meint sie. Dazu zählt sie Lebenszufriedenheit, echte Beziehungen und seelische Gesundheit. Im Moment sei die Balance verloren gegangen und die Gesellschaft, aber auch wir einzelnen, seien nicht mehr im Gleichgewicht. Ihrer Meinung nach sollten «... solche Faktoren in die Wohlstandsberechnung eines Staates einfließen». Es reiche auch nicht, wenn die einzelnen sich verändern, sondern das System müsse sich ändern.

Wenn wir also mithilfe des mentalen Trainings – der Meditation «... zehn Minuten am Tag und einmal in der

---

[89] Tania Singer: Interview in DIE ZEIT No 23, 29. Mai 2013

Woche in der Gruppe mit einem Trainer arbeiten, dann sieht man im Hirnscanner, dass sich das Gehirn verändert hat».

Und siehe, nach weiteren Experimenten ergaben sich tatsächlich folgende weiteren Ergebnisse: «[...] wir beobachteten [...] mehr Motivation für ein Miteinander, Reaktionsweisen veränderten sich, Stress wurde reduziert auch unter dem Druck des Wettbewerbs», und weiter: «Das Herz kann sich öffnen [...] Man kann so etwas wie Dankbarkeit, Liebesfähigkeit und soziale Motivation schulen, und die Menschen richten sich dann eher danach aus, als an Macht und Gewinn [...] auch in einem Wirtschaftssystem (wie wir es haben)».

Alle diese Ergebnisse hat Tania Singer als Leiterin in einer eigenen Abteilung der Max-Planck-Gesellschaft in Leipzig gefunden. Ihr Wunsch ist, dass alle diejenigen Politiker und CEO's , die jetzt sagen, auch sie fühlten und hätten sich verändert, nicht nur darüber reden sollten, sondern «... die Erfahrung machen, wie sich ihr Bewusstsein erweitert und ihr Herz sich öffnet. Erst dann gibt es einen moralischen Wandel».

Dann gäbe es nämlich folgenden «Trick» dabei, ist ihre Botschaft: «Sie wollen, damit es ihnen gut geht, einen glücklichen Verhandlungspartner auf der anderen Seite haben; sie brauchen das, damit Sie sagen können: Das war ein guter Tag».

«Alle Erscheinungen, [...] ebenso Glück, entstehen, entwickeln sich weiter und gehen schließlich zugrunde, und das für immer. Im Strudel dieser Veränderung bleibt allein die Wahrheit konstant und unveränderlich, das heißt, die Wahrheit, dass Gerechtigkeit (der Dharma) gute Resultate, schlechtes Handeln aber üble Früchte hervorbringt. Eine gute Ursache bringt gute Früchte hervor, eine schlechte Ursache hat schlechte Wirkungen zur Folge [...]. Dieses Prinzip allein ist beständig, unwandelbar und konstant.»[90]

Wie wir es auch drehen und wenden, jeder Mensch möchte natürlich Glück erlangen und so wenig wie möglich leiden. Wir erkennen auch, dass es von der Art der Ursache abhängt, wie stark die Wirkung für uns und andere ist. Die Größe und Intensität entspricht direkt der Qualität und Quantität der Ursache. Das gilt für alles: Atombombe, Tsunami, Lottogewinn oder die Geburt eines Kindes. Wollen wir so wenig Schmerzen wie möglich haben, dann sollten wir eine Anzahl von ursächlichen Faktoren ausschalten, zum Beispiel nicht das «eine Glas Wein, was zuviel ist» auch noch trinken.

Der Dalai Lama weist darauf hin: «Analysiert man die Natur und den Zustand des Glücks, wird deutlich, dass man zwei Aspekte unterscheiden muss. Der eine ist die

---

90 Dalai Lama. Die Weisheit des Herzens. Goldmann Verlag, 2004, S. 92f

unmittelbare und zeitlich bedingte Freude. Der andere ist die tiefere und zeitlich unbedingte Seligkeit.»

Nun könnten wir annehmen, dass «äußere Faktoren» dafür zuständig seien, dass wir glücklich oder unglücklich sind. Das ist aber erkennbar nicht immer der Fall. Denn viele Menschen sind glücklich, obwohl die «äußeren Faktoren» ganz ungünstig sind. Diese Menschen sind mit sich im Frieden. Wenn wir die Augen öffnen, können wir erkennen, dass es das gibt. Auch wir haben die Fähigkeit zum Glücklichsein. Wir können das erlernen und diese Eigenschaften fördern. Das sind Qualitäten wie: Geduld, Vergebung, Zufriedenheit, Genügsamkeit, Demut, Dankbarkeit und Einfachheit.

«DIE GLÜCKLICHEN»

Nach der tibetischen Typenlehre gibt es auch den Typ «Die Glücklichen». Mir ist nur bekannt, dass diese Typenlehre lediglich für Frauen erstellt wurde, ich weiß aber, dass das auch für Männer gilt. Zum Spaß habe ich mit einigen Dharma-Schwestern nachgeschaut, welchem Typ wir jeweils zugeordnet werden können. Für mich galt «Die Glücklichen». Klasse, dachte ich, da brauche ich nicht so viel zu suchen, denn in den Erläuterungen steht ja, dass die Glücklichen von allem etwas haben und somit keinen Mangel leiden.

Ich schrieb also am 18.7.2010 in mein Tagebuch: Der «neue» Mann, die «neue» Frau – nun fängt das Leben an, interessanter zu werden. Wir sind zu gleichen Teilen Mann und Frau. Wir sind außerdem noch Kinder und schon Greise. Wir kennen keine Hierarchien und streben nicht nach Herrschaft und Macht. Uns ist Teilen, Mitteilen und Verstehen wichtiger. Dafür haben wir alles, was wir brauchen, in unserem Lebens-Baukasten.

Unsere Eigenschaften bestehen darin, alles in ausgewogenem Maße zu besitzen. Nach der tibetischen Typenlehre, die allerdings für Frauen beschrieben wurde, gibt es nur wenige Menschen, 30 Prozent, die so ein ausgewogenes Lebensenergiemuster aufzeigen. Sie werden «Die Glücklichen» genannt.

Das zu wissen, ist nicht genug, das zu WISSEN und es zu leben, es zu akzeptieren und anzunehmen, das ist für diese Menschen ein Lebensweg. Um es zu wissen, ist es nicht notwendig, die Typenlehre zu kennen. Mir, zum Beispiel, brachte das vor zehn Jahren nicht viel. Ich war nicht bereit, das Geschenk zu erkennen. Der Zen-Übungsweg hat mir aber die Augen geöffnet.

Heute kann ich aus Erfahrung sagen, dass es auch infolge dieser Ausgewogenheit schwierig ist, feste Bindungen einzugehen. Irgendwie befinden wir uns im Mangel. Wir können zwar mit unseren Kindern eine enge Beziehung leben, weil sie ein Teil von uns sind, aber langfristige Verbundenheit ist für mich bedauerlicherweise nicht möglich. Es fehlt die innere Freiheit. Umgekehrt gilt auch, dass wir, «die Glücklichen», für andere oft kein Segen sind. Sie verstehen uns nicht und sind dann auch im Mangel.

Da wir alles im gleichen Maße haben, gilt das auch für unsere kulturellen Bedürfnisse, unsere ausgewogenen emotionalen Fähigkeiten und Bedürfnisse, unsere intellektuelle Neugier, unsere Lebensmodelle, unsere handwerklichen, musischen und praktischen Fähigkeiten. Wir haben keine lebenslangen Spezialgebiete, wir werden nie einen Nobelpreis bekommen, keine Supersportlerin werden, nicht die höchsten Ämter anstreben, keinen Schönheitspreis gewinnen ... – und dennoch werden wir außergewöhnliche Wege gehen und «großes» leisten, wenn wir uns erkennen.

«Die Glücklichen» leben anders, sie suchen das Verbindende und sind doch allein. Die Suche ist oft schmerzhaft und kann leidvoll sein. Unsere Lebensenergie ist gespeist von der Sehnsucht nach Einheit. Zen gab mir die Möglichkeit, mich zu erkennen, mich anzuerkennen und zu respektieren. Ich musste plötzlich nicht mehr so sein und leben wie die anderen. Ich konnte mich lieben als das Wesen, das Mann und Frau ist. Damit einher ging der große innere Frieden. Es gibt keine Dualitäten mehr, keine Polaritäten. Stattdessen gibt es Klarheit, Erkenntnisse und Liebe, die über alle Normen, Vorstellungen, Rituale, Moral und Konzepte hinausgehen.

Ken Wilber spricht in seiner Theorie der Spiral Dynamics alles an. Modellhaft werden die Wellen des Bewusstseins in spiralförmigen Entwicklungsstufen dargestellt. Die Entwicklung betrifft sowohl die Menschheitsgeschichte, als auch den einzelnen Menschen. Es geht um die evolutionäre Kraft der Bewusstseinsentwicklung hin zum transpersonalen Bewusstsein. Zum «Neuen Menschen». Klar sind wir irgendwie allein, aber wir spüren die Geborgenheit des SEINS und unendliche, grenzenlose zeitlose Energie speist uns. Es gibt nichts zu erreichen.

Unsere Lebensaufgabe werden wir finden. Wir sind, aber wir sind gleichzeitig NICHTS und ALLES.

16. LIEBE

WAS IST LIEBE?

Angaangaq trägt den Ehrentitel «Großer Schamane» und bringt das traditionelle Wissen der Inuit als Botschafter, im Auftrag seines Volkes, der UN und der UNESCO in den Westen. In seiner Arbeit kombiniert er westliche wissenschaftliche Erkenntnisse mit der jahrtausendealten Kultur seines Volkes. Er schreibt in seinem Buch, «Schmelzt das Eis in euren Herzen!»: «Die Liebe ist etwas Wunderbares. Doch die meisten von uns haben vergessen, was sie ist. Sie verwechseln Liebe mit Sexualität. Die Liebe ist immer auch Sexualität. Aber sie ist mehr. Sie umfasst unser ganzes Leben: Von der Sexualität bis zur Spiritualität. Wenn wir uns nicht einfach nur verlieben, sondern zur Liebe werden, dann wird uns in der Liebe bewusst, dass wir mit allem in Verbindung stehen. Dann lernen wir, uns wechselseitig zu fühlen, dann halten wir wirklich zusammen ‹… in guten wie in schlechten Zeiten›. Davon sind die meisten von uns jedoch weit entfernt. Sie reden von Liebe, aber sie leben sie nicht. Stattdessen sind sie hungrig nach Sex. Doch Sex stiftet keine Verbindung. Auf Sex lässt sich kein gemeinsames Leben aufbauen. Ein gemeinsames Leben lässt sich allein auf Liebe aufbauen.»[91]
Zum Thema Sexualität schreibt er, «Sexualität ist eine Zeremonie. Sie hebt deinen Geist und lässt deinen

---

[91] Christoph Quarch - Angaangaq. Schmelzt das Eis in euren Herzen! Kösel-Verlag, 2010. S. 191

Körper blühen. Nichts ist schlecht an der Sexualität. Im Gegenteil, sie ist reines, volles Leben. Und das zeigt sich daran, dass Mann und Frau, (dass Liebende) sich aneinander erfreuen – dass sie nicht einander gebrauchen [...]. Die Menschen verstehen nicht mehr, ihre Sexualität zu feiern; als Fest, als eine Zeremonie. Sie machen Sex und das war's dann [...]. Das ist eine Tragödie, denn Sex ist die größte Energie des Lebens [...]»[92]

«Eine gute Sexualität zwischen reifen und erwachsenen Menschen ist etwas wunderbares. Mein Vater hat einmal behauptet, er hätte mit meiner Mutter am Anfang ihrer Ehe sieben Mal am Tag Sex gehabt. Meine Mutter hat das auf fünf Mal herunterkorrigiert. Aber immerhin. So waren sie ...»[93]

Lorne Ladner schreibt: «Denke einen Augenblick daran, welche Gefühle du der Welt und den Dingen gegenüber hattest, als du dich zum ersten Mal wahnsinnig in jemanden verliebt hast. Du denkst vielleicht, dass dieses Erleben der Welt nicht wiederholt oder aufrechterhalten werden könne. Aber die tiefe Freude, die wir erleben, und die inspirierende Schönheit, die wir sehen, wenn wir unser Herz verschenken, erwachsen tatsächlich aus Zuneigung, Liebe und Mitgefühl. Wenn wir diese Qualitäten in uns allmählich entwickeln, können wir im Lauf der Zeit immer mehr im göttlichen Reich der herzenstief empfundenen Liebe leben.»[94]

---

[92] a.a.O., S 182f.

[93] a.a.O., S. 182

[94] Lorne Ladner. Die verlorene Kunst des Mitgefühls. Diamant Verlag 2005. S. 179

UND WAS BEDEUTET LIEBE FÜR MICH?

Ich gestehe, dass es mir schwer fällt, diese Frage zu beantworten. In meinem Leben als Kind war Liebe ein Wort, was den Erwachsenen leicht von den Lippen ging. Das Wort hörte sich auf der einen Seite leicht und verlockend an, auf der anderen Seite hatte es unendlich viele «Gesichter». Was die Erwachsenen «Liebe» nannten, war nicht als ‹Fühlen› erkennbar, und so glaubte ich auch nicht, dass Liebe etwas Wichtiges sein könnte. Wonach ich mich sehnte, das schien es nicht zu geben. Aber ich machte mir auch keine langwierigen Gedanken darüber. Das lag wohl daran, dass der Satz: ‹Das, was man nicht kennt, vermisst man erst, wenn es sichtbar wird›, stimmt. Ja, so ungefähr war es wohl.

Wie ich es sah, haben sich die Menschen in meiner Umgebung damals verliebt, verlobten sich und heirateten. Das war gefühlsmäßig für mich vergleichbar einer Sache, wie arbeiten gehen, was ich ja auch noch nicht aus eigener Erfahrung kannte. Also tut man das, damit das Leben «richtig» gelebt wird. Die Leute sagten auch: «Wer nicht spätestens bis zum 30. Lebensjahr geheiratet hat, oder als Jugendliche keinen ‹festen› Freund hat, bei der oder dem stimmt etwas nicht». Das Wort ‹alte Jungfer› kennen wir heute ja auch nicht mehr, aber in Frankreich erlebte ich folgendes: Ich hatte bei der Postbank ein Konto eingerichtet. Die Postbeamtin war wirklich nicht mehr jung. Ich fand sie jedoch toll, weil sie mir trotz meiner Sprachschwierigkeiten geduldig half. Also wollte ich mich sehr höflich und zugewandt verabschieden und sagte: «Merci Madame, Sie haben mir sehr geholfen, danke». Sie explodierte förmlich mit der Antwort: «Aber Madame, ich bin Mademoiselle und möchte auch so angesprochen werden». Hinterher erklärten mir andere Frauen, dass in Frankreich «Mademoiselle» kein Schimpfwort sei.

Ich entschuldigte mich bei «Mademoiselle» und wir wurden gute Bekannte. Ja, so ändern sich Gewohnheiten, die Sprache und Vorurteile im Laufe eines Lebens. Während meiner Kindheit dachte ich somit, Heiraten und Kinderkriegen sind wichtiger als Liebe. Wenn die Leute über Liebe sprachen, sahen sie aber irgendwie gar nicht glücklich aus. Sie lebten genau so normal wie ich vor sich hin. An einen Satz meiner Tante erinnere ich mich allerdings bis heute. Sie sagte oft, wenn sie böse mit uns Kindern war: «Da lob ich mir meine Hundchen. Sie sind mir das Liebste». Das fand ich dann «nicht richtig».

Manchmal stritten sich die erwachsenen Paare oder ließen sich, wie meine Eltern, scheiden, was damals etwas Außergewöhnliches war, oder sie sprachen respektlos über andere Paare. Das war aber für uns Kinder auch nichts Außergewöhnliches. Wir «verkrümelten» uns dann außer Reichweite und spielten weiter. Erklärt wurde uns natürlich nichts: Kein Traurigsein, kein Lieben, kein Problem, was auftauchte. Bei den vielen fremden Flüchtlingsfamilien aus Schlesien, die bei uns wohnten und in der Ziegelei und in unserem Haus arbeiteten, konnte ich auch nichts sehen, was man als liebevolles Miteinander bezeichnet hätte. Sie waren natürlich unsicher und unglücklich, das konnte ich fühlen. Aber auch in deren Familien war Liebe und Glücklichsein kein Thema, was ich hätte abschauen können. Anders ausgedrückt heißt das alles: Ich habe liebende Menschen eine lange Zeit nicht erlebt.

Als ich dann im Internat bemerkte, dass da so etwas wie «sich verlieben» im Schuhputzkeller gespielt wurde und manche dann Händchen haltend alle Wege zusammen gingen, dachte ich: Ah-ha, das ist also Liebe.

Man bedenke, zu der Zeit gab es ja weder Fernsehen noch Kino für uns, noch waren wir sexuell aufgeklärt. Ich wusste auch mit 12 Jahren noch nicht, was Sex überhaupt ist. Das Wort «flirten» hatte ich schon kennengelernt und gehört. Darüber machte man Witze, weil verliebte Menschen plötzlich so «anders» wurden. Das hielt aber nicht lange an, machte also auf mich auch keinen bleibenden Eindruck. Und als ich dann im Kloster immer wieder hörte, dass die Nonnen aus Liebe zu Gott dort seien und ihr Leben dieser Liebe widmeten, fand ich auch das nicht nachvollziehbar. Mit Jesus verheiratet zu sein, lehnte ich innerlich schlicht ab. Ich kann mich an keinen Menschen erinnern, der sich so anfühlte, als lebe er Liebe. Für mich gab es nur ein warmes Gefühl, wenn ich einen Menschen fand, dem ich vertrauen konnte. Da erinnere ich mich an eine ganz alte, schon sehr zerbrechliche kleine Nonne aus dem Kloster, die sollte mir Nachhilfestunden in Französisch geben. Sie betrat immer ganz leise das Zimmer, in dem es eisig kalt war, weil es nicht beheizt wurde, und trotzdem wurde es warm in dem Raum. Ich habe, glaube ich mich zu erinnern, so gut wie nichts bei ihr gelernt, aber sie blieb immer gleich «lieb» und geduldig mit mir und hat mich so genommen, wie ich war.

Später, als ich sie einmal im Kloster besuchte, ging sie mit mir durch den Teil des Klosterparks, der eigentlich Klausur war, und zu dem wir Schülerinnen keinen Zutritt hatten. Es war die Mittagszeit und plötzlich läutete das Glöckchen zum Angelus-Gebet. Wir blieben stehen, was alle immer taten, wenn die Glocke läutete und beteten laut. Mir wurde schlagartig klar, dass ich das Gebet nicht mitsprechen konnte. Schon beim ersten Glockenton war ich blockiert, fing an zu schwitzen und noch heute spüre ich die Scham von damals. Ich konnte nicht einmal das Gebet hersagen, das ich zwei Jahre lang hätte lernen können. Mater Angela (griech: Botin des Göttlichen) betete ruhig weiter und betete für mich mit, das spürte ich. In diesem Augenblick habe ich sie geliebt. Mein Herz flog zu ihr hin. Nach den letzten Worten drehte sie sich zu mir um und nahm mich in ihre Arme. Ganz still, ganz dünn und mit einem ganz eiskalten Körperchen. In ihren Augen strahlte das verstehende Licht. Eine wahre Botin der Herzliebe.

Natürlich kam ich während der Zeit als Oberschülerin auch in ein Alter, wo ich merkte: Hoppla, da gibt es Jungen und die interessieren mich. Für diese schwärmte ich dann mit der Kraft, die nur in der Pubertät frei werden kann. Ich war absolut unkritisch, blind, überschwänglich und in

Gedanken zu allen Taten bereit, um dem Sehnen nachzugeben. Es war eine schreckliche Zeit, denn gleichzeitig wurde ich auch umschwärmt aber leider nicht von meinen Angebeteten. Die forderten dann andere Mädchen in der Tanzstunde auf. So ließ ich meine Verehrer ziemlich unhöflich und ohne jede Einfühlung im Regen stehen. Die Pubertät war ein ständiges Hin- und Her-Gerissensein und natürlich sprach ich mit niemandem darüber. Ich hatte keine Ahnung, was mit mir und meinem Körper passierte.

Mit Sex konnte ich ebenfalls gar nichts anfangen. Ich dachte immer, Sex sei Liebe. Das klappte natürlich so auch nicht. So glaubte ich wirklich sehr lange Zeit, im Sex die Liebe zu finden. Viel später erkannte ich den Unterschied und von da an konnte ich beides besser in «den Griff» bekommen, ohne ständig im Mangel zu sein. Nun sage ich jeder und jedem, der es hören will: Ich liebe und bin glücklich und dankbar, dass ich diese Gefühle erleben darf.

Und, ja, auch spirituelle Liebe gibt es. Sie wird von Graf Dürckheim, zum Beispiel so beschrieben: «Liebe ist eins werden im Wesen». Und Willigis Jäger sagt: «Wir haben unserer Sehnsucht einen Namen gegeben. Dieser Name ist Liebe. Liebe sprengt die Grenzen der Einsamkeit, in der wir gefangen sind, und befreit uns zum Ganzen. In der Liebe erfahren wir unseren ursprünglichen Zustand der Einheit. [...] Liebe heilt. Sie ist die Voraussetzung für alles Reifen und Wachsen. Nur, wenn wir in liebendem Austausch mit anderen stehen, können wir wachsen. [...] Aus der Erfahrung der Einheit erwächst die Liebe zu allen

Wesen. Es ist die Liebe, die unsere Sonne hat: Sie bescheint alles unterschiedslos und fragt nicht, ob du erfolgreich bist oder gescheitert. Ob du gut bist oder böse.»

Vimalakirti erklärt im nach ihm benannten Mahayana-Sutra, dass der Begriff der Leerheit keine Liebe zulasse: «So wie ich den Dharma in mir verwirklicht habe, so möchte ich ihn auch allen Wesen lehren. Damit erzeugt er Liebe, die wahrlich eine Zuflucht für alle Lebewesen ist; eine Liebe, die frei ist vom Besitzergreifen; Liebe, die nicht fieberhaft ist, weil sie frei von unreinen Motivationen ist; Liebe, die mit der Wirklichkeit übereinstimmt, weil sie in allen drei Zeiten gleich bleibend ist; Liebe, die konfliktfrei ist, denn sie ist frei von Gewalt, die mit Leidenschaften verbunden ist; Liebe, die in sich selbst nicht zwei ist [...] Liebe, die keine Bestätigung sucht, denn sie hat Gier und Abneigung überwunden [...] Liebe, die Tatkraft ist, denn sie übernimmt Verantwortung für alle lebenden Wesen [...] Liebe, die ohne Selbstruhm ist, denn sie ist in der Motivation rein. [...] So, Manjushri, ist die große Liebe eines Bodhisattvas.» [95]

Der Dalai Lama sagt: «Der Buddhismus betont universelle Liebe und heilende Zuwendung. Er ist von den Idealen der Gewaltlosigkeit und Friedfertigkeit ganz und gar erfüllt [...]. Man kann ohne Übertreibung sagen, dass liebende Güte und heilende Hinwendung die Ecksteine sind, auf denen das gesamte Gebäude des Buddhismus errichtet ist. Vernichtung und Verletzung sind strikt verbo-

---

[95] Zit. n.: Willigis Jäger, Doris Zölls, Alexander Poraj; Zen im 21. Jahrhundert, Kamphausen Verlag, 2009; S. 24

ten. Das gilt vom höchsten Wesen bis zum winzigen Insekt [...].»[96]

Sokei-an sagt: «Auch Liebe ist etwas Reiches. Zwischen Schüler und Lehrer besteht Liebe».[97]

Und Ama Samy sagt: «Wenn man sich verliebt, verwandelt sich das alte Empfinden. Aus einer in sich verschlossenen Identität, wird eine sich selbst genügende Identität erschüttert und durch eine neue ersetzt. Eine neue Welt eröffnet sich; das bist du und doch nicht du. Dein altes Selbst hat sein Zentrum verloren, neu gewonnen und wurde verwandelt. Ein neues Zentrum, eine neue Tiefe, hat sich dir erschlossen.

Noch bedeutsamer, als geliebt zu werden, ist es, dazu zu erwachen, selbst eine Liebende oder ein Liebender zu werden. Natürlich ist das Sich-Verlieben nur der Anfang, ein erster Durchbruch, und es braucht lebenslange Treue und Großzügigkeit, damit die Verwandlung und die Kreativität auch anhalten.

Entscheidend ist hier die Öffnung zu etwas hin. Endliche menschliche Liebe ist ein Moment in der transkosmischen Liebe, welche die Sonne und die Sterne bewegt. Du hast etwas Neues, Geheimnisvolles erlebt und sogar, wenn das wieder in Vergessenheit gerät, wird die Erinnerung daran deinem Herzen keine Ruhe lassen. Eine ursprüngliche Erinnerung und Spur hält unsere Herzen in Unruhe und lässt uns nach der verlorenen Heimat suchen. Bist du bereit, eine unbedingte Liebe in dein Leben einbrechen zu

---

[96] Dalai Lama. Die Weisheit des Herzens. Goldmann Verlag. 2004. S. 142ff.
[97] Sokei-an. Der 6. Patriarch kommt nach Manhattan. Theseus Verlag, 1988. S. 361

lassen? Bist du bereit, ein Liebender und eine Liebende zu werden, das Subjekt zu sein, das Subjekt jenseits aller Dualität und Spaltung?»[98]

Und Annette Kaiser, eine Sufi-Lehrerin, schildert die Metapher vom «Rosentraum»: «Drei Rosen pflanzen: Die erste Rose, die Vergebung. Mögen wir allen vergeben, die uns geschadet haben [...]. Die zweite Rose, die Liebe. Die zweite – die Liebe – ist wirklich die einzige Kraft, die ent-zweites vereint. Die Liebe ist die höchste Dynamik, höchste Kraft in diesem Universum. Liebe ist auf jeder Ebene, Körper, Psyche, mind, Seele, Geist. Liebe zu allen Wesen und sich selbst, zur Natur. Liebe, die einfach im So-Sein ist. Wir sind Liebe; im ICH BIN ist pure Liebe. Man braucht nichts zu tun, um wirklich Liebe zu geben, weil wir Liebe sind [...]. Sie strahlt aus sich selbst heraus, weil Schöpfung Liebe ist [...]. Liebe heilt. Liebe ist dem weiblichen Urprinzip nahe, das alles einfach in seinen Armen hält [...]. Die dritte Rose ist Dankbarkeit [...].»[99]

Und Lorne Ladner sagt: «Der geschickte Umgang mit positiven Gefühlen besteht darin, durch sie die eigene Liebe und das eigene Mitgefühl noch weiter wachsen zu lassen. [...] Je mehr Weisheit, Glück, Energie und Freude man besitzt, umso mehr kann man anderen geben».[100]

98   Ama Samy. Erwachen zum ursprünglichen Gesicht. Theseus, 2002. S. 109
99   Annette Kaiser. Jenseits aller Pfade. Theseus, 2004. S. 159
100   Lorne Ladner. Die verlorene Kunst des Mitgefühls. Diamant Verlag, 2005. S. 181

Von den unendlich vielen Geschichten, die uns mit der Liebe vertraut machen wollen, habe ich einige ausgesucht. Bei Ama Samy fand ich folgende kleine Geschichte: «Liebe gewinnen. Vor langer Zeit lebte in einem Königreich ein findiger Wissenschaftler, der sich nach der Liebe einer schönen Frau sehnte. Weil er aber nicht seine Wissenschaft, sondern sein eigenes Wissen am meisten liebte, waren kluge Frauen ihm gegenüber misstrauisch, und so lebte er einsam.

Eines Tages beschloss er sich seiner Wissenschaft zu bedienen um Liebe zu gewinnen, und er machte sich daran, einen chemischen Stoff herzustellen, der das Objekt seiner Zuneigung veranlassen würde, sich über beide Ohren zu verlieben. Seine Versuche hatten Erfolg, und das Glück wollte es, das er gerade auch eine schöne und kluge Frau kennen lernte, die ganz seinen Erwartungen entsprach.

Der Wissenschaftler ließ sich ihr von Freunden vorstellen, und bei der ersten Begegnung schüttete er seinen Trank in ihr Gefäß. Und siehe da, seine Fantasie wurde Wirklichkeit. Das herrliche Geschöpf verliebte sich Hals über Kopf in ihn, und bald wurde geheiratet.

Aber war unser Held nun glücklich? Leider nein. In kurzer Zeit magerte er ab, weil er nicht mehr aß. Er vernachlässigte seine Arbeit und schließlich konnte er sich nicht einmal mehr aufraffen, seine Liebste zu berühren, weil er sich in jeder wachen Minute damit quält, eine Antwort auf seine ihn peinigende Frage zu finden: ‹Würde sie mich auch ohne diesen Zaubertrank lieben?›»

Und noch eine Geschichte aus Buddhas Zeiten: «Ein reicher König hatte dem Buddha angeboten, ihn und seine Schüler zu unterstützen. Im nächsten Sommer ging Buddha in Erinnerung an dieses Angebot in das Land des Königs. Doch dort herrschte Hungersnot. Der König hatte sich mit seinen Freunden im Palast verschanzt und lebte dort in Saus und Braus. Er hatte den Buddha und sein Versprechen vergessen. Der Buddha empfahl seinen Anhängern, sich im Land zu verteilen und Leute zu suchen, die sie ernähren konnten. Doch die Jungen wollten den Buddha nicht verlassen. Da fanden sie einen Pferdezüchter, der genug Hafer für seine Pferde hatte. Sie baten ihn um Hafer für den Buddha. Der Pferdezüchter schenkte ihnen die Hälfte seines Vorrats. Damit konnten die Mönche genug Brot für den Buddha und für sich selbst backen und entkamen dem Hungertod. Als der Hafer aufgebraucht war, erinnerte sich der König an seine Versprechen und entschuldigte sich.

Das ist eine rührende Geschichte über die Liebe zwischen Buddha und seinen Schülern.»[101]

Bei Dostojewski finden wir die Geschichte ‹Der Traum eines lächerlichen Menschen›: «Es lebte ein Mensch so in sich verschlossen und zurückgezogen, dass er meinte, ich kann nicht mehr leben. Ich werde mich selbst

101 Ama Samy. Erwachen zum ursprünglichen Gesicht. Theseus, 2002. S 220/1

töten, dachte er sich. Er macht sich auf den Weg, sich zu erschießen. Da erscheint ein kleines Mädchen neben ihm. Es weint. Es zerrt an seinem Ärmel. Der Mann schubst sie weg und will seinen Weg fortsetzen. Aber das Mädchen bleibt weiter und zerrt an seinen Kleidern. Schließlich gibt der Mann nach und beugt sich zu ihr hinunter. Er tröstet sie und hilft ihr damit ein wenig. Schließlich ist sie getrösten und er kann sie loswerden. Er kommt nach Hause und ist immer noch entschlossen, sich das Leben zu nehmen. Aber er kann es nicht. Das kleine Mädchen mit seinem Kummer, war so tief in sein Herz gedrungen, dass er wieder im wirklichen Leben angekommen war.»

Martin Buber überliefert uns die chassidische Geschichte vom Sasower, der die Liebe lernte: «Rabbi Mosche Löb erzählte: ‹Wie man Menschen lieben soll, habe ich von einem Bauern gelernt. Der saß mit einem anderen Bauern in einer Schenke und trank. Lange schwieg er wie die anderen alle, als aber sein Herz vom Wein bewegt war, sprach er seinen Nachbarn an: Sag du, liebst du mich oder liebst du mich nicht? Jener antwortete: Ich liebe dich sehr. Er aber sprach wieder: Du sagst, ich liebe dich und weißt doch nicht, was mir fehlt. Liebtest du mich in Wahrheit, du würdest es wissen. Der andere vermochte kein Wort zu erwidern, und auch der Bauer, der gefragt hatte, schwieg wieder wie vorher.› Ich aber verstand: das ist die Liebe zu Menschen, ihr Bedürfnis zu spüren und ihr Leid zu tragen.»[102]

---

[102] Hundert chassidische Geschichten. Hrsg. v. Martin Buber. Manesse Verlag 2003. S.47

STERBEN FÜR DIE LIEBE

Thomas Jandeisek: Sterben für die Liebe

Ich möchte wissen, ob Du als erwachsener Mensch
wieder zum Kind werden kannst.
Und kannst Du als Kind in vollkommener Offenheit,
Ehrlichkeit, Respekt, Akzeptanz, Toleranz und Liebe
Dir selbst gegenübertreten?
In dieser grenzenlosen Offenheit und Ehrlichkeit
einer Frau zu begegnen, die gleichfalls diese
kindlichen Eigenschaften in sich trägt,
kannst Du Dir das vorstellen?
Zwei erwachsene Menschen spüren sich als Kinder
in grenzenloser Offenheit
und legen alle tiefsten Gefühle offen,
in aller Zartheit und Verletzlichkeit.
Sie sind bereit, sich in dieser kindlichen Offenheit,
Ehrlichkeit und Toleranz auszutauschen
und aufeinander zuzugehen, sich einzulassen.
Langsam und behutsam,
sich dabei Raum gebend,
sich dabei Zeit gebend,
alle Gefühle voreinander auszubreiten.
Es gibt nichts, vor dem man weglaufen müsste.
In diesem freien und zeitlosen Raum
kommen sie sich immer näher
und fallen immer tiefer
in die grenzenlose Tiefe der Liebe.
Sie fallen so tief in die Liebe,

dass dieser unendlich tiefe Schmerz kommt,
vor der unausweichlichen Niederlage.
Und sie kommt mit aller Verlässlichkeit,
und sei es beim Abschied nehmen
vom irdischen Leben.
Dann kommt der tiefste Schmerz.
Ein Meer voller Tränen ergießt sich
beim Abschied nehmen
von aller tiefen Liebe und Verbundenheit.
Dieses Wissen schmerzt schon jetzt
und lässt die Tränen in Strömen fließen.
So trägt die tiefe liebende Verbindung
den tiefen Schmerz des Sterbens jetzt schon mit sich.
Das zu spüren,
das zu leben,
Tag für Tag zu ertragen,
für die Liebe zu sterben,
Tag für Tag,
das heißt Mensch sein,
in kompletter Fülle.

Am 17.5.2013 antwortete ich meinem Dharma-Bruder: Lieber Thomas Ho An, unsere menschliche Sehnsucht nach menschlicher Beziehung, nach Liebe in Offenheit, Freiheit im Tanz der tiefen Einheit: Ja, Thomas, ich kenne diese Sehnsucht nach LIEBE sehr wohl. Als Kind hatte ich richtige Schmerzen im Herzen und suchte und suchte danach. Inzwischen habe ich meine Suche danach einge-stellt. Ich konnte mich davon verabschieden, weil ich das menschliche Unvermögen erkannte. Wir sind so gebaut, dass wir nur mit allergrößter Mühe dem Anderen seine innere und äußere Freiheit lassen können. Am ehesten habe ich es als Mutter gekonnt. Absolute, bedingungslose Liebe im Einssein und trotzdem absolute Freiheit im Getrenntsein. Praktisch geht es nur, wenn wir mit unserem Ego selbst diesen Frieden geschlossen haben. Und das, wie gesagt, ist unser mühevoller, schmerzhafter Weg, der uns zu uns selbst führt [...].

DAS PRINZIP LIEBE

«Jede Liebe fängt an mit einer Gewissheit. Wir handeln, ohne zu wissen, ob es gut ausgeht. Aber wir hoffen darauf. Das ist das Prinzip Liebe. Das ist typisch Mensch.»
Pastor Wilm[103]

Was war geschehen? 300 Flüchtlinge aus Afrika, ausgestattet mit einem Touristenvisum, ausgestellt von den italienischen Behörden, kamen nach Hamburg. 80 von ihnen leben zur Zeit in Hamburg in der evangelisch-lutherischen St. Pauli Kirche, weil Pfarrer Sieghard Wilm ihnen die Kirchentüren öffnete und sie seitdem als Gäste beherbergt.

Sie strandeten nach langem Herumirren als Kriegsflüchtlinge aus Libyen in Hamburg. In Lybien arbeiteten sie bis 2011 als Gastarbeiter, um ihre Familien in Ghana, Togo und Nigeria zu unterstützen. Mit Kriegsausbruch

---

[103] In: DIE ZEIT, No. 30, vom 18. Juli 2013

wurden aus Gastarbeitern Geächtete. Sie wurden verhaftet und gefoltert oder getötet, weil man sie als Gaddafis Söldner verdächtigte und landeten in einem italienischen Flüchtlingslager, das von der EU wegen unmenschlicher Zustände geschlossen wurde. Sie hatten sich das Touristenvisum nicht selber ausgestellt und nun wird ihnen vom deutschen Staat vorgeworfen, das Schengener Grenzabkommen missachtet zu haben.

Was ist bloß los? Hier haben wir lediglich ein einziges Beispiel für den Umgang mit Flüchtlingen in Deutschland. Viele weitere Lebensschicksale gibt es in einem Europa, das sich abgeschottet hat, obwohl wir ein reicher Kontinent sind.

Einer von den Flüchtlingen erzählte den Journalisten von DIE ZEIT: «Nur der Pastor hatte Mitleid. Er hat uns die Tür geöffnet. (40 Muslime und 40 Christen, mehr passen in die Kirche nicht rein). Er nennt dich nicht Flüchtling, sondern Gast. Ihm ist nicht egal, was du erlitten hast und wer du früher gewesen warst, nämlich kein Flüchtling, sondern ein Chemiker, ein Fliesenleger, ein Industriekaufmann [...]. Doch dann kamen die lybischen Rebellen und enthaupteten deinen Bruder mit einer Machete. Du selber wurdest in einem Keller gefoltert und wusstest nicht einmal, wer deine Folterer waren [...]. Sie internierten uns in einem Lager an der Küste. Sie zwangen uns, mit viel zu vielen Anderen in ein winziges Fischerboot zu steigen und aufs Meer hinaus zu fahren, ohne Trinkwasser, ohne Kapitän, ohne Kompass. Vorher nahmen sie uns das Handy, den Pass, einfach alles weg. Frauen und Kinder kamen in ein anderes Boot, wir haben sie nie wieder gesehen. Alles was wir dann in Italien erlebten als mittellose, sprachlose, unfreie Menschen war gesetzlos, aber das wussten wir nicht. Nun leben wir als Gäste bei dem Pfarrer in der Kirche und haben jeder eine Isomatte und ein Kissen und eine Bettdecke mit kariertem Bezug. Wir wollen arbeiten und bleiben, aber das geht nicht, und so sind wir angewiesen auf die vielen freiwilligen HelferInnen aus St. Pauli [...].»

Die Journalistin Evelyn Finger schreibt:

«Wie lange wird das sein? Solange ein Asylrecht gilt, das Notleidende zu Vogelfreien macht? Oder der Hamburger Senat endlich mit dem Pastor redet.»[104]

Der Buddha sagte:

«Verletze kein anderes Wesen. So, wie du ein liebendes Gefühl entwickelst, wenn du einen geliebten Menschen erblickst, so sollst du liebende Güte zu allen Wesen entwickeln».

---

[104] In: DIE ZEIT, No. 30, vom 18. Juli 2013

17. NACHWORT

Dieses Buch ist nun zu Ende. Meine Zen-Reise nach Innen und darüber hinaus wird aber nie enden. So bleibt die Erfahrung, dass das, was gesagt werden möchte, sich seinen Weg selbst gewählt hat. In jedem Kapitel habe ich versucht, biografisches Erleben mit der unendlichen Weisheit des Dharma zu verbinden. Diese zeigt uns, dass es da nichts gibt, was nicht gelebt werden könnte; dass alles möglich ist und alles, was unvorstellbar scheint, «wahr, gut, schön» und «möglich» sein kann. Alle Erinnerungen aus meinem eigenen Leben, die in diesem Buch erzählt wurden, sind nur ein Bruchteil dessen, was ich er-LEBEN durfte. In meinem Herzen ruhen viele andere Erinnerungen geschützt und ebenso unvergessen. Es war nicht die Regie des Verstandes, die hier buchstabenführend war; es war das ES, die unendliche LIEBE, die gesprochen hat. ES wollte euch und mir sagen: Am Ende löst sich alles, was du glaubst, nicht mehr tragen zu können, auf – leicht wie ein bunter Schmetterling, der sich von deiner Schulter hebt und fortfliegt, und wenn du lauschst und lauschst, dann hörst du sein Lächeln ...

Meinen tiefen Dank möchte ich all denen aussprechen, die mich dabei unterstützt haben: meinem Lehrer Christoph Rei Ho Hatlapa Roshi, der für uns im Kapitel 9 (Kinder und die Zen- und Tai Chi-Übung) von seinem Buddha–Unterricht erzählt hat. Einem Dharmabruder, der mit großer Geduld den Text gelesen, verbessert und auf sachliche Richtigkeit geachtet hat. Er hat daraus erst ein richtiges Buch gemacht, das wir alle nun lesen können. Ohne ihn hätte ich das Buch nicht schreiben können. Dank sage ich Achim Grindler für seine Anregungen und ein weiteres Korrigieren der letzten Fassung. Er hat mir auch beim Erstellen der Umschlagseiten geholfen. Bedanken möchte ich mich auch bei Thomas Jandeisek für hilfreiche Klarstellungen, wenn ich mal nicht weiterwusste bei der Fertigstellung des Buches. Mein Dank gilt auch Meinfried Striegnitz und meinem Dharmabruder Markus. Schließlich waren es meine Zen-SchülerInnen, die nicht aufgehört haben zu fragen, ob denn das Buch nun endlich bald gelesen werden könnte. Das half, mich hinzusetzen und an der Vollendung weiterzuarbeiten.

Besonderer Dank gebührt meinem Mann Dietrich Heiseke für sein Verständnis, wenn ich mal wieder hinter den Fensterscheiben für Stunden verschwand, um am Buch zu arbeiten, statt mich um uns zu kümmern.

Dankbar bin ich für alle, die mit mir einen Teil meines Lebens verbracht haben.

Ich danke meinen Eltern und «Müttern», die mein Leben ermöglicht und bereichert haben. Meinen Lebenspartnern, die mich ertragen haben. Ich danke all meinen «Kindern», mit denen ich eine Zeit lang zusammen leben durfte: Alexander, Belinda, Christoph, Marcia, Matthias und Michaela. Mein Dank gilt allen Sangha-Mitgliedern, die sich mir anvertraut haben, und allen Schülerinnen und

Schülern, denen ich ein klein wenig in ihrem Leben weiter-helfen durfte.

Ohne sie alle wäre mein Leben arm und freudlos und wäre dieses Buch auch nicht entstanden.

Die Meeresoberfläche still
Kein Dreck auf den Wellen
Alles weggewaschen
Von der großen Welle

8.12.2005

18. ANHANG

DIE SILAS[105]

Im Buddhismus ist neben der Philosophie auch das Gewissen ein wichtiges Element für das Tun. «Sila ist der uns angeborene Maßstab unserer Moralität.» – Sokei-an.

Diese Gebote oder ethischen Richtlinien manifestieren sich in allen Lebewesen gemäß ihrer Lebensumstände. Das ist wichtig, denn es ist unsere eigene Entscheidung, unsere eigene Verantwortung, die bei unserem Tun gefordert wird.

Es gibt natürlich gesellschaftliche und kulturelle, religiöse und nationale Hintergründe, aber gerade deswegen wird im Zen nicht gesagt: Es gibt die zehn Gebote (Gesetze) und wenn du die beachtest, bist du gut und richtig, wenn nicht, musst du bestraft werden und begehst eine Sünde.

«Sila ist das Gebot des uns innewohnenden Geistes, das Gesetz unseres Gewissens.»[106]

---

[105] Siehe Kapitel 1, Zen, Die Fünf Silas
[106] Sokai-an. Der 6. Patriarch kommt nach Manhattan. S. 185f

Die fünf Silas - in der Formulierung der fünf Achtsamkeitsübungen von Thích Nhất Hạnh, sowohl für diejenigen, die Zuflucht zu Buddha Dharma und Sangha nehmen wollen, wie auch die fünf weiteren Silas für die, die sich zur Laienordination oder den Mönchstand entschieden haben:

Die fünf wunderbaren Übungen der Achtsamkeit

Die erste Übung: Achtung vor dem Leben

Im Bewusstsein des Leides, das durch die Zerstörung von Leben entsteht, gelobe ich, Mitgefühl zu entwickeln und Wege zu lernen, das Leben von Menschen, Tieren, Pflanzen und Mineralien zu schützen.

Ich bin entschlossen, nicht zu töten, das Töten durch andere zu verhindern und keine Form des Tötens zu dulden, sei es in der Realität, in meinen Gedanken oder in meiner Lebensführung.

Die zweite Übung: Großzügigkeit

Im Bewusstsein des Leides, das durch Ausbeutung, soziale Ungerechtigkeit, Diebstahl und Unterdrückung entsteht, gelobe ich, liebevolle Güte zu entwickeln und Wege zu lernen, die dem Wohlergehen von Menschen, Tieren, Pflanzen und Mineralien dienen. Ich gelobe, Großzügigkeit zu üben, indem ich meine Zeit, Energie und materiellen Mittel mit denen teile, die sie wirklich brauchen. Ich bin entschlossen, nicht zu stehlen und mir nichts anzueignen, was anderen zusteht. Ich will das Eigentum anderer achten, aber auch andere davon abhalten, sich durch menschliches Leid oder durch das Leiden anderer Lebensformen auf der Erde zu bereichern.

Die dritte Übung: Sexuelle Verantwortung

Im Bewusstsein des Leides, das durch sexuelles Fehlverhalten entsteht, gelobe ich, Verantwortungsbewusstsein zu entwickeln und Wege zu lernen, die Sicherheit und Integrität von Individuen, Paaren, Familien und der Gesellschaft zu schützen. Ich bin entschlossen, keine sexuelle Beziehung aufzunehmen ohne Liebe und die Absicht einer dauerhaften Bindung. Um mein eigenes Glück und das der anderen zu bewahren, will ich die von mir und anderen eingegangenen Bindungen achten. Ich will alles mir Mögliche tun, um Kinder vor sexuellem Missbrauch zu schützen und um zu verhindern, dass Paare und Familien infolge von sexuellem Fehlverhalten auseinander brechen.

Die vierte Übung: Aufmerksames Zuhören und einfühlsames Reden

Im Bewusstsein des Leides, das durch unachtsame Rede und durch die Unfähigkeit, anderen zuzuhören, entsteht, gelobe ich liebevolles Sprechen und aufmerksames, mitfühlendes Zuhören zu entwickeln, um meinen Mitmenschen Freude und Glück zu bereiten und ihre Sorgen lindern zu helfen. In dem Wissen, dass Worte sowohl Glück als auch Schmerz hervorrufen können, gelobe ich, wahrhaftig und einfühlsam reden zu lernen und Worte zu gebrauchen, die Selbstvertrauen, Freude und Hoffnung fördern. Ich bin entschlossen, keine Information weiterzugeben, ohne ganz sicher zu sein, dass sie der Wahrheit entspricht und nichts zu kritisieren und zu verurteilen, worüber ich nichts Genaues weiß. Ich will keine Worte gebrauchen, die Hass oder Zwietracht säen oder zum Zerbrechen von Familien und Gemeinschaften führen können. Ich will mich stets um Versöhnung bemühen und um die Lösung von Konflikten, so klein diese auch sein mögen.

Die fünfte Übung: Achtsamer Umgang mit Konsumgütern

Im Bewusstsein des Leides, das durch unachtsamen Umgang mit Konsumgütern entsteht, gelobe ich, auf körperliche und geistige Gesundheit zu achten, bei mir selber, bei meiner Familie und meiner Gesellschaft, indem ich achtsames Essen, Trinken und Konsumieren übe. Ich will nur das zu mir nehmen, was dem Wohl, den Frieden und das Glück meines Körpers und meines Geistes fördert und ebenso der allgemeinen körperlichen und geistigen Gesundheit dient. Ich bin entschlossen, auf Alkohol oder andere Rauschmittel zu verzichten sowie auf alles, was eine zerrüttende Wirkung hat, wie zum Beispiel Fernsehprogramme, Zeitschriften, Bücher, Filme und Gespräche. Ich bin mir bewusst, dass ich meinen Vorfahren, meinen Eltern, der Gesellschaft und den zukünftigen Generationen Unrecht tue, wenn ich meinen Körper und mein Bewusstsein derart schädigenden Einflüssen aussetze. Ich will an der Überwindung und Transformation von Gewalt, Angst, Ärger und Verwirrung in mir und in der Gesellschaft arbeiten, indem ich eine solche maßvoll zu leben. Mir ist bewusst, dass eine solche maßvolle Lebensführung für die Veränderung meiner selbst ebenso entscheidend ist wie für dir Veränderung der Gesellschaft.

Die fünf weitergehenden Tugendempfehlungen für Mönche und Laienschüler (Version Zen-Buddhismus):

Ich will nicht über die Fehler anderer reden.
Ich will mich nicht selbst durch Verunglimpfung anderer loben.
Ich will den Überfluss des Dharma nicht eigenmächtig zurückhalten.
Ich will mich nicht von den Gefühlen der Wut mitreißen lassen.
Ich will nicht über die drei Kostbarkeiten Buddha, Dharma und Sangha lästern.

HANNYA SHIN GYO

Das Herz der vollkommenen Weisheit – Herz-Sutra

Der heilige Bodhisattva Avalokiteshvara, in tiefste Weisheit versenkt, erkennt, dass die fünf Skandhas, die fünf Bereiche des Anhaftens – nämlich Körper, Gefühl, Wahrnehmung, Willensregungen und Bewusstsein – an sich leer sind.

Alle Bitterkeit und alles Leiden tilgt er, wenn er zum ehrwürdigen Shariputra spricht:

Form ist Leerheit, Leerheit ist Form. Leerheit ist nicht verschieden von Form, noch ist Form verschieden von Leerheit. Alle Dinge in der Welt sind leer, so auch Gefühl, Wahrnehmung, Willensregung und Bewusstsein.

Alle Dinge sind wie die Leerheit, frei von Entstehen und Vergehen; sie sind weder rein noch unrein, weder vollkommen noch unvollkommen.

In der Leerheit gibt es keinen Körper, kein Gefühl und keine Wahrnehmung,

keine Willensregungen und kein Bewusstsein; da gibt es weder Augen noch Ohren, weder Nase noch Zunge, weder Leib noch Geist, weder Sinnesobjekte noch Vorstellungen; da gibt es weder den Bereich der Sinne, noch den Bereich der Sinnesobjekte, noch den Bereich des Bewusstseins.

In der Leerheit gibt es weder geistige Blindheit, noch Auflösung der geistigen Blindheit; es gibt weder Altern noch Sterben. In der Leerheit gibt es kein Erkennen, kein Verwirklichen, kein Leiden, kein Entstehen des Leidens, kein Ende des Leidens und keinen Weg, der zum Ende des Leidens führt. Nach dieser Weisheit, dass es nichts zu verwirklichen gibt, streben die Suchenden. Darum ist kein Schleier vor ihren Herzen und keine Angst. Befreit von allen Verwirrungen und allen Trübungen des Geistes, frei von allen Vorstellungen wird endlich Nirvana erreicht!

Die Erleuchteten aller Zeiten, der Vergangenheit, Gegenwart und Zukunft, folgen diesem Weg der vollkommenen Weisheit, auf dem sie die große Befreiung erlangen. Lasst auch uns diese tiefste Wahrheit erfahren!

Dies ist das große Wort, das große Mantra, das Wort an Tiefe ohnegleichen, das alle Leiden stillt, die Wahrheit, in der es nichts Falsches mehr gibt; das Wort, das letzte Weisheit offenbart:

Gate, gate, paragate, parasamgate! Bodhi svaha!

(Ihr alle, ihr alle geht darüber hinaus, geht über das Hier und jetzt hinaus zum großen Erwachen!)[107]

---

[107] Diesen Text habe ich aus unserem Hokoji-Rezitationsheft übernommen.

DAS SUTRA VOM HERZEN DER VERWIRKLICH-
TEN WEISHEIT ÜBER DIE WEISHEIT HINAUS[108]

(So hörte ich den Buddha sagen:)

Avalokiteshvara, der sich ganz dem tiefen Verstehen hingibt, erkennt, wenn er sich in die Weisheit über die Weisheit hinaus versenkt, dass die fünf Ströme von Körper und Geist, die fünf Bereiche des Anhaftens, in Wirklichkeit ohne jede Begrenztheit sind, und befreit dadurch alle von leidvoller Verhaftung.

Oh Shariputra, Form ist nicht verschieden von Grenzenlosigkeit; Grenzenlosigkeit ist nicht verschieden von Form. Das was Form ist, ist grenzenlos. Das was grenzenlos ist, ist Form.

Dasselbe gilt für Gefühle, Wahrnehmungen, Willensregungen und Bewusstsein.

Oh Shariputra, alle Dinge tragen das Siegel der Grenzenlosigkeit, Grenzenlosigkeit ist frei von Entstehen und Vergehen, ist weder unrein noch rein, nimmt weder zu noch ab. Grenzenlosigkeit geht über jede Form hinaus.

Sie geht über Gefühle, Wahrnehmungen, Willensregungen und Bewusstsein hinaus. Sie geht über die Augen, die Ohren, die Nase, die Zunge, das Körperempfinden und das Bewusstsein hinaus.

Sie geht über Farbe, Töne, Geruch, Geschmack, Tastbares und jeden Geistesgegenstand hinaus.

---

[108] Neue Übersetzung aus „A New Millenium Version of the Heart Sutra" von Kazuaki Tanahashi, deutsche Übersetzung von Christoph Rei Ho Hatlapa Roshi:

Sie geht über alle sinnlichen Erfahrungsbereiche hinaus einschließlich des Geistbewusstseins hinaus.

Sie geht über Blindheit und die Befreiung davon hinaus.

Sie geht über Altern und Sterben und deren Aufhebung hinaus.

Grenzenlosigkeit geht über das Leiden, seine Entstehung, seine Beendigung und den Weg darüber hinaus.

Sie geht über Erkennen und Erreichen hinaus.

Wer dies tief versteht, der wohnt – jenseits allen Erreichens – im Herzen der verwirklichten Weisheit über die Weisheit hinaus. Ohne jegliche Verwirrung, unbehindert und frei von Furcht, bar jeder Illusion, verkörpert er vollkommene Nichtzweiheit. Alle Erwachten der Vergangenheit, Gegenwart und Zukunft wohnen im Herzen der verwirklichten Weisheit über die Weisheit hinaus und manifestieren unübertroffene, vollständige und grenzenlose Erleuchtung.

Wisse, dass der Ruf nach der verwirklichten Weisheit über die Weisheit hinaus das große Mantra der Überschreitung ist, das Wort an Tiefe ohnegleichen, das letztgültige Mantra, das höchste Mantra, das alles Leiden stillt.

Es ist ursprünglich, und an ihm gibt es nichts Falsches.

So trag es weiter, das Mantra der verwirklichten Weisheit über die Weisheit hinaus, das Mantra, das da lautet:

Gate, gate, paragate, parasamgate! Bodhi svaha!

(Erneuere, erneuere, erneuere immer wieder, erneuere noch darüber hinaus tiefes Verstehen für alle.)

19. LITERATUR

Die Lehrreden des Buddha, aus dem Pali Tripitaka:
Digha Nikaya (Abk.: D ..) Sammlung in 34 Teilen
Majjhima Nikaya (Abk.: M ..) Mittlere Lehrreden
Khuddaka Nikaya (Abk.: Ud ..) Sammlung verschiedener Lehrreden
in Prosa und Versform

Pali-Kanon in englischer Übersetzung:
www.accesstoinsight.org
und in deutscher Fassung unter:
www.palikanon.com

-

Angaangaq. Schmelzt das Eis in euren Herzen. Kösel-Verlag, 2011
Batchelor, Stephen. Bekenntnisse eines ungläubigen Buddhisten.
Herder, Freiburg 2012
Borasio, Gian Domenico. Über das Sterben. C.H. Beck Verlag, 2. Auflage 2012
Bottini, Oliver. Das große O. W. Barth-Buch des Zen.
Di Borgo. Philippe Pozzo. Ziemlich beste Freunde, Hanser Verlag, 2012
Buber, Martin. Zwischen Zeit und Ewigkeit - Gog und Magog - Eine
chassidische Chronik. Lambert Schneider, Heidelberg, 1978
Buber, Martin. (Hrsg.) Hundert chassidische Geschichten. Manesse
Verlag 2003
Chadwick, David. Shunryu Suzuki oder die Kunst ein Zen-Meister zu
werden. O. W. Barth, 1999
Dalai Lama. Die Weisheit des Herzens. Goldmann Verlag, 2004
Taisen Deshimaru. Za-Zen, die Praxis des Zen. Kristkeitz, 1991
Dostojewski, Fjodor M. Traum eines lächerlichen Menschen. Hörbuch, Fischer Verlag
Dumoulin, Heinrich. Geschichte des Zen-Buddhismus: Band 1:
Indien, China und Korea. Narr Francke Attempto, 2016.
Ders.: Geschichte des Zen-Buddhismus: Band 2: Japan. Narr Francke
Attempto, 2016.

Heinrich Dumoulin. Die Torlose Schranke. Das Wu-Men-Kuan, oder Der Pass ohne Tor. Tokyo: Sophia University Press, 1953

Al Huang. Lebensschwung durch T'ai Chi, O. W. Barth Verlag, 7. Auflage, 1994

Jäger, Willigis. Zen im 21. Jahrhundert

Jäger, Willigis. Zölls, Doris. Poraj, Alexander. Zen im 21. Jahrhundert. Kamphausen Verlag, 2009

Kaiser, Annette. Jenseits aller Pfade. Theseus, 2004

Katsuki Sekida. Zen-Training. Herder, 4. Auflage, 1993

Ladner, Lorne. Die verlorene Kunst des Mitgefühls, Diamant Verlag

Sokei-an Shigetsu Sasaki. Der 6. Patriarch kommt nach Manhattan. Theseus Verlag, 1988

Ama Samy. Zen, Erwachen zum ursprünglichen Gesicht. Theseus, 2002

Sekida, Katsuki. Two Zen Classics. Grimstone, Weatherhill, 2. Auflage, 1995

Sekida, Katsuki. Zen-Training, Herder, 4. Auflage, 1993

Eido Shimano. Der Weg der wolkenlosen Klarheit. O. W. Barth Verlag, 1997

Terziani, Tiziano. Noch eine Runde auf dem Karussell. Knaur, 2007

Nanavira Thera. Clearing the Path. Writings of Nanavira Thera, Colombo, Sri Lanka: Path Press Publication, 2009

Wetzel, Sylvia. Das Herz-Sutra. Ein Kommentar. edition tara libre 2007

Wilber, Ken. Eros, Kosmos, Logos: eine Jahrtausend-Vision. Krüger Verlag 1997